锁定十五年　做一名出色教师

主　编　钟发全

主　编　钟发全

副主编　张朝全　杨风利

编　委　杨宏杰　贾红亚　杨风利　张朝全　肖克文
　　　　马张留　彭小峰　张金传　王洪春　秦麒麟
　　　　谭文生　刘铭芳　王小玲　李世轩　钟发全

天津教育出版社

图书在版编目(CIP)数据

锁定十五年,做一名出色教师 / 钟发全主编. 一天津:天津教育出版社,2013.1

ISBN 978-7-5309-7127-7

Ⅰ.①锁…　Ⅱ.①钟…　Ⅲ.①师资培养—研究　Ⅳ.①G451.2

中国版本图书馆 CIP 数据核字(2013)第 008204 号

锁定十五年　做一名出色教师

出 版 人	胡振泰
主　　编	钟发全
责任编辑	张　洁

出版发行　天津出版传媒集团

天津教育出版社

天津市和平区西康路 35 号

邮政编码 300051

经　　销	全国新华书店
印　　刷	河北伟琪印刷有限公司
版　　次	2013 年 3 月第 1 版
印　　次	2016 年 4 月第 3 次印刷
规　　格	16 开(787×1092 毫米)
字　　数	294 千字
印　　张	11.5

定　　价	28.00 元

前　言

"我始终认为教育改革是秩序的调整"。"教育原规则团队"正是在这种思想的引领下共同前行。现在，源于各成员的共同努力，团队又一本著作《锁定十五年，做一名出色教师》出版了。此书是我们团队奉献给读者的第 25 本著述。在此，我们依旧坚持一本书只谈一个话题，坚持对一些最基础的、本真的规律作探讨。亲爱的读者朋友，我们在写作时，仿佛您就在我们眼前，在和您面对面交流。我们一直在想象与您交流的场景，因此，将书稿交付给出版社，当此书完全呈现给您时，便又开始诚惶诚恐。

人近四十，本是壮年，却甚感老矣。回首，不免责备前二十年。展望，又不免渺茫——再过二十年又如何？是的，几十年就这么一路走来，就这么一晃而过，回首自己走过的路，是否会因为碌碌无为而感到愧疚？而今，只能责备自己无志、无气、无精、无神；只能责备自己无智、无慧、无果、无实。因此，撰写本书，旨在弥补缺憾——当年要是有人这么指路，定是生命中的"贵人"。因此，全书指向前 15 年的努力，指向教师人生的幸福，以前车之鉴告劝诫来者，盼珍朝夕。

此刻，笔者在路的尽头，身为读者的您在路的源头。游说教师不只是教书，是因为我们把计划看成一条通途。真不知我们的这些言论是否能吸引着您不顾一切往前迈进，去开拓出自己的幸福空间。随着天气渐热又渐凉，只凭秋风唤春风，再次祈祷天下人幸福快乐！

（一）

记得去年"七一"，有一擅长根雕技法的教师，将"政通人和"四字之匾赠送政府有关部门。笔者前往观望并互通姓名，顿时投我以仰慕的目光。我非名之名，谁真知晓我近十年的不易。如若十年前依然只是教书，今又何在？又会被谁另眼相看？

写此书的初衷，以及最初设定的书名，诠释的尽是笔者十余年的奋斗经历。亲爱的教师朋友们，改变命运全靠自我，教书之余不忘给自我的人生进行规划，深信十年后，您的命运定会随之改变。

（二）

这依旧是一本有关教育原规则研究的书，一本对只教书而忘却发展自我给予提示的书。书中将涉及诸多关于秩序调整的内容，全因笔者近年集中研讨"秩序"——"我始终认为教育改革是秩序的调整"。

正如笔者曾在博客中所言："秩序乱了，什么都乱了；秩序顺了，什么都顺了；现在的教育，非常需要有序推进。"仔细想一想，其实一切都是如此。相对于教师的专业成长，找到良序而发展无不重要。此书涉及教师的成长规则，全可解释成是对教师教书之余该为何事的建议。撰写此著述，以及展开此专题研究，笔者最怕的是给读者误导。如若成为美丽的毒草，毒害于人，那我们深感罪孽深重。但事实是，关于规则的遵守需要的是践行，是去伪存真，去粗取精。值得说明的是，这些规则多属于作者的规则，我们相信，只要坚持走自己的路，任何规则都属多余。

全书建议之多，真希望不要被吓唬，更希望能给大家以提示，以引领。

（三）

规则、计划、出色、超越，成了全书最核心的关键词。

写作的过程，让无数文字与我同谋，成为我的帮手。只是，我们近乎苛刻，反对空谈，必须写自我熟悉的内容，要求无成功不得谈经验，无经历不得谈感想。值得申明的是，全书很多观点带有偏见，那全是本人的眼界所限，责任不在他人。有些观点，笔者深知与大众价值观相悖，但因作者的亲历，为此固执己见。比如，在最后一章节中，笔者提出弥补三大欠账，笔者想到只要管用，便真心地说了出来。可能，笔者属于理想主义者，又不免属于实用主义者，也许其间的文字，便会让你读出我们内心的矛盾。

（四）

此书写作初衷，完全带有对命运抗争的内涵。人生每个阶段都苦，包括执行计划的过程，但付出都会有回报。带着对普通教育人生命运的十年抗争，回首曾经的苦楚，对千万教师说一句：教师不只是教书。说出这话，让我鼓起更大的勇气，因为十年了，准确地说，我奋斗了十二年，才勉强走到了今天，而今依旧感到很艰难。

现实生活也是这样，当理想与现实发生冲突时，要想取得突破就必须敢冲。只有不安于现状，不停寻找各种机会，一切才会有希望，虽然结果并未如所愿，但可以肯定的是，不努力绝对没希望，只有不懈地努力，相信总有一天我们会看到希望。

（五）

教师人生非常短暂，工作四十年，八个"五年"便是一生。正如《创业史》的作者柳青所说："人生的路尽管漫长，但要紧之处只有几步，尤其在年轻的时候。"为此，全书重点论述的是教师人生中最关键的三个五年。

在整本书稿中，我们着力于对前面三个五年展开论述。这缘于笔者发现前三个五年是教师发展的关键期，特别是第三个五年，几乎关系教师人生幸福的瓶颈，堪称职业生涯的黄金分割点；也因为参与写作的作者中年长的不过四十余岁，对于以后的教师人生更无发言权。

（六）

谈教师人生中的职业规划，是每一位教师必须去做的事，它不应是额外的负担。教育按部就班，没有目标，过一天算一天，可能临近退休回首教育生涯时，真还没有拿得出手的业绩。这样的教育人生除了平淡，更是平庸。规划是目标，对应一种进取的状态。这目标是动力，这状态是积极的。没有规划，命运的改变便无支撑点。昏昏然几十年，除了苦，还是苦，生命里的幸福早已随大江东去。

教师本是辛苦的职业，要想比别人更出色，我们就必须努力再努力。而规划，便给了我们出色的理由和动力。

（七）

当前，教师的生存状态普遍低迷，教师地位依然卑微，习以为常甚至麻木令人感到非常可怕。我们必须反思曾经的日子。诸如，面对生存像一潭死水的日子，工作像一匹老马推磨的日子，寡淡的职业消极向前运转的日子，已让自己失去斗志的日子。有反思，更需行动。反思后的行动，便是制定职业生涯规划。

笔者深知，不计划也过一生，计划也过一生。但可以肯定的是，计划着过的人生，在收获的季节，所获肯定比不计划着过多得多。可以肯定地说，教师不屑于计划，是对自己和教育不负责任的体现。全书所指的计划，真像一粒石子，投入水潭后，能荡起生命的涟漪，也真希望能引起你的注意，而再不是认为不值得一提。

（八）

计划的执行，往往会让我们承揽更多的压力和责任。现实就是这样，只有让自己多承揽压力，在收获的季节，才能收获更多的喜悦。

有几位教师能说自我掌握了命运的主动权？当然，正如书中不少章节所谈，规划依旧需要能了解自我的能力，而后去做进步的准备，从而于执行中让自己强大起来，方才可能掌握自己命运的主动权，也才有能力去让自己过一种幸福而完整的生活。

（九）

归零是最好的出路。教书之余，执行发展计划，希望大家应有一个归零的习惯，和拥有归零的勇气。敢于把自己的位置选在零起点的教师，才会多一份恬淡，多一份前行的勇气。

计划，有时就是一个方向。人生中，往往更多的时候处于低谷，但就在此时，往往会产生许多重要的决定。如若每一位教师善于归零，深信在那一刻便会找到属于自我的发展发向。

执行计划的目的，在于我们需要实现成功转型。当然，从零到一不容易，相反让我们从一到零更不容易。敢于归零，我们才会卸去前怕狼后怕虎的矛盾心理，从而朝着目标冲锋。

（十）

计划需要我们开放胸襟，以一种更加宽广的心胸去接纳和实践它，最终方才会锁定幸福。

我们所处的现实，或许常常让我们摇摆不定，也常常会使我们丧失信心，迫使我们放弃曾经为之奋斗的一切。所以，面对此种情况，更需要我们拥有更大的发展目标，以更加开放的心态走进教育生活的每一天。

真希望我们无论处于何种境地，都能够消除自卑心理。

（十一）

没有哪一位名师在登台之初，就被贴上名师的标签。在计划的执行过程中，往往会产生一股新的推动力，一股促使其走向成功的内驱力，促成其成长成功。"名师"的"名"确有其实，才能真正地属于自己。

在此摘抄笔者曾在《走出困局 做幸福教师》一书中的一段话，

一个人要走什么样的路，路要怎么走，完全取决于自己而不是别人。人本无道，人心有间。正如那句："世上本没有路，走的人多了也便成了路。"

其实，"世上本来就有路，因为没有人走，那路也会逐渐消失"。

这个世间谁也没有挡你的道，你完全可以自由发展，哪怕是教师职业。

此时，笔者斗胆写下两句豪言壮语：

"忘记发展自我，是最大的忘本！"

"拥有发展的计划与激情，谁也挡不住你前进的路！"

至此，愿与天下读者共勉。

钟发全

二〇一二年十月

目　录

第一讲　引论：透视职场与出色之路

付出与回报，发展与成功，职业与幸福……人生中一些不可回避的关键词，总是留存心底，让我们惦记着，让我们估算着，让我们懊恼着。久而久之，便形成了一个族群人的形象：小家子气、斤斤计较。在全书的开篇之处写下这样的话，并非指责、揭露或丑化教师族群。其实，弱小自有弱小的根源，强大自然需要强大的理由。给予充足的理由，让教师变得更加强大，这，便是我们写作此书的初衷。

（一）

做一名出色的教师，是规划所致？答案是不言而喻的。

一个人的命运，特别是成年人的命运，都可向前追溯。处于今天的你，不能把握今天的命运，可以说是人生中最为悲惨的事。做教师也是如此，你今天的状况以及是否具有走向明天的能力，全可追溯到五年以前，甚至更早些年你所付出的行动。因为你多年前的行动左右了你今天的命运。

如若你依旧是一个充满抱负的人，建议你能用更加平和的心态读完全书的所有章节。在这一书中，我们论述的是这样一个中心话题：昨天毫无计划的行动，已经让今天从生命中丢失了，但绝不能因此再丢失明天。

（二）

力量雄厚和强大的人，他们的今天是闪光的，是充满希望的，这希望既留存于现在，更剑指明天。

在教育行业的每一个"今天"里都不缺少英雄式的教师。他们虽然闪光在今天，却是在昨天的时光里，他们给了自己强大的理由，这理由，说起来无外乎四个字，那就是"职业规划"。在笔者看来，入职15年里发挥着关键作用，每一个教师必须抓好入职15年里的职业规划，方才不会后悔人生。

（三）

什么是职业规划？一般认为，职业规划是指一个人对其一生所承担职务进行系统的预期和计划，包括一个人的学习，对一项职业或组织的生产性贡献。事实上，个体的职业生涯规划不是一个单纯的概念，它受多种因素的制约，如个体价值观、家庭环境、工作环境、社会环境、人脉环境等。如果这些因素在不断地发生着变化，那么，职业规划就可能会产生一些动摇，甚至改变。所以，严格意义上说一切的文字都难准确地表述职业规划的内涵。

对于自己所从事的职业，相信每个人的心里都有一杆秤，如果这杆秤没有称量出职业带给自己的幸福，可以说，人生一定会失去很多可贵的东西。然而昨天已经过去，如果一味地关注昨天的结果，一味地沉浸于昨天的失落里，那就会让自己的人生更加荒废，所以，不如从今天开始，为了明天而付出昨天没有过的努力。这样，至少从今天开始，我们便为明天播种着希望。这，便是职业规划或职业规划后的行动。

无职业规划需要批判，对那些自欺欺人的搞形式主义的职业规划更需要批判。

职业规划与心智，与行动有着紧密的联系，但现实中很多的职业规划都仅仅是文字性的东西，看似成型，看起来也仿佛无限美好的明天在招手，其实谁心里都明白，那只不过是在自欺欺人罢了，原因在于规划与行动严重脱节。

（四）

最好的职业规划，就是让人明白，明天需要得到什么。为了明天的收获，今天又必须坚持不懈地去做什么，如学习富己，做事铺路，共处借力，做人助力等。如果不能达成这一点，那么，职业规划的有与无都是一回事。

为了人生的明天不再贫瘠，为了生命不再被荒芜，做实规划，落实规划，便是职业生涯中的重头戏，要让每天都能进行精彩的"现场直播"。

（五）

君子固穷。千百年来的总结，几乎不可能在一时就更改。只不过，眼下还需指出的是，更多教师的职业规划由于受到地理环境的影响，已经变得保守、封闭。

托尔斯泰有句名言："重要的不是知识的数量，而是知识的质量，有些人知道很多很多，但却不知道最有用的东西。"当下，也许很多教师谈起职业规划一套一套的，却没有找到有益于自己的东西。所以，实在有必要走出畸形的心理需求，去做最实在的、利于职业发展的事情。相信在本书的文字里，你能感知到一些心灵深处的东西，让你的灵魂有所触动。在这里我们所提及的批判，也许你认为我们是"站着说话不腰疼"，但我们却真切希望能引发你的思索与践行。

第一节　幸福人生与计划

过多地关注眼前的得与失，其承载的思想已不是"浮躁"一词所能概括得了的。即使我们在此书后面的章节里所论述的因果人生，也只不过是再一次探讨昨天、今天与明天的得与失的辩证关系。所以，从这个意义上说，眼前的得与失又算得了什么？自然，又何必那么穷追不舍？

大千世界，任何人都可作为整个人类的代表（只要你有某方面的实力），一切自然的演化也都是有规律的，任何人都必须遵守。所以，过于关注今天，或过于期盼明天，甚至于对昨天彻底遗忘，这都是不正常的。

事实是很难劝说代表着整个教育的族类人。如果任何一位教师都敢于拍着自己的胸脯说，我真能代表自我，我通过教育感受到了人生的幸福，或让受教育的人获得幸福，或通过教育让多数人幸福，那么，这样的职业生涯才是真正有意义的。本章节中，将对 N 个"计划"给予一生的幸福进行多层面地揭示，目的在于启示身为读者的你明白脚踏大地与仰望星空的真实内涵；将对教师的理想品性与人生价值进行嫁接，在于让你学会计划着、幸福着，学会幸福着、计划着，并如此快乐而勇敢地找到自我职业的幸福。

1. N 个"计划"与一生

> 有效计划的前提,必须深刻地理解现实的教育需要什么,而后成为教育所需要的人,方才会走向优秀。
> ——题记

言说幸福,天下人都期盼,为师者何尝不如此? 却又为何而不得呢? 我们发现,幸福的人生,全以自我价值的实现为目的。对于每一个独立的个体而言,为师同其他族类一样,同样需要得到幸福,能实实在在地感觉到,幸福就在心里,就围绕在身边。然而,幸福的获得却不是空穴来风,它总伴随一定的理由。所以,于全书的首要章节里,我们抛出第一个观点:计划出幸福。

将职业计划纳入专项研讨,全因为计划在我们所关注的秩序领域里占有重要的席位。正如笔者曾感言:"秩序顺了,一切都顺了;秩序乱了,一切都乱了。"其实,教师人生也如此,"计划顺了,幸福着;计划乱了,幸福没有了"。计划定位着我们的人生走向,影响着明天的发展与幸福。为此,在后面的引述中,我们依旧将从原规则的特殊视角,审视我们的教师人生,希望能给你以指引,能让作为读者的你从现在开始学会从长计议,让教育人生不再荒芜。

原规则:蓦然回首,命运的伏笔早在 10 年、20 年前自己已亲手种下。

探讨计划,探寻人生的轨迹与思路。我们曾在《走出困局　做幸福教师》一书中对教师的命运作过论述,明确地指出今天的一切,是多年行动的延伸。今天再拾起那曾经的观点加以论述,一个重要的原因就在于,多年行动的延伸,它差不多是一个模糊的概念,一个被无数人忽视的概念,最终的结果便会是对未来的人生失去掌控。如若依旧持有任其自生自灭、自由发展的观点,可以说我们后面的研究对任何人来说,都已经失去了它应有的价值。

什么是计划? 只有将其融入人生的命运里进行解释可能更有意义。在我们看来,只有那些变模糊为清晰,变随意为主动的决定和行动,并最终让自我由渺小变得强大,由无法掌控命运变成主宰命运,那么,这样伴随着良性转折的决定和行动,才是真正的计划。

在我们看来,特别是针对某一个单独的个体,计划不会独立地存在,虽然个人的计划拥有排他性并且只适用于自我,但在人生的某一个阶段却会拥有多个计划,执行计划的过程中,它又富有阶段性。人们常说,命运需要掌握在自我的手中,我们在这里探讨的计划,便是这句话由直观变抽象后的阐释。

在本书中,我们研究的对象主要是教师,关注的视角更多的是教师的生存空间与存在价值。为此,在这本书中我们将由计划引向教师的整个人生。在这一小节里,我们将重点阐述教师一生的几个重要计划,简称 N 计划。

【现象纪实】

教师的一生,20 岁左右开始工作,到 55 或 60 岁退休,其职业生涯差不多有 30—40 年。试问真正能对自我职业生涯进行规划的有几人?

无需要,无计划。人生需求的高度便是计划的高度。所以,谈及教师人生则更多地指向于人生的需求,或处于某阶段的需求。在这里,我们借用马斯洛提出的"需要层次论"(即人的五个需要——生理需要、安全需要、归属和爱的需要、尊重的需要、自我实现的需要)来阐明这个问题。纵观人生的需求,大多只停留在最前面的三个层级。前面的三个层级,可以说是每一个生命个体生存状态下最基本的需求。教师作为特殊人群被社会寄予很高的期望，但现实是更多的教师一生的需求只停留在前面的三个层级，并为此忙碌着、奔波着，结果碌碌无为，平庸一生。在这里，需要老师们理解的是，我们并不是指责，而是一种善意的提醒。本是有着特殊使命的教师，却将自我的需求降至普通人群的需求，怎又能不从特殊走向普通呢？

【经典案例】

郑立平教育人生"八五计划"

郑立平何许人也？

郑立平，特级教师、全国十佳班主任、全国（民间）班主任成长研究会创始人、山东省班主任专业委员会副主任、山东省十大创新班主任、齐鲁名师建设工程人选、班主任国培专家、山东省教师培训课程专家，已出版《把班级还给学生》《教师必须掌握的教育惩戒艺术》《做一个聪明的班主任》等8部著作，参编《班主任工作实务》等7部著作，应邀在全国各地做教师成长、班主任培训、课堂观摩、教育科研、亲子成长等专题讲座200多场。

郑立平曾说：成长的方法和途径很多，但不管哪一种途径都必须建立在教师内心具有强烈的主动学习欲望的基础上，才会真正实现自身的专业化发展。借鉴许多名师成长的经验，他给自己的教育人生设计了八个"五年计划"

发展规划	阶段特征	事业追求	主要任务
第一个五年计划	模仿与创新阶段	定位	正确认识自我，确立职业方向
第二个五年计划	创新与徘徊阶段	立足	扎根教育教学，获得环境认可
第三个五年计划	徘徊与突破阶段	出色	注重创新开拓，拿出优异业绩
第四个五年计划	突破与成熟阶段	成功	提升专业能力，自信面对工作
第五个五年计划	成熟与升华阶段	拓展	丰富教学艺术，寻求理论创新
第六个五年计划	升华与充实阶段	收获	提炼成长经验，形成教育思想
第七个五年计划	充实与超越阶段	新生	快乐读书学习，坚守教育梦想
第八个五年计划	超越与沉醉阶段	完美	享受精神富足，追求幸福人生

郑立平指出：我们要给自己一个比较符合实际又有挑战性的定位，同时从时间和项目两个角度，把职业生涯划分为不同的阶段，在不同的阶段确立不同的目标和具体任务。发展目标要突出自己的状态改变，切忌空泛，必须有明确的量化指标和自我惩罚措施；既要按任务驱动去订规划，又要形成自己真正的"自我需求"去规划自己的发展，把规划变成"承诺"，让"承诺"变成行动，用行动创造结果。

【反思】

上述案例告诉我们：职业生涯是需要规划的，有规划的人生才会给自己创造幸福。郑立平老师21岁大学毕业后就站在了讲台上，二十六、七岁时获得了市教学能手、优秀教师等荣誉，30岁左右开始在县内学科领域小有名气，37岁时被评为山东省十大创新班主任，后来成为国家级骨干班主任、山东省班主任培训工作专家组成员，再到现在成为特级教师、齐鲁名师,并尝试着著书立说,到各地讲学。可以说,他基本上都是按照自己的发展规划,在一路辛苦一路欢歌中昂首走来。郑老师曾说:"教师幸福的教育人生离不开职业生涯规划。"纵观教育大家、名师幸福快乐的教职人生,我们不难发现,他们的成长足迹,是在做每天、每周、每月、每年计划时,都会用长远的观点去谋划,把专业成长的 N 个计划与一生的幸福结合起来,将幸福的种子融入其中。所以,他们所规划的是五年、十年、二十年、二十五年,甚至是一生的成长和幸福。

一个人的职业生涯是平庸、颓废、迷茫,还是成功、幸福、快乐,不仅取决于环境、机遇或他人的影响,更取决于自己是否具有职业规划的意识与管理能力。亲爱的朋友,在日常生活中你是否能静下心来"规划"一下自己,是否认真思考过一些简单却深刻的问题:今日的我是一个什么样的教师? 明日的我要成为一个什么样的教师? 如何由"旧我"羽化成"新我",其方法和途径是什么? 是否在教育生涯中不断地设计着自己的专业成长理想? 是否有一个美好的人生愿景并孜孜以求?

你今天站在哪里不重要,你下一步迈向哪里非常重要。你今天是个什么样子不重要,你明日成为什么样子的人很重要,所以,做好职业规划非常重要,因为这直接决定着你明天的位置和成就,决定着你一生幸福指数的高低。

我们身边也不乏这样的鲜活的例子。很多处于同年龄段的人,从同一所学校毕业,具有同等的学历,甚至差不多的才华,刚开始一两年没觉得有什么不一样,都是职场"菜鸟",然而5 年、10 年后,他们之间的距离就会逐渐拉开,有的阳光十足,小有名气;有的灰头土脸,处处碰壁。究其原因不难发现,其差异表现在——方向不明,无计划意识与规划能力。

哈佛大学有一个关于目标对人生影响的跟踪调查。对象是一群智力、学历、环境等各方面都差不多的人。调查结果发现,27% 的人没有目标,60% 的人有较模糊的目标,10% 的人有清晰而短期的目标,只有 3% 的人有清晰而长期的目标。25 年的跟踪结果显示,3% 的人25 年来都不曾更改过目标,他们朝着目标不懈努力,25 年后他们几乎都成为了社会各界的顶尖人士。10% 的人生活在社会的中上层,短期的目标不断地被达成,生活状态稳步上升。60% 的人几乎都生活在社会的中下层,他们能够安稳地生活与工作,但似乎都没什么特别的成就。27% 的人几乎都生活在社会的最底层,25 年来生活过得不如意,常常失业,靠社会救济,并常常抱怨他人、抱怨社会。不知你在自己的职业生涯里是否走过弯路? 是否有着"忙"—"盲"—"茫"的无奈? 是否懊悔着虚度了过往的岁月? 所以,为什么要做人生规划? 其意义就在于,在走向幸福人生的道路上,尽量避免走弯路,尽量减少职场倦怠,尽量避免人生的遗憾,尽可能地去实现人生的价值,尽可能地享受幸福的人生。

当然,也许有人会说:现在我都 30 岁,40 岁,50 岁了,早已错过一生规划的黄金时期,弥补也来不及了。2000 年时的白岩松可谓光环绕身,各种奖项接踵而至,"全国十大杰出青年"、"年度主持人"……作家刘恒提醒他,"小白,如日中天,小心太阳落山啊。"他答道:"放心大哥,换个地平线再升起一回呗。"所以,所谓的"黄金时间已过"不是好借口。我们要说的是,人生也许会有很多个起点,但也有更多的拐点。成功和幸福的人,赢在转折点,赢在终点,而不是赢在起点。做好职业规划,是创造个人幸福成长的转折点和辉煌的终点,所以,不论新入职的教师,还是职场老兵,都应以积极的心态补上这一课:计划幸福的一生。所以,即使人生已经错过了许多美好的时光,都不要紧,重要的是尽快给自己再画一条人生的地平线,让职业生涯的太阳再次冉冉升起。

子曰:"吾十有五而志于学,三十而立,四十而不惑,五十而知天命,六十而耳顺,七十而随心所欲不逾矩。"古人云:"凡事预则立,不预则废。"这里的"预"就是准备、计划的意思。人生每个阶段也应该有清晰地规划。规划是我们思想提升的一种高度,是我们日常工作反思的一面镜子,是我们前行的一根标杆。适切的规划会使我们的生活处处充满诗意,人生遍布幸福芬芳。所以,无论你处于人生的哪个阶段,是荣是辱,是进是退,是年轻还是年迈,都需要有自己的发展目标,都需要有自己对未来的规划。教师职业生涯的规划与开发,只要起航,永远都不晚;只要心中有计划,只要向着目标勇敢地迈进,相信自会有进步,自会拥有属于自己的一方天空。

【建议】

一是把握职场规律,科学规划 40 年。 一般来说,从 20 多岁参加工作,一直到 60 岁左右退休,其间大约 40 年的时间要在职场中度过。25 岁、35 岁、45 岁是每位教师必经的几道坎。25 岁制定规划要立足岗位,学会站稳脚跟,走好人生的第一步。35 岁是蜕变的年纪,是打出自己品牌的时期。天时地利人和,进入一个快速成长的通道。这个阶段是职业生涯规划最重要的时期,这一时期的职业基础和平台,将直接决定以后的职业高度和成就。制定规划要学会修订调整目标,看一看自己所选择的规划路线、所确定的人生目标是否符合实际,是否一直努力却无结果,是否偏离正确的航道。在这个阶段,要学会反思,如发现不适,应尽快修正。45 岁以后无论是工作的热情,还是接受新事物的能力,无论是个人精力还是进取心已远远不如年轻人,多数人的事业、职位、名利等在这个阶段可说是大局已定。对于到了这个年龄仍一事无成、庸庸碌碌之人,在制定规划时,需要先给自己的职业发展来一个全面的盘点,从自身开始深刻反省自身发展滞缓的原因,从而找出阻碍你进步的症结所在,为自己制定一个明确、可行的职业规划。

二是把个体成长计划融入教育大发展的背景中来。 教师要想为自己创造一条良好的职业发展道路,就要时刻把个人成长计划与教育发展紧紧连在一起。树立"和教育一起成长"的与时俱进的职业规划理念,才不会被飞速发展的教育所淘汰。教师要确立职业生涯总体目标,就要实现个人生涯计划与教育事业规划的统一,把个人的追求融入到教育的长远发展之中来。这就要求教师多关注教育,多学习党的教育发展方针路线政策。如,结合《国家中长期教育改革和发展规划纲要》来制订自己一生的教育行动计划。

三是做不折不扣的计划执行者。 我们不缺少雄韬伟略的战略家,缺少的是不折不扣地执行者。执行是目标完成的关键,没有很好地执行,就不可能实现预期的目标。管理好时间,建立时间坐标图,计划中的每一个目标都要有两个时间坐标,一个时间坐标是开始——预期实现的时间,即什么时候开始为实现这个目标行动,到何日达成计划,另一个坐标是围绕目标的每一项工作安排实施的时间。

做好"行"的事,即按照预设的目标一步步去执行。在执行的过程中,需要不断地改变自我,如改变固有的思维方式,积极寻找解决问题的办法,试用不同的方法达到预期的目的。

做好"评"的事,即评估调整,把目标置于每天的日程安排中。建立一个"黄金反思的时辰"——每天晚上给自己留下 30 分钟去反思今日的工作,是否达标,有何偏失,以随时做好调整。

【谨记】人生是一步步走向未来美好愿景的计划的过程,计划的主人是自己,唯有早作计划,科学计划,有效实施计划,才会收获幸福的生活。

2. 理想的品性影响

> 职业坚守，需要有一个高远的教育理想，需要有一些实实在在的教育行动，需要有无数清醒的人生目标。因为，明确的目的性影响着终身努力方向，最终影响人生发展的高度。
>
> ——题记

为什么总感觉理想的需求离我们太远？其实答案只有一个，全因为你还不够强大。因为不强大，所以没有能影响你的需求和左右你结果的实力。

强大需要理由。前面小节里，我们重点围绕教师的一生需要 N 个计划的观点进行了阐述，道出了职业坚守需要有一个高远的教育理想（清晰的目标），一些实实在在的教育行动。在本小节中，我们将进一步阐释要实现人生的目标，一个明确的需求是前提，但计划的执行力无不是关键。为此，我们将进一步探讨影响计划执行的一个非常隐蔽的因素——教师理想的品性。

原规则：教师理想的品性，决定着人生的走向和高度。

谈教师的理想，谈理想的品性，全源于人们只关注理想的结果，只考虑它的有用或无用，而忽略影响理想达成最根本的原因，更少涉及"品性是如何炼成的"这一不可或缺的因素。在全书中，我们将理想的品性纳入最关键的章节进行论述，其实还有一个重要的原因在里面。因为实现理想的过程，就是一个计划执行的过程，但计划在执行的过程中，往往受到理想品性的影响。如何修炼品性，将是本小节中重点论述的话题。

"品性"是指一个人较为突出的性格品质、气质性情等个性心理特征。理解教师的 N 个计划，换种说法可能更容易让人接受，即教师的 N 个计划等同教师的理想，教师的 N 个计划是教师理想的细化和演化过程，我们这样描述，相信你更易于对理想这个抽象性的词语进行理解。

在此，非常有必要理解什么是理想的品性？言理想决定着人的命运，可能更多的是一种悬浮性的理解，如若思考影响 N 个计划执行的因素，可能大家更会明白为什么会存在成功与不成功，从而找到问题的症结所在。

在笔者看来，品性其实就是影响 N 个计划执行的精神动力。眼下，可能大家都明白有无计划会导致人生结局不同，但为什么真正弄明白这个问题的人却凤毛麟角？笔者曾听过一个讲座，我非常赞同其中道出的"正面影响产生的效果比消极影响产生的效果好几百倍"这一观点，它符合心理学精神暗示的原理，笔者更相信"我需要得到什么"，总比那些不断否定自我，将一切看做"不可能"所取得的效果要好得多。研讨 N 个计划的执行，则不得不关注：精神动力是什么，精神动力源于什么，产生这种精神动力能持续多久？这些问题，便是我们思考和论述的全部。

【现象纪实】

古人云："人若志趣不远，心不在焉，虽学而无成。"一个人缺乏梦想，缺乏理想，不会懂得生活的真正意义，只能是情绪低落，行动无力，昏昏沉沉，虚度一生。

观察一位教师的理想，无不折射出教师的品性。以下的这一片段，大家应该不会陌生：

教师甲：我们一起参加工作，都三十多年了。

教师乙：是啊，转眼都快退休了。我总觉得心里空落落的，而你是越教越有味道，还发表了那么多文章,出版了专著。同样是教书三十多年,我们之间为什么差距如此之大呢?

教师甲:其实,我只是在不断地思考,不断地改进,也常把自己的思考撰写成文,慢慢地就有了这些文章、专著。

教师乙:是啊,我一直懒散,总觉得把课上了就行了,到现在也没有写出一篇像样的教案,没有一篇像样的文章,更别说……唉!

教育族群的理想品性,无外乎三种类型:无计划型、普通型和理智性。俗话说:鸟贵有翼,人贵有志。壮志与毅力是事业的双翼。在现实生活中,更多的教师往往在理想与现实的夹缝中游走。理想的品性,其实就是给 N 个计划强大的精神动力支撑,直接反映教师的精神面貌。无计划型需要唤醒,否则一生只能平庸;普通型,最高的理想便是成为像某人一样的校长,便是其全部追求;理智性,把"成为最优秀的人类代表"作为人生全部的追求。

有更高远的追求,在面对困难和挫折时才能看到"柳暗花明"的前景,才有动力去克服。

【经典案例】

育人楷模李吉林

李吉林是我国当代"情境教育"创立者、著名儿童教育家、全国教书育人楷模。年近古稀的她依然勤勤恳恳、乐此不疲地耕耘在小学教学一线,耕耘在她为此付出无数心血、也收获了无限快乐的情境教育园圃里。1978 年,她成为全国首批特级教师,也是从这一年起,她开始了长达 28 年的"情境教学—情境教育—情境课程"的探索。这 30 年里,几乎每一个阶段、每一个日子,都是她的"黄金期",她是一棵公认的"杏坛不老松"。她也是奔腾不息、一往无前的涌浪:"长江后浪推前浪",李老师是愿携后学、乐助他人的"后浪",也是始终勇立涛头、引领新风的"前浪"。浪浪相激,波澜壮阔,这正是对她的教育人生的最美写照。李吉林在《行者的温暖与快乐》中这样写道:"在教育改革的道路上,我已奋然前行 30 年,围绕儿童的发展进行探索、研究,心无旁骛,从不敢懈怠。30 年来,在我的记忆中几乎没有休息日,无论是寒冬还是盛夏,我也都习惯坐在学校的办公室里工作着,心里觉得特别恬静而清新。因为想的、读的、写的就是'儿童'两个字。"

【反思】

从李吉林的成长历程中,我们可以读出,她理想的品行牵引着她的探索与追求,从而实现人生的一个个目标,完成她对"情境教学—情境教育—情境课程"的构建。可以说,是她对教育的一颗爱心、童心、恒心造就了她高远的人生境界,成就了她今日的高度。

在现实生活中,为什么我们的工作成绩不能超过她?为什么我们没有成为教育专家、名师?为什么我们的理想与现实距离这么大?为什么刚开始出色,结果"昙花一现"?为什么同样的环境,同样的体制,特别是从农村走出了丁有宽、余映潮、张在军、黄行福、郑立平、刘发建等一批优秀教师,而我们却如此平凡?或许因为我们没有他们的大公无私、吃苦耐劳、坚韧不拔、自信自立、诚实公正、爱心仁慈、勤奋好学等这诸多理想的品行。如果一个人抛弃这些优秀的品行去一味地寻求什么秘笈、法宝、捷径,是不会获得人生真正的成功和幸福的。其实,我们大家都明白:人们的幸福生活,人生的成功在很大程度上要依靠我们主观的不懈努力,要时时进行自我加压,自我磨砺,自我修行。

随着社会的转型,经济大潮的到来,我们每一个人的灵魂都会不同程度地受到浸染,我们变得不那么单纯,不那么诗意,不那么安心工作了。人人喜欢追风,习惯了吹捧,热衷于名利，人与人之间多了一份防卫和戒备的心理，渐而丢失自我，迷失方向，一些美好的品行荡然无存，徒留职业倦怠，蜡炬成灰。如此何谈成长与成功，何谈一生的计划，何谈职场的幸福？一些教师的成长之所以缓慢，甚至停滞，有些教坛新秀之所以衰败，其深层次的原因是人格品行缺陷造成的。我们身边确实有些教师，原来教课非常出色，后来便销声匿迹了，仔细观察、细心剖析就会发现，很多时候，他们的客观环境、智力因素，跟优秀的没有区别，区别在于他们品行的缺陷。比如无职业规划，视野狭隘，工作拈轻怕重，功利心重等，这样的教师注定要走向衰败，注定要孤独地感受人生的枯萎。

但也有一些人，如霍懋征、斯霞、魏书生、于漪等教育家，他们在艰难的环境中，不怨天尤人，不指责不埋怨，甘守清贫，耐住寂寞，沿着他们既定的目标，一步一个脚印，最终走出困境，完成了自己的心愿和梦想。所以，教师在制定人生规划时，特别是在第一个五年与第二个五年中要注意品行的修炼，这样才有可能在第三个五年站起来，进而在体内滋生一股源源不断的力量。如果在第三个五年中才来着手强化理想品行的修养，那将会直接影响着终身努力的方向，最终影响人生发展的速度和高度。

拿破仑·希尔说："一个人的成功取决于机遇，但更取决于他的品行。"理想的品行，能产生强大的力量，产生一种熔铸于时时事事之中的精神力量，从而以苦为乐、百折不挠，当计划达成时，就自会赢得领导、同事和学生的信任，就会拥有丰厚的人脉资源，进而构建起一个成就美好未来的智囊团。

品行，决定了一个人的人生境界能登上多高的山峰；品行，决定一个人的人生路能走多远。品行，是教师专业成长的第二生产力。品行即命运。教师在计划幸福人生时，一定要注意加强心志、品性、智慧、能力、体能的修炼。教师的品行修炼不是口号，而是在清晰的目标指引下的，一些实实在在的教育教学行动。当身在职场的我们将品行修炼到一定的程度时，你会发现，机遇、成功、幸福是追逐着你走的。

【建议】

《学记》中说："善歌者，使人继其声；善教者，使人继其志。"从这个意义上看，教师应对自己的教育人生有一个清醒的认识和规划。教师理想的品行是一个不断修行的过程，不同的人生阶段有不同的内涵与要求。

一是 20—30 岁，坚定信念。

为了激励自己完成《聊斋志异》，蒲松龄写了一副对联："有志者，事竟成，破釜沉舟，百二秦关终属楚；苦心人，天不负，卧薪尝胆，三千越甲可吞吴。"由于他心中刻上了这份坚定的信念，所以，即使在他穷困得揭不开锅的日子里，他也仍然坚持写作这部小说，初稿终于在他四十岁时完成，以后多次增删修改，直到晚年才最终完成了这部传世之作。对于刚入职的 20—30 岁这个年龄段的老师，尤其要更清晰地规划自己的职业发展，拥有规划，才能胸怀理想，信念坚定，并扎扎实实落实在每一天的工作中、每一堂课上、每一次批改作业中、每一次教研活动上……在这个过程中，切忌见异思迁，"身在曹营心在汉"。

二是 30—40 岁，坚持磨砺。

有句格言说，"胜利者不一定是跑得最快的人，而是最能耐久的人"。对于 30—40 岁这个年龄阶段的教师，在计划的执行中要有"十年磨一剑"的精神。坚持读书，坚持教研，坚持研修，坚持你的每一个行动，唯有这样，你才能最终在磨砺中显示你的宝剑锋，于苦寒中炼出属于你的"梅花香"。

三是 40—50 岁,坚守理想。

理想有多远?也许 40 岁之前的打拼只是人生的积淀,尤其是教育这复杂而系统的工程,每走一步,都需要围绕计划和目标进行反思、调整、实践。对于 40—50 岁这个年龄段的老师,要把握时代发展的脉搏,紧跟教育改革的步伐,不计得与失,不计名与利,坚守理想,也许今日的努力,才使我们朝着目标又近了一步。

四是 50—60 岁,坚信未来。

对于 50—60 岁这个年龄阶段的教师,不论你的工作多么繁重,不论你的心有多么累,也不管条件多么艰苦,不管环境的恶劣,你都要以一种积极的心态去面对生活中的坎坷和不公,都要坚信未来是美好的,从而相信自己,积极谋划人生,唯有这样,我们的生活才会变得更加精彩。

【谨记】一个人如果缺失理想的品行,那就没有他成才和成功的土壤,没有他幸福的源泉。

第二节 无计划的批判与职业贫血

贫血,人们对这不陌生,因为很多人都曾有身感心跳不正常、头晕、乏力、气促、心悸等症状。贫血的原因是,在全身循环血液中红细胞总量减少至正常值以下。职业贫血,一个形象的比喻,无不是当前众多教师职业生命的真实写照,因为教师职业不但没有让自我强大,往往还会让自己产生浑身乏力、不自在的感受。

当下,只要一提及自我身份是教师,就会出现集体职业恐慌的现象,这是极不正常的反应,应该引起深刻的反思和警醒。以前笔者曾认为其原因在于地位与收入低下所致,但近两年多来离开教育部门涉身行政职场,才让我彻底放弃了这种想法。众教师集体性职业贫血,这本是教师行业中一个最不正常的现象,但导致其产生的真正原因是什么呢?经笔者的多方调研发现,缺少教师生命成长的微量元素,缺少一种让自我强大的生血系统——系统的成长计划。

为什么会有职业恐慌,一个根本的原因在于能力恐慌。在本小节中,我们将对教师人生中无计划甚至假计划的现象给予批判,对教师因职业恐慌产生的症状进行全面地诊断与核实,同时与读者一块探讨医治职业贫血的法宝——职场造势。

1. 模糊岁月

> 表面上留下了学生的成绩,最终却忘记自我发展,这并不是一种奉献与牺牲,实质是一种失去斗志的推脱之词,为的是麻痹自己。
>
> ——题记

理想品性有四个"根基",即活力、勇敢、敏感以及智慧。在这里,笔者再次重申,我们并非指责天下教师理想品性根基的浅浮,以及缺乏 N 个计划的执行力,主要是因为一生教授他人上进,却自我不求上进而被岁月淹没的种种表现,实属不应该。前面小节中,我们探讨了 N 个计划与一生的发展与幸福。在这一小节中,我们则更多地指出 N 个计划的遗忘与后退、颓废和堕落。

蒙田曾说:"我凭自己的切身经验谴责人类的无知,我认为,认识自己的无知是认识世界的最可靠的方法。"我们写此章节,一个目的是对今日教师整体颓废的精神面貌进行集中地批判,但我们更大的一个目的那便是将希望寄托给后来者,以及那些立志于带给教育幸福和乐意终身从教育中收获幸福的人。

原规则:把学生成绩当作自我自绩,这往往不能作为自我走远的支撑。

"来到世间,本该做一点儿事。做不了大事,就做小事,做不了实事,就做虚事。总之,就该做一点事。"这是笔者在《校长原规则》前言中的第一句话。多年来,那些既已看到自己或别人虚浮却还不愿意承认自己无知的人,最根本的体现就在于他们在为职业谋划的同时,而忘记了教育是事业,真没有为自我干一件大事、小事或实事甚至虚事的愿望,而最终消失在流逝的岁月中,找不到可以留存的一点儿业绩,这无不是一种悲哀,甚至是不应该。

在过往的岁月中,为自己留下一点儿东西,拥有事业心的教师并不是一件难事。有人曾经把教师几十年分成了入职(从教第1年)、稳定期(从教2—5年)、多样化和变革期(从教5—15年)、审视期(从教12—20年)、平静期(从教15—30年)、保守期(从教30—40年)、游离期(从教35—45年)这样几个阶段,仿佛教师就必须是一个由成年到衰老的不可抗拒的过程,而且仿佛认为任何人都只能如此。在此,我们虽不愿用太多语言指出此种分段本身就缺乏一定的科学根据,但这却与有理想、有抱负的教师人生轨迹完全不符。

在我们的教育原规则研究中,即教育秩序的研究中,一直强调学生成绩并不等于教师价值的全部,甚至学生成绩只占有其中的一小部分。我们更加明确主张,离开教育教学后的时间才可称为生活。是生活支撑着让我们将教育教学工作做得更好,是生活中培养起来的能力给我们支撑,让我们走得更远。事实也是这样,没有哪一位教师只因学生的成绩,才给他长久的支撑。

如果将教师的人生分成青年期、中年期、老年期,笔者是赞同的,因为生命体征也本来如此。反观其他职场,往往是体力下降,经验更加的丰富,而教师职场中更多的则是体力下降而经验下滑,这其实是极不正常的体现。为什么会这样呢?其实,你早已失去了为自我作支撑的东西,又怎能不是如此的老态龙钟呢?在人生的每一个阶段,一种无计划,甚至有计划而没有实施,完全忘记了自我在该阶段如何地发展,需要得到什么,所以,最终进入职场"黑洞"也不足为奇。

【现象纪实】

中国有千万教师大军,众人相继步入同一个后尘,就如同下面的写照一样,实在让人痛心。

岁月远去,带走了清晰的当时,留下模糊的过往,在模糊里寻找自己,看到了岁月留下的痕迹。5年、10年、20年、40年,从教生涯中,在那逝去的背影中,除了给自己留下一串不断增长的数字,似乎再也没有什么值得一提。我们的生活,简单而又平凡,我们的日子,无聊而又单调,但我们那转瞬即逝的年华,正在慢慢地被时间吞噬,被麻木消沉腐蚀。一群人,就这样被遗忘,最终消失,又似尘埃般,风一吹便消失殆尽。

想想,是什么支撑着前台,从而产生伟大的教师?答案其实简单,即从事教师职业的一切能力,与那些从教多年而变得颓废的教师,其言行举止有着本质的不同。

【经典案例】

教师,你该如何拒绝平庸?

B老师是位区级骨干教师,40岁左右,高级职称,业务能力较强。有一次我问他:"你现在工作了十几年,取得了较大的成绩,但是,到退休还有二十几年,你对自己的业务要求有什么打算呢?"他说:"我很希望自己的业务水平再上一个台阶,但是没有这样的氛围,同事间没竞争,整天忙于事务性工作,所以上课只求讲清楚,或满足于讲清楚及获得现有的高考成绩。"我感到这是个很有代表性的思想。对这一类有经验的老师,我们该如何使他们更好地成长、去追求卓越呢? 我们该如何去激发他们在事业上进行良性的竞争,从而走出平庸呢?

——摘自中国教师校本研修网

【思考】

在教育人生之路上跌跌撞撞地走过了若干年,很多人在经历了寻觅的彷徨和立足的坚守后,便开始止步不前。很多的教师面对平凡的岗位,认为自己晋升无望、评职无门,就再也没有雄心壮志,心甘情愿地做一个平庸之辈。也有一部分教师,他们在教学业绩中留下了无可争议的贡献,学生在各类考试中名列前茅,但他们却忘记了自我的发展。这绝对不是一种奉献与牺牲,这是丧失斗志的借口,是替自己走向平庸找的一份托词,目的在于麻痹自我。

在职场摸打滚爬一段时间之后,你是否感觉到,当年踌躇满志般的激情已经消退,曾经豪情万丈到如今却身心疲惫。你是否越发感觉职场倦怠浓浓地包裹着你,越发感觉职场的无味与无奈,是否有紧张、焦虑在时时伴随着你,是否有本领恐慌、生存危机、前景黯淡,甚至感到江郎才尽的危机……如果这一切都时时在你的身边,在你的心底,那又何谈职场的成长与人生的幸福。随着社会大转型及生活节奏的加快,我们太多行色匆匆。繁忙、浮躁、压力、恐慌,让我们窒息。我们是否能留一点儿时间,想想自己在未来的岁月里最想得到什么,未来的人生旅途该怎么走过?

为什么会出现这样浑浑噩噩的人生,稀里糊涂的职场,一个很重要的原因是缺乏行动目标的牵引。因为缺乏目标,便丧失了成长的成就感,所以,身处教育职场的朋友们,不论你现在身处于何方的教育,也不论你的境遇如何,都要增强计划意识,给自己一个看得见的"成长射击靶"——目标,因为它既是前进的方向,也是对你言行的鞭策,当一个个目标如期实现时,成就感就会油然而生,你的思维方式和行走路径也会因此改变,你的人生将从此与众不同。

人生追求的终极目标是,过一种幸福而完整的生活。而处在模糊岁月中的我们,又恰逢30—40岁这个人生发展的黄金年龄段。如果在这段时间里毫无建树,我们便丢掉了许多宝贵的成长先机,所以职业顾问提醒我们:如果不在这10年内爬上一定的高度,再将自己的能力和资历加以结合,那么到了40岁以后想要有跳跃式的发展机会几乎是不可能的事情。

庄子曾说:"吾生也有涯,而知也无涯。"虽然生命有限,但是知识无垠,我们应该不断地追求,向着理想的峰巅攀登。即使在过去荒废了日子,蹉跎了岁月,浑浑噩噩地虚度了年华,但只要上进之心不死,追求之心不泯,依然有药可救。齐白石尚能大器晚成,姜太公还可八十候知己,何况我们才刚刚站在教育生涯的又一个起跑线上呢?

【建议】

当我们处于模糊的岁月中,遭遇了职场的危机时,切不可认为"世界末日"已到来,此时最关键的是学会"调一调",走出迷茫,进而找到属于自己的出路。

一是"调一调"心态。 对于遭遇职场危机的教师来说,大都经历了十多年的职业生涯,其间虽已积累了丰富的经验,有了一定的成长资源,却往往忽略了自我归纳和整理这一步骤,对自身的定位和在职场中所处的位置缺乏更清晰地认识。所以,需要"调一调"心态,对自己进行诸如职业理想、职业现状、职业展望等全方位地认识,然后转变观念,融入科学发展观,从而建构"新我职业发展的概念"。

二是"调一调"计划。在职业发展中期,我们会遇到形形色色的问题。这些问题就如横在我们面前的石头,如不及时清理,会直接影响我们实施计划的力度和效度。所以,在认真剖析问题根源的基础上,根据造成问题的原因不同,多角度考虑职业生涯规划的方向,必要时可调整计划的方向或执行计划的路径。例如,专业发展困境来源于自信心的不足,意志薄弱的,应针对自信心不足的原因着手进行修身、养气,稳定心态和原位发展方面的努力;专业发展困境属于定位危机的,如,目标定位仕途,或者追逐名利,着眼学生考试成绩的,应结合教育形式的发展需要,立足自身实际仔细分析,进行计划的美丽大转身;专业发展困境属于环境资源的,应三思而行,结合学校的规划前景做些微调;专业发展困境属于个体专业技术能力的,应潜心好学,积极"充电"。……

三是"调一调"策略。如,当我们刚入职时,可以跟着工作的进程走。在这个积累阶段,注意务"实"是最重要的,不论是备课、上课还是批改作业、辅导学生都应扎扎实实。同时,务实还在于融入智慧,加强反思,以积累更加鲜活的经验和教训。当到了职业发挥阶段时要学会变通,注意机缘的把握与主动出击。所以,处于这个阶段的教师要"调一调"自己的策略,从社会需要什么、教育需要什么、我需要什么的角度找准结合点,从而确定更有效的实施策略。这是关键中的关键,要敢于直面自己的方方面面,真切地对自己的思维模式、工作方式、待人接物的习惯进行一次全面的审查,而后再调整。

【谨记】太阳升起的时候,就是全新的一天。只要敢于站在新的起跑线上,哪怕是从头再来,也将拥有一个灿烂的春天。

2. 职场"造势"

> 实现计划,让计划变成现实,应根据自我设定的计划,有效打造发展平台,打造属于自己的平台。
> ——题记

在模糊的岁月里,容易于消沉中失去活力、勇敢、敏感以及智慧,从而于品性降低中让人生留下遗憾。探明失败的原因,是为了让我们真正走向强大。当你"众里寻她千百度"般地寻找强大的理由而又寻而不得时,笔者在这里给你一个小小的指引。笔者将无数成功人士的发展轨迹和自我从教几十年的经历进行了对比分析,而后发现,其强大的秘密在于"职场'造势'"。敢于并善于"造势",往往会在3到10年即可走向成功。

(1)打造自我发展的平台

世间没有无缘无故的成长,强大不能空穴来风,不能空想,必须有真正助力发展的凭据,"借助平台"来发展自我这是当今任何一位成功者走向成功的捷径。如若在本小节中,我们再没有给N个计划的执行一个真正的实践场所,可以肯定地说,前面所谈的那些,也只能是不落地的空想。所以,在后面,我们将进一步地把计划与谋划合二为一进行论述。

原规则:成功源于构建有效的平台。

何谓势?孙子兵法曰:"激水之疾,至于漂石者,势也。"湍急的流水,飞快地奔流,以致能冲走巨石,这就是"势"的力量。在企业的经营发展中,"造势"可谓是经常运用。如在市场竞争的商战中,只有占有优势,才可先声夺人。所以企业无势者需造势,无力造势者需借势,有势者需用势。孔明自出茅庐以后,极擅长造势、借势、用势。刘备赴江东招亲时,赵云令荆州随行兵士俱披红挂彩入南徐,便是孔明造势之计。其目的在于制造出一种热热闹闹办喜事的舆论声势。

我们在对一些教师的成长路径进行考察时发现,哪怕计划再好,如果没有平台依旧无发展的空间。"造势"不是造假。"造势"推动无数的教师走向成功,只是成功者在谈其成功经验时,更多的是呈现其成果,或呈现其面上的经验,而很少将影响其成功最根本的目的与路径给讲出来。其实,那些人们通常所说的只可做而不可言的东西便是"造势"。

在我们的教育原规则研究中更深层次的探讨,比如"造势",便是对潜藏于影响成功诸多要素中的秩序探讨。诸如,不少教师将造势集中体现于发展平台的打造,优化自我的天时、地利与人和等要素,从而让自我在这一特定的环境中成长起来,并在特殊的领域中强大起来。

【现象纪实】

如果说计划让成功目标更加明晰,"造势"便是给计划实施的空间。现实生活中,"造势"最集中地体现,在于打破生存空间的限制,让自我生存在更开明的人群之中,身处于更开放的环境之中。

言"造势",更鲜明的对比,不如看两群人的生存空间。现实生活中,有一部分教师几乎是足不出户的,认识的人多限制于狭小范围的那一点儿人,职场交流的空间多只限于职场(即学校)所在的环境,甚至一生除了读教参几乎没读过其他的书。试问,如此的教师,哪怕有天大的理想,有多么现实的计划,又凭什么去实现?但不可否认的是,现实中这样的教师占有比例还非常的大。

教师的职场生活,本应是一个比较开放的职场,而且因"造势"而取得成功的也大有人在。比如,从乡村学校里也曾走出无数优秀教师,他们没有城里教师那样的发展平台,但他们会主动走出去加盟别人的团队。如前几天,来自全国各地的五十多位"李镇西教育思想研究所"的老师们聚集成都武侯实验中学,用朴实而又充满激情的语言讲述了他们的教育故事。在打造平台的过程中,由最初的加盟别人的团队,最终成功打造自我的教育天空这样的人也不少。如前面案例所提到的郑立平,如立志于作文教学研究的管建刚、宋运来,立足于鲁迅文章搞专题教育教学研究的刘发建……没有平台,那我们就"造势",因为通过"造势",可以搭建平台,现实中因条件不许可无法"造势"的,我们还可以通过网络拜师,走进网络教育论坛,从而架起与专家直接对话的平台。

"造势"最大的体现,便是将封闭的人生变得更加的开放,使人生阅历更加丰富,使取得的成绩不断提高,也使N个计划在目标定向的前提下加大变动的频率,从而使参与的教育活动增多。长此以往,我们便会逐渐成为强大的教师。

【经典案例】

阿里巴巴的"云计划"

1. 2010年5月14日,阿里巴巴店举办2010年全球股东大会。大会由阿里巴巴集团董事局主席马云及阿里巴巴公司CEO卫哲主持,吸引了包括摩根士丹利、摩根大通等国际知名投资银行前来。

在股东大会上,马云作为首期创业导师,启动了由他所倡导的小企业商业智慧分享平台——云计划,分享企业经营管理方面的经验和理念,帮助小企业们共同成长。

2. 云计划是一个智慧分享的问答平台,小企业有资金、人才、管理、经营等相关的问题,都可以在云计划平台上提问,云计划汇集了马云、卫哲、黄鸣、白云峰、查立等知名企业家导师,以及余庆、曾永良、柳金育、朱明、吴翔等实战经验丰富的导师,为小企业解答难题。

汇聚和分享千万小企业的困惑、喜悦和梦想,它集合商业名家、专家学者及公众的力量,解答小企业难题,分享商业智慧,共同协助千万小企业成长!

云计划＝马云＋云平台

马云:首期创业导师,分享企业经营管理方面的理念和态度,帮助小企业成长发展。

云平台:一种随时随地为小企业创业者提供帮助的力量集合,一个长期分享小企业经营与管理方面的互动平台。

3. 云计划的提问范围

首期活动主要是为小企业解答小企业经营和管理方面的问题,今后随着其他创业导师的加入,解答问题的范围可能会扩大。云计划无法为大家提供小企业经营管理方面意见以外的支持,如资金支持、项目支持等。

请各位提问者将问题集中在企业经营管理方面。一些关于阿里巴巴客户服务以及阿里巴巴产品咨询相关的问题,将不被纳入到本次活动范围。

4. 参与云计划

只要在首页"我要向马云提问"这一栏里填入自己的问题标题,然后按"我要提问"按钮,在接下来的页面里提交自己在小企业经营和管理方面的问题提交即可。

您的提问问题并不是100％被马云回答,马云会在每2周挑选部分问题进行回复。如果您的问题不是被马云回答将会在2周后,由生意经专家网友助您回答。即使问题被选中,马云答复的机会也只有一次,无法与提问者作出多次互动,问题请尽可能地提得详尽,以方便马云作出答复。

【反思】

在股东大会上提出自己的"云计划",利用宣传媒体加大宣传力度,这既是一种利己利人的活动,也是一种宣传攻势,即为自己造势。

所谓造势,是指通过塑造环境(包括人或组织等)对自己的积极认知与评价,营造出有利于自己职业发展的空间。

马云提出的"云计划"智慧分享平台,在无形之中为自己营造了一种气场,可谓用心良苦。给企业一个共享管理与经营的方式,同时也为本企业树立了良好的口碑,无形之中打造了一个更高的发展平台。

每位教师都渴望成功,享受人生幸福,但非人人都能如愿。有的人在职场游刃有余,生活诗意,获得了成功。有的人经年累月任劳任怨,勤勤恳恳,却前景黯淡。问题出在哪里?是学识,是智慧,是环境,还是其他什么?

信息时代的到来,网络技术的普及,社会瞬息万变,致使职场十几年的打拼、嬗变与选择的专业成长之路开始"亮红灯",面对前所未有的挑战与机遇,不知你是否思索过,如何重新修订成长计划,如何开发与利用优质的成长资源,从而改变现状,达成专业化成长的提速?如何走出自我封闭、闭门造车的困境,融入成长团队?从抱怨客观条件的恶劣中走出来,为自己打开尘封"门窗",积极营造自己成长的平台,进而达成格局开阔,境界提升的目的。

在光环笼罩的教育天空,教师也该学会"造势"。有句俗话说得好:"没有机会创造机会也要上。"这讲的正是造势的重要性。当然不能把造势当做主要工作内容,不能为"造势"而

"造势",不要忘了"造势"的本质目的,所以,在执教生涯中需全面结合自己的计划,通过"造势"来为自己搭建一个更加灵活与宽广的发展平台,既要适用、适时,还要适切。

《孙子》中用整整一篇讲"势",其中的精髓浓缩在这几句话中:"故善战者,求之于势,不责于人,故能择人而任势。任势者,其战人也,如转木石。木石之性,安则静,危则动,方则止,圆则行。故善战人之势,如转圆石于千仞之山者,势也。"足见"势"对成长、成功、幸福的重要性。那么我们当思的是,什么是造势?为什么要造势?造势从哪里开始?又如何造好势?所谓造势,就是"借用"自己以外的各种优质资源,如名人效应、贵人提携、领导的赏识等,以助自己达成仅仅依靠自己完成不了或很难完成的成长目标。大家有没有这样的感悟,某领导在大会上表扬你几句,超过你默默无闻工作好几年。这获得的口碑,其实就是"造势"。

造势,不是消极地等待,而是主动地创造,结识专家的认可与提携,获得领导的赏识,赢得同事的帮助与支持,都属于"造势"的范畴。哲人语:凡成事,先布局,再造势,三摆平。我们在造势前先做好布局,即职场计划,描绘明日的蓝图与路径,由此制定目标与策略。

亲爱的朋友,当你在职场的隧道里,在漫漫长夜里摸索10年、20年甚至更长的时间后陷入成长的绝境时,笔者想告诉大家:最高效的捷径,就是学会"造势",借"力"撑竿,站在巨人的肩膀上登高望远,用最短的时间,绕过职场弯道,轻松跳上高位,从而阅尽人生的美景,享受职场的幸福。

【建议】

一是合理布局。造势,不是消极地等待,而是主动地创造。怎么造势,既与自身素质和经营能力有关,也与外部环境和机缘密不可分。要因地制宜,因人制宜,综合考虑。比如加入职业QQ群,参与的研讨活动不可过多、过滥,且便于自己的管理和调控,但必须有个上限要求。

二是把握好造势的N种途径。"势",上方为"执",高层把握;下方为"力",基层发力;上"执"下"力","执"行有"力";"执""力"结合,方能成"势"。可以根据布局计划书,展开有计划的造势活动。如,从关注教育热点、难点、重点,开展思索研究,造他人关注之势。策划系列亮点,可以结合公开教学、发表文章、课题研究、网络论坛、外出讲学等方式造势,让更多的专家、名师、盟友青睐你。可以组建自己的团队造势,如郑立平的班主任心语团队,王崧舟的"三剑客"等等。借助名人效应造势,借助名人的知名度来提升自我,可以通过各种机缘,积极寻找成长顾问,给予实现计划时的专家帮扶,当然,借助名人效应造势,只是登高望远的阶梯,真正赢得未来幸福人生的还是自己的实力。

【谨记】学识不高、时运不济、资源短缺……这都不是借口。领悟造势的思想,掌握造势的策略,主动出击去造势,由此你便会洞开成功之门。

（2）职场"造势"三部曲

职场造势虽让自己获得了用武之地,但这一个过程却是漫长而又复杂,所以要循序渐进,任何急躁冒进的行为都可能会让自己陷入新的困境。也只有逐步"造势",稳步完善自己的发展平台的教师,才可能真正走向成功。

原规则:学会造势,引领自己人生的航向。

台湾的"中国式管理之父"曾仕强说:"人生只做三件事,知道此生为何而来,这是目标;知道如何完成,这是方法;知道如何做得更好,这是改善。三件事听起来简单,真正做起来并不那么容易,需要付出一生的时间和精力。"职场造势亦是如此,需要用一生的时间和精力去获得。

当然造势不仅仅是指宣传、炒作或做表面文章,这种认识是肤浅的,这种理解也是狭隘的。真正的造势是获得别人的肯定与认可,从而铺平自己发展的道路。"心急吃不了热豆腐",所以,这需要假以时日。作为教师,要让他人了解自己、认可自己也是一个漫长的过程。要想成功地造势,更需要自身人格魅力的打造,需要修炼内心、态度、修养和观念(如在教学中提升自己的专业能力,在管理中学会总结相关经验,在课外阅读中不断加强修养等),同时也要为造势付出相应的时间智慧。

因此,在这漫长的时间中,我们需要认真思考,规划一个合理的造势步骤,把自己的人生演绎得完美无缺。

【现象纪实】

许多人在人生定位上不够清晰,对自己的核心竞争力也不了解。很多时候就是只知找借口,不懂找方法,自然也就不懂得如何为自己的人生造势,从而失去机会,留下遗憾。

很多的教育同仁在人生的发展路途中都不知如何前行,当他们徘徊观望之际,其实就已经逐步远离了成功。你看他们,或是踟蹰于当前的成绩,或是彷徨于现实的生活,或是踌躇于别人的数落,或是随波逐流。他们就这样在日复一日中形成了定势,不知不觉地活在了别人的思维里,认可了现状,自然就放弃了成功的欲望和行动。

在现实中迷失,不会为自己的发展造势,这是一个很普遍的现象。有的人找不准自己的职业定位,有的人看不清行业的发展趋势,有的人不善于剖析自我,发现不了自己的优势和不足,有的人找不到职业升华的切入点,有的人则优柔寡断,不敢当机立断采取行动,更有甚者,患得患失,不会给自己机会,也就丧失了机会。作为教师,在三尺讲台上如果迷失了方向,也肯定会令所教学生失去前进的目标。

当我们处在教学的模糊岁月中时,切莫忘记且行且思且徐行,一定要学会在职场中为自己造势,从而为自己寻找到一块黄金宝地。

【经典案例】

商战乘势

胡雪岩说过:"做事情如中国一句成语说的,'与其待时,不如乘势',许多看来难办的大事,居然顺顺利利地办成了,就因为懂得乘势的缘故。"他认为造势不如乘势:借势而起,借力而发。这对胡雪岩来说是轻车熟路。不少商人,希图以一己之力摇旗呐喊,以造成对自己有利的态势,殊不知这样做往往得不偿失,真正高明的商人必然是顺流而行,乘势而行。许多看起来难办的大事,居然顺顺利利地办成了,就因为懂得乘势的缘故。胡雪岩为帮助左宗棠筹办船厂和筹措军饷向洋行借款成功,就是乘势而行的结果。

【反思】

这里所说的"势",是指那些促成某件事成功的各种外部条件同时具备,即恰逢其时,恰在其地,几好合一,从而让好的机会汇集而成的某种大趋势。具体说来,这种"势"也就是由时、事、人等因素交互作用形成的一种可以助成"毕其功于一役"的合力。这里的"时"即时机,所谓"彼一时,此一时",同样一件事,彼时去办,也许无论花多大的力气都无法办成,而此时去办,可能"得来全不费工夫"。这里的"事"是指具体将办之事。

一定的时机办一定的事情,同样的事情此时该办亦可办,彼时却也许不可办亦不该办。可办则一办即成,不可办则绝无办成之望。这里的"人"即具体办事的人。一件事不同的人办会办出不同的效果,即使能力不相上下的两个人,这个人办得成的某件事,另一个人却不一定能办成。所谓乘势而行,也就是要在恰当的时机由恰当的人去办理该办的事情。

当然,我们更应清楚,作为一名教师,我们在执行计划的过程中,可能会遇到很多的因素,但这些因素却不是都对"造势"有利。所以,在诸多的因素中,对造势时机的选择与把握是至关重要的,它可以说是我们"乘势"的灵魂,这就犹如我们平常发表对某件事情的看法或对某件事做出一个决策一样。在许多事情的处理与运作过程中,特别是在商场的行事中,即使你是一个身位显赫、举足轻重的人物,即使,你的意见很富有科学理性、意见绝对正确、决策十分果断准确,如果你想让你的意见或决策起到更大更有力的作用或影响,你也必须选择恰当的时机,乘"势"而发。否则,说早了没用,说迟了徒然自误;说的场合不佳,效果不大,甚至会带来负作用。这就是"势"的作用。如在某次公开评课时恰到好处地提出自己的见解,或是在某次会议发言中推出自己的某个观点,这就是选好了为自己造势的时机。

【建议】

为自己造势,让自己在职场左右逢源,得心应手,这是每一个人自我发展的必然要求。当我们在职场陷入危机之时,就应该学会寻找突破口,用另一种方式为自己造势。心态决定命运,每一个人都应该做一个积极的思维者,做一个积极的开拓者。面临危机时适当地放松心态,唱唱歌、跳跳舞,或是喝点小酒、侃侃大山,把自己内心的郁闷与烦忧宣泄出来。

当然,在适度的放松之后行动起来,能继续为自己的职场造势。造势是一个循序渐进的过程,将其分成可操作的几个步骤,从而有力有序地进行,才会直至让自己的理想之路在"造势"中越走越宽阔!

具体来说,教师在自己人生的职场上,如何为自己"造势"呢?笔者认为可这样来唱好"造势"的三部曲。

一是认准方向,力争上游。初涉教育职场,首要的是要认准方向。找准目标后,就得脚踏实地地苦干,因为态度决定一切。只有当自己虚心学习,潜心钻研,拥有一定的实力后,方能用自己的行动、谈吐来获得别人的认同,也就形成初期的"造势",让别人感知到你的敬业与能力是同行中的最突出的,从而认为你是"可造之材"。这种初期的"势"是靠自身能量(也就是我们常说的"打铁还需自身硬")的涌现来赢得别人的称誉。但是,这阶段的"势"不能过于外显,即使有你展现的机会,也要学会锋芒内敛,宜慎言谨行,多学多听,因为你的一举一动,大家都会看在眼里,记在心里,不用过多表白。

二是主动出击,脱颖而出。当我们在职场中能够对自己的份内之事处理得游刃有余时,这时就要逐渐学会为自己扩大"造势"的范围,让别人进一步认可自己。当然,本阶段造势依然应该将重心放在本行业内部,放在多做事情上。这首先要得到自己领导的认可,只有领导认可了,才会有更大的平台供自己去"演出"。当再有机会参与各种活动如培训、会议等,要虚心向同仁学习,并适当抛出自己的见解。前一阶段是埋头拉车,在这个阶段不但应该继续坚持埋头拉车,更要学会抬头看路。当我们睁开眼睛看世界时,才会看清自己的发展方向是否对路,才会让更多的同仁认识自己,并且努力将自己融入这个圈子,让别人能在有其他机会时想到你,于无形之中形成了"势",而且还会呈几何级数递增的趋势。

三是中流砥柱,独当一面。历经了两个阶段的"势"的积累,此时的你应该小有所成,从以前做事到现在可能开始带人了。不论你是一位备课组长，还是一位教导主任，此时的你肩负起了重任，同时也形成了良好的气场，这就要求你能够把队伍带好，把事情做精。在各种会议、活动中勇于发表自己的见解，以稳重、果敢等优秀品质来验证自己的前行之阶是否走得稳。如果此时遭遇到一定的压力，切不可被压力"压扁"，要为自己进行正面的引导，要善于最大限度地激发出自己的潜能。从自己的成长目标，前行计划，到所付出的努力，所形成的教育教学风格，所提炼的教育理念等方面把自己的"势"造足，以更加有力的态势赢得他人的认可，从而把自己的"势"点燃并形成燎原之势。

身处教育中，应做教育事。每一个教育工作者，都要在细致规划自我发展方向的同时，学会逐步为自己造势，从而为自己请来一个个"顾问"，建立一个强大的发展气场，让自己稳步、快捷、有效地向前发展。

【谨记】在造势中形成自己的气场，才能征服别人，也才会赢得美好的未来。

第三节　环境揭秘与职业规划

谈及环境与职业规划，这仿佛是两个不同的概念，本不该扯到一块。换种方式，提及环境与尊严，在大千世界中上演的这些关键词的故事可能顿时会勾起大家诸多的回忆——边远与城区、恶劣与优越、自卑与满足，甚至低微与高贵、施舍与企求，而这些，都因身处的环境所致。把环境纳入职业规划的范畴，在我们看来，人生发展主要受内因的影响，但也不可小视外因，环境虽不是内在因素，可它是最重要的因素。

正如雨果所说："地形可以影响人们的许多行为，它是人类的同谋者，它所起的作用比我们的想象更大。"理解环境与职业的关系，说得更明晰一点，环境已经作为一种资源进入了我们的职场空间。占有这种独特的优势资源，不只是教师族群甚至其他族群共同的目标。在本小节中，将对前面小节中谈及影响教师价值体现的目标（N个计划）、意志（理想品性）作补充，全面论述环境资源对人的成长的影响，以及不占有优势资源的教师如何找到自己的出路。

1. 地形影响

> 工作环境牵扯教师人生及命运。但，身处恶劣的环境，不是消极的理由，不能降低设定的目标，甚至是人格，需要主动地有计划地适应环境。
>
> ——题记

地形，在地理学中，地形即"地貌"。在汉语词典里的解释是，地面起伏的形状。一般地形有平原、山地、丘陵、盆地、高原等。地形有大自然有形的地理环境，也有心里无形的地形，还包括你的上级组织安排设置的一种似有形又无形的地形。地形的影响，是永远不可消除的一种影响。为什么要将工作环境与地形影响区分开来？对于教师而言，如若考虑工作环境所处的不同的地理位置，几乎工作环境都全是大同小异，工作空间、对象、内容近乎没有本质的区别。现实是，工作环境对教师的影响远远没有地形影响大，这其实是一个极不正常的现象。当外因起到主导作用时，特别是对身处的环境感到不满时，往往会促使人变得消极和情绪失控，对个人的价值体现会起到一定的阻碍作用。

地形，有时就是组织的计划。消除地形的影响，我们应真正看清地形影响的本质。因为身处的地形，往往影响到我们的命运。降低地形对教师的影响，并将负面影响转化成为动力,这将是天下教师时时处处事事都应直面的人生课题。哪怕身处优越的地利环境中,也应保持清醒的头脑。

在进行人生规划时,需要我们将地形的确存在的人为因素联系在一起思考,如若能真正看清地形只不过是一个组织的人为因素,那么,在 N 个计划的实施中,我们就应该借助地形的有利因素为我所用。

(1)保持清醒

任何人都不可独立于地形环境而抽象存在。工作处境的好与坏,其实都源于组织的抉择,对于任何教师而言,在强大的组织面前,除了服从,可能还是服从。在这里,我们完全可以换一个角度来思考这个问题,正因为工作环境是出于组织的决定,就说明我们在很大程度上不可能单方面地付出不必要的精力去改变它。它也说明,我们只要保持清醒的头脑,就能从中找到一个点,并让其成为我们发展的空间与舞台。

大千世界的事物是矛盾的统一体,人生也是如此。我们的人生是由患难与欢乐所组成,逆境与顺境相伴。在这里,笔者并不是唱高调,其实全书谈的都是人生的计划与成就自我,作为读者的你应该看到我们本来就有一颗不安分的心。因为我们的确知道工作环境牵扯着教师的人生及命运。一如众多乡镇教师及边远地区教师,因为环境而使自己的心理不平衡,甚至失衡,并进而出现一种极不正常的精神面貌——消极、颓废、倦怠。现实本就是那样,当力量非常弱小时,更多的人便会被安排到最边远的地方接受磨炼。在此,我们非常想与天下教师一块探讨明白这个问题。恶劣的环境,不能让其成为消极的理由,而应让其成为自己向上登攀的云梯。这就要求我们在环境于我们不利时,更要拿出自己的勇气,去主动而有计划地适应它。

原规则:工作环境并不影响人生,但它往往扼杀无志的教师。

著名诗人艾青曾说:"蚕吐丝的时候,没想到会吐出一条'丝绸之路'。"笔者 16 年的边远乡镇小学的工作经历其实就能说明一切。多年前,组织的一纸决定让我前往时,我带着一家老小前往,真有种"充军"的感觉。"我的上进心从没有死过",这差不多是我这么多年来一种真实心境的写照。三年前,意外地收到组织的一纸决定,让我换岗,说句心理话,当年前往时,空荡荡的前往,真没有想到我因立志教育科研,真像蚕一样吐出了一条我的"丝绸之路"。现在想起来,远离城市到边远乡镇工作的这么多年,我得感谢环境,让我从中得到向上的动力,得到一种远离喧嚣后的特殊保护。

在本小节中,我们谈环境的影响,特别是对人生的影响,这里绝对没有无中生有的意思。当然,在这里绝对没有树立自我为榜样的思想,但我仍要以自我的切身体验告诉大家:当组织需要我们时,我们应奋不顾身;当组织刻意给我们变换岗位时,那一定是我们已有作为时;组织变换工作场,或许让人高山仰止,但其实更多的是对自己已有价值的认定和肯定。我们因环境而立志,用行动和时间证明曾经计划的可行性,从而迎来成功的那一天,或许与那些天生就拥有强大人脉资源的人相比,来得晚了一些,但要相信,只要进取心不死,价值终会显现,而且迟来的认定,更会赢得人们的尊重。

【现象纪实】

人与人之间最初并没有太大的距离,当因组织计划,而让不同的教师分赴不同的环境工作。若干年后,因生存空间的不同,便会逐渐拉大差距。

现实就是这样,艰难的环境中,往往一部分教师求得大生存与大发展,而另一部分教师像被魔鬼折磨一样，变得更是生存艰难并能力低下。其实，只要稍许查找根源，便能知道，最终导致人与人之间生存空间、发展空间，以及创造的价值的不同，几乎全指向一个点，立志者得天下——一切环境都被勇者有效利用。目前，普遍存在着三种人——第一种人：得过且过。面对恶劣的地形，灰心丧气，工作无计划，发展无目标。一切听从命运的安排，随遇而安。第二种人：牢骚满腹。似乎总是在抱怨他人与环境，怨天怨地，认为自己怀才不遇，所有的不如意都是由于环境造成的。第三种人：积极进取，工作有序、卖力，阳光乐观。

【经典故事】

一个人的两篇报道：

乡村教师杨同杰
自办昆虫生态研究所

沂水县乡村教师杨同杰 20 多年如一日，省吃俭用从事昆虫生态研究，办起公益性的临沂市昆虫生态研究所。研究所自创办以来，共接待青少年 2 万多人次，被确定为青少年德育教育基地。

今年 42 岁的杨同杰是沂水镇中心小学成教中心教师。他从事昆虫生态研究 20 多年。为了搞研究，他走遍了沂蒙山区 1000 多座山峰，500 多条河流，300 多处水库、池塘，行程 3 万多千米，制作各类昆虫标本 1 万多件，记录了 10 多万字的资料。他关于沂蒙山区陆生昆虫区系的调查课题填补了国内空白。

《大众日报》2000－6－16 第五版

临沂师院：聘乡村教师为客座教授

近日，在昆虫生态研究方面成就突出的乡村教师杨同杰被山东临沂师范学院正式聘任为客座教授。

曾是山东省沂水县一名普通乡村教师的杨同杰，从事生态考察研究已有 20 余年，他建立了全国第一家公益性昆虫生态研究所。2000—2002 年，杨同杰夫妇共同参与"保护母亲河"行动，对黄河流域进行了全面系统地生态考察。他著写的《沂蒙山区陆生昆虫区系的研究》填补了国家空白。他研究的"暖冬危及天蚕蛾茧蛹"课题，先于英国的利兹大学、杜兰大学等高校的生物生态学研究工作者完成同类课题研究，他也因此获得了 2002 年"美国福特汽车环保奖"。

山东临沂师范学院聘他为客座教授，并将邀请他参与大学本土教材的编写，主持参与研究相关的课题，并对大学生进行昆虫、生态环境知识传授。

2004－5－5 中国教育在线

【反思】

从乡村里走出，成为大师级的乡村教师真还不乏其人，单是现代教育史上享有盛名的如夏丏尊、朱自清、叶圣陶等大家，他们一开始都是中小学教员的身份，更有中学学历的还当上了北大教授，当下诸如刘铁芳、林泽炎等活跃在前台的一流学者，都有曾经因组织决定在乡野工作的经历。走出乡村，走向大视野，从最艰苦的地方走出来，不难让人感悟到，他们真正成功的原因就在于，从来不能因环境的恶劣降低设定的目标，甚至是人格。

也许你身处偏远而信息闭塞的乡村，或某些领导对你的出色表现视而不见，或者某些同事可能给你的发展设置障碍，或者周围的人群、学生家长、社会不能充分理解与支持你，或每次外出学习培训的机会都与你无缘。但不管你所处的"自然环境"多么恶劣，人文环境有多么糟糕，但却不颓废，应该扎扎实实地做好谋划，要相信，只要有所作为，你向上发展的势头是任何力量都无法挡住的。

每个人都有不同的工作环境，每个人又都有不同的生命轨迹。有的人成为学校里的核心人物，学上的精英，受到众人的爱戴；有的人一直浑浑噩噩，庸庸碌碌；有的人感叹生不逢时，自怨自艾，而到头来一事无成……那么，是什么在造就我们，改变我们？是心态！是"不以物喜，不以己悲"的心态。有良好的心态，才能出思路，定计划，想办法。亲爱的朋友，当你身处不利成长的环境时，是选择逃避还是积极面对？那些慵懒怠惰、意志薄弱的人，只注重事物的表象，无法看透事物的本质。他们只相信运气、机缘、天命之类的东西。看到他人获得什么专家、名师称号，就说他们资质聪慧；有人拿到课堂大赛大奖，就说那是幸运；有人工作不几年得到晋升、提拔，就说那是有伯乐发现，是机缘。就课堂教学而言，农村教师都会说，我们最高级别就是上到县级，往市级冲就很难了，更别说省级、国家级了。当然，从获得高一级的课堂教学大奖的教师的工作单位来看，好像大多来自城市。但我们身边也不乏农村教师从课堂教学中冲出去的典型，如余映潮、刘发建等。试问，如果一开始就把自己定位在最低的位置上，你哪还有进取心，哪还有诗意的教职人生，哪还有成长的规划？我们不能保证具有了健康的心态就一定能成功，但是没有健康的心态就一定不会成功，因为成功的人们都有健康阳光的心态。健康的心态，是内心的一种潜在意志，是一种自我强大的动力源。拥有健康的心态，会时时事事以一个清醒的头脑，牵引着我们胸怀梦想，积极筹划，从而一点点地去改变环境，走向既定的人生目标。

生物学家达尔文在《物种起源》一书中已经明确地提出了"物竞天择，适者生存"的进化理念。地球不会按照你一个人的意愿来转。我们工作无成绩，成长无进展，总是习惯于从客观条件上去找借口，总是希望别人或是周围的环境来适应自己，却往往不去反思自我，不积极主动地改变自我，不去大环境中为自己创设和谐的成长环境。突破现实困境其实离我们并不远，只需我们用一颗清醒的头脑，认真分析哪些环境可以为我所用，哪些环境我学着去适应，从而结合自己实际，制订详实可行的计划书，然后一点点去实施，一点点去改变。改变心态，改变思维，改变工作方式方法，改变日常习惯，在变化中适应，在适应中为自己营造成长的"云梯"。

地形环境对人生未来的走向甚至一生的高度，影响是非常之大的，有时甚至起到决定性的作用。毛泽东，能领导全国人民创建光明的新中国，与他善于利用环境，改造环境是分不开的。古往今来多少豪杰不论是顺境还是逆境都能积极面对，积极谋划，走出一条辉煌之路。人的一生要面对许许多多错综复杂的环境，有有形的地理环境，有隐形的人文环境，有显形的心理环境，有的环境人是无法选择、必须面对的，有的环境人是可以改变、积极利用的，有的环境人是可以创造、造福人类的。不管是哪一种环境，都会对人生产生很大影响。教师在教职生涯中要让环境都唯我所用，并早作计划，及早行动，引领自我朝着更加和谐、更加文明、更加健康的方向发展。

天时、地利、人和的环境，固然是我们成长的好地方，如果没有一颗清醒的头脑，不思进取，随遇而安，碌碌无为，那么它也许只是一个"鱼缸"而已，虽暂时有自己身体栖息的场所，但如果没有源头活水，表面的温馨、平静之下，其实潜伏着巨大的危机。我们都是大海中游动的"鱼"，整个的水域都是我们成长和生活的地形，怎么游，如何趋利避害，如何健康快乐，全取决于自我的努力和选择。所以身居乡野不可怕，没有导师与盟友没关系，没有伯乐赏识不要紧，关键是了解自己，认清环境的利与弊，注意岔路口，走好人生路，给予人生 N 个计划以积极的支撑，从而走出人生的洼地，迎来成长的春天。

【建议】

在工作、生活中由于受地形影响，我们或得意，或沮丧，或迷茫，或忧愁，这些虽只是我们个人的感受，但却是我们对环境生发的一种不良心态，它无时不侵蚀着我们的机体与灵魂，阻碍着我们工作、学业的进步，而我们最终被环境所奴役。我们要时刻擦亮自己的眼睛，保持清醒的头脑，在顺境中警醒，在逆境中奋进。为此建议：

一是以守为攻，把控未来。不论到你步入何种田地，达到何种境地，都要三思而后行，这并不是教你做个懦夫，而是让你学会冷静。比如，刚入职的新教师，别再抱怨你的学校如何艰苦，领导如何不通情达理，同事如何冷漠无情，当务之急是打起精神来，牢牢站稳脚跟。所以，最关键的是要有效规划，潜心修炼，扎实走好每一步。作为职场老手，要在你的规划书中补上这一课，无论遇到什么事，都要沉着，冷静。对眼前所面对的处境静静地想一想，静静地观察一下，看准时机再下手，达到"静观其变"和"处变不惊"的境界。在不利的地形下，"以守为攻"是顺势的策略，期间需要调整好心态，用我们的耐心去等待一些非我们所控管的外在因素，等待转机。当然，"以守为攻"不是什么都不做，坐以待毙，而是着眼未来，保持昂扬的斗志，每日、每周、每月、每年都有目标，努力工作学习，用饱满的热情去做好自己的事情，做有意义的事情。

二是突破自我，迎接变化。人自出世，便陷入动荡不安的境遇之中。如意、沮丧、失意、凄凉，可能不时会困扰着我们的身心，给我们的精神套上无形的枷锁，给我们手脚套上沉重的镣铐，让我们举步维艰。面对阻碍困顿我们发展的种种地形，谁是我们人生的主宰？我们如何抵御？如何一一克服？毫无疑问，是我们自己，只有自己才能拯救自我。教育的发展、社会及环境的变迁，都值得我们去关注，并熟悉其变化，预测其趋势，再通过网络、研修，参加各种教研、学术团队等途径，扩大自己发展的空间，从而积极做好人生的贮备，实现职场的超脱。

【谨记】让人不看好的环境往往是自我发现、实现自我认同的契机。

(2) 选择崛起

打败我们的不是外在的环境，而你自己和你自己对这件事的看法。

处于顺境和逆境中，有可能成功，也有可能失败；有人成功，也有人失败。在顺境与逆境中选择崛起，这几乎是所有成功之人走向成功的一个共同点。在人生的线轴上，选择崛起的那一刻，几乎等同于找到了可助力成长的起点。我们的行动随着纵横曲线向前延伸，经过一定的阶段后，不同的人会在不同的时间段取得成功，不同的人会在不同的地点取得成功，并最终达到不同的、属于自己的高度。然而，在人生的轴线上，很多人没有找到人生成功的起点，试问又怎能画出代表成功的那一条曲线？

很多时候，我发现我们总是易受周围环境的影响，总是喜欢活在别人的世界里，总是太在意别人对自己的看法，也总是太在意自己的自尊。顾虑太多，自然恐惧就多。"前怕狼后怕虎"，畏首畏尾的结果，是什么事也做不成。其实，真正的恐惧、困难不是来自外界的阻碍，而是来自你的内心。不管环境如何，只要你认为这件事容易，它就容易，你认为困难，它就困难。所以，首要的是让我们内心强大起来，心态阳光起来。

原规则：N 个计划之后，最愚蠢的便是跌倒在起跑线上后不能再爬起来。

辩证地看，身处边远或封闭的环境之中，也是利弊共存的，如若保持平常心，更能促使人清醒,从而选择崛起。诸如有"时间优势"、"环境宁静的优势"等。或许你会遭遇世态炎凉、人情冷暖,如若置之身外,便能集中精力,再加上数年笃一地进行思索和追求,那还有什么成功不会迎面扑向你呢!逆境往往使人更加深刻理解时间的价值和意义,时间安排上也有更大的灵活性,它更好地促使人去珍惜利用。身处逆境更能促使自我清醒,能"冷眼向阳看世界",能相对比较冷静、客观地分析自己的利弊长短、成败得失、优势和不足。除此之外,逆境还能培养人难能可贵的意志力量。在人生的博弈中,往往毅力比智力更宝贵,更重要。长期的逆境生活可以锤炼人专注一件事而不舍弃,凝聚毅力的持久性,从而培育出耐心、恒心、韧性和悟性。

教师生存的环境无时不影响着教师规划后的执行,相对于学校小环境或地形限制下的大环境,更多的教师总把希望与目光集中于在小环境中崛起,似乎忘记了大环境对自我计划的影响。事实上,把 N 个计划放入大计划中去实施,更易获得动力,求取成功。

【现象纪实】

教师职业,有着独特的职业挑战。职业的限制,地形环境的影响,致使教师生存空间变得十分狭小,这差不多成为了众教师的一个沉甸甸的包袱。

崛起,在一些教师的眼里和心里是个根本不存在的词语。有一些教师,在地形环境面前,不管是顺境或逆境中,似乎习惯于屈从和委身,在地形影响下变得麻木。无所事事、得过且过成为了工作的代名词。当机遇的飓风吹醒我们时,却发现我们已没有力气去抓住它。但也有不少教师,他们时时保持着奔跑的姿势和状态,不时给自己画出新的地平线,找到新的起点,只要机遇到来,他们就能牢牢地抓在手中,让自己从此崛起,实现人生的跨越。

【经典故事】

为什么是闫学

1991 年,闫学从济南联合大学毕业,被急于加强力量的章丘市实验小学聘到了学校。闫学初中毕业时,正是成绩优异的学生热衷于读中专的年代,闫学却选择了高中,让她的老师和同学大惑不解。闫学的想法很简单,她只想做一名中学老师,而如果读了中专,她就只能做一名小学教师。在她的眼里,中学老师的形象是高大神圣的。

但她偏偏被分配到了小学,从工作开始那天,失落感一直追随着她,并渗入到了课堂。带着情绪的闫学讲课很是随意,想怎么上就怎么上,直到一个多月以后新教师汇报课上的那次惨败。四年后,山东省各路中小学教学高手一路拼杀,齐集日照。闫学跻身其中,并凭借对《童年的发现》一文的说课和精彩答辩,成为山东省有史以来最年轻的特级教师。这一年,她 32 岁。

闫学记得特别清楚,校长把电话打到家里来的时候大约是中午 12 点钟的样子,她正在与丈夫吃午饭。"咱们主抓教育的新任副市长要来学校听课,你准备一下。"闫学略微迟疑了一下,"好。"

答应校长前,在那一两秒的短暂迟疑里,闫学的心里混杂了太多的感情。三年了,因为自己的性格而与某位校领导之间发生冲突之后,她一直在被漠视挤压的情绪低谷里徘徊。这个电话在闫学心里激起的复杂感情,除了她自己,能够理解的还有与她同校的丈夫。三年来,闫学一直默默努力。她字不好,于是买了字帖,弄了一块小黑板,没事就在办公室里练字,写了就让写得好的老师看,请他们给予指点。那时的闫学好像突然发现,天天低头不见抬头见的那些同事会很多东西,她却什么都不会。比如说画简笔画,有的老师能用简单的几笔,引得那些小孩子学习兴致盎然,这让闫学很羡慕……大约有近两年时间,闫学泡在了粉笔字、简笔画、读书、朗诵等苦练基本功。

那次冲突使她的新婚丈夫也受到了牵连——被派到百里以外一所十分偏远的农村小学支教。两年间,丈夫每周都骑着单车回来与妻子相聚,不管是风吹还是日晒,雨注还是雪飘……丈夫看着三年来一直没有机会上公开课,没有资格参加校级以上任何教学研讨活动的妻子,心里很不是滋味。她有些无法容忍学校这种平时打压,撑门面的时候伸手就拉出去的做法。但他们已经无法多想了,时间不多,离下午第一节课只剩下一个多小时了。匆匆吃完饭,闫学赶到了学校。下午一点半,准时开课,新任副市长在教育局和学校有关领导的陪同下,坐在了学生中间。闫学夹着讲义走上了讲台,她讲的是《琥珀》……

"我从前是个学生,每天都要听老师讲课,工作以后也一天没有离开教育,听的课也数不过来。以后我不敢说,但到目前为止,闫老师这一课是最好的一课。"下课后,这位新任副市长高兴地对闫学说。这一评价,让学校和教育局的陪同领导心里充满了自豪和欣慰,而对闫学来说,则意味着她教师职业发展的一个转机——她再次获得了上公开课的机会和搞教科研的资格。

【反思】

崛起之难,这是大家都明白的道理。事业上的成功,除了把握机遇,还要有机智的头脑、坚强的意志、坚韧的毅力以及果断的抉择。而后者,恰恰是把握机遇的前提。

闫学为什么会成功?外部环境的支持,可能来得稍许迟了些,但成功的机会,总还给予了早有准备的人。闫学对自己有很高的期待,虽然现实环境一再将她伤害,但她没有过于沉溺于坏情绪之中,而是表现出卓越的适应力。笔者看来,这种卓越的应对能力,与长久以来她不放弃对自我的期许有关,这几乎成为一种本能。这种对自我的期许才使她穿越迷雾,聚集前行的力量,在数年的沉浮中迎来了曙光。

闫学的成功给我们一个启示,当你身处困境时,是选择躲避还是知难而进?闫学选择了后者。在困境中的崛起,才让她走得更稳更远。纵观她的成长历程,我们不难看出,是困境磨砺了心志,培养了她吃苦耐劳的品质。试想,常备如此精、气、神的教师,还有什么不可逾越的高山,还有什么恶劣的地形能挡住他们前行的脚步?

诗人徐志摩说:"人能走多远,这事不能问双脚,而是问志向。人能攀多高,这事不能问双手,而要问意志。"亲爱的朋友,不知你是否丢失了这崛起的法宝。在面对困境这堵墙时,是绕过去,是翻过去,还是推倒它,战胜它?

美国《成功学》的创始人拿破仑·希尔曾经说过:"自然经常是先给某些人重重的一击,让他们倒伏在地,看谁能爬起来再投入人生的战场,那些毅力强大的勇敢者,就被选择为命运的主人。"在我们教职的生涯中,或多或少都有一些难以预测的困难、挫折,但是,无论在何种境遇里,跌倒了就要学会自己站起来。也许你的课堂多年来一直想向县里、市里冲,却屡屡受挫,让你伤痕累累,不知你是否反思过这其中的原因?也许你入职多年却一直如无名小草,得不到提高与晋级,你便一蹶不振,浑天聊日,这其中的因由何在?也许你一直羡慕外界的生活,多年来想调离到条件优越的单位,动用各种关系,也未能如愿,你叹息寒门出身,世态炎凉,不知你是否思考过你真正的人生坐标在哪里?人生之路如何规划?亲爱的朋友,身处逆境不可怕,可怕的是你是否失去斗志与人生的目标。生活不是天天有艳阳天,人生注定会遇到大大小小的考验,相信自己,做有智慧的勇者,特别是在职场多年的老将,更应做好人生 N 个崛起计划,如改善人脉的计划,突破课堂障碍的计划,获得领导支持的计划等等,千万不要在倒下后选择不再爬起或是中途退出,那是蠢人的选择。真正的强者是在倒下后选择重新站起来,并思考倒下的原因,然后选择新的路径,调整好状态,以崭新的姿态迎接新的挑战。闫学就是这样。唯有在再次出发时对"明天"有更精细地规划,孜孜以求,定会迎来"柳暗花明又一村"的美丽人生风景。

教师专业成长如同滑滑板,上升时每一步都十分艰难,有时还会如蜗牛一样,上升一米后会下滑半米,但如果把持不住,却可能一滑到底。教师应当从无谓的叹息与悲观失望的阴影中走出来,做人生的主人,特别是在第三个五年中,及时调整职业规划,从困境中突围。突破成长的"天花板",冲破年龄的阻力,改变不利的成长地形,找到职业生涯的"第二个春季"。否则,只会如一只找不到出口的苍蝇,盲目冲撞,四处碰壁,最终遭遇职业发展的"冰点"。

【建议】

一是积极应对,从危机中寻找转机。无论地形环境是以何种状态呈现在我们的职场中,我们都要将其变成动力。面对无论是风雨交加,还是阳光灿烂的外界环境,我们都要始终保持良好的心态。彼得逊说过:"人生中经常有无数来自外部的打击,但这些打击究竟会对你产生怎样的影响,最终决定权在你自己手中。"心态决定一切,在逆境中不气馁的一个重要的前提是,对自己进行良好心态的培养。在面对顺境时,放弃自我提升,面对逆境时放弃希望都是不可取的,无论是顺境还是逆境,我们都要保持积极的心态。环境越是不太理想,我们越要选择崛起,否则,你会在现实中输得很惨。不管环境多么恶劣,我们都应该有我们独特的审视,对明天有一个更加清晰地描绘。在深入剖析自我之后,我们还可以寻求一些途径和方法,与环境讲和。诸如,全面而深入去了解你所在的环境,诸如自然资源、交通状况、气候条件等等,力求对环境有一个全面的评估,甚至可以赋予具体要素以分值;查找资料,充分了解所在环境的人文历史,以及出现在历史上的著名人物,力求探讨人物成就和环境之间的关系;从身边人入手,向年纪大的同事了解对所处环境的看法,力求具体准确,可以询问多人,尤其是各种不同生活状态、不同性情的人。相信通过这样的努力,我们能找到转机,并获得先机,从而与成功相约。

二是掌握 N 个工具。人生的 N 个计划是人生 N 个成功的理由。选择磨砺自己,就是选择强大。掌握在逆境中崛起的 N 个工具,你会赢得发展的主动权。如你的成长力、管理力、思考力、表述力、科研力、交际力等等,这都是你日后崛起的 N 个工具。在逆境面前,你可以隐身,但不可能隐退,就像武林高手的闭关修炼。在修炼的过程中,尤其需要你进行知识的更新,内功的修为,个人素养的提升,让自己硬件和软件的精良度有更高程度的超越。唯有这样,你才会在云破天开时,亮出最真实和最美丽的自己。

三是把工作做到点子上,成为学校的"关键教师"。这是个变化的年代,大的形势在变,小的环境在变,领导在变,同事在变,万事万物都在变,你也在不停地变。如果你一门心思去做你擅长的,在工作中另辟蹊径,把工作做到点子上,自然会做出令万众瞩目的业绩。如一个学校校风差,全校学生行为习惯不好,你若能立足实际,从你的班级做起,做出成绩推而广之,校长自然对你刮目相看,久而久之,你便成为了学校的"首席教师"。你的"动",会带动你的成长地形的变动,那么,你的一切都会改变。

【谨记】缺少精神的支撑,任何行动都脆弱不堪,崛起便会遥遥无期。

2. 改善环境

> 计划能产生征服环境的力量。但应明白,征服环境、交换环境、挪动环境,应是人生规划中的一部分,并且还是最重要的部分。
>
> ——题记

在有效实施计划的进程中,我们能感受到的最大的变化是环境的变化,特别是人文环境及个人内心的生态环境的变化。只不过,在这里,我们首先要与读者朋友们一道重新构建一个新的相对环境概念。此时,我们在全书中所涉及的,都只是相对于个人而言的,能产生意义的生存环境。生存环境的意义在于它的流动性,相对于固定环境之外的流动环境。在笔者看来,环境真正意义在于即时性,人在哪里,环境的意义便生成,除此之外的环境便无生命的意义。构建此概念的难度之大,全在于习惯性的思维——环境本来就先独立于人之外而存在。

纵观人类的生存环境,给人类的烙印便是对它的野蛮行径,欲望所致的掠夺。教师的生存环境,如前面所言,是一种组织计划,因为环境本就是一种资源,一涉及分配问题,便会牵扯着更多的赤裸裸的关系出来。如果谈人生的幸福与命运,工作环境是绕不开的话题,绕开过后,便会存在着更多的虚假成分。

人类和环境一直以来有着密切的关系,人的一生离不开环境。人生和环境存在一种辩证的关系,当我们没有能力时,只能不断地去适应,当我们具备一定实力时,可以慢慢征服环境,当我们有足够强的力量时,可以创造理想的环境。所以,我们在人一生的幸福规划中,要遵循着这种规律,走适应环境——征服环境——创造环境的路线。

对于刚入职的新教师,即第一个五年计划,也许对所处的新环境不满意。与其不断地抱怨坏环境,不如主动地适应环境。对于入职多年的教师,即在第二个五年计划期间,此时已经适应职场环境,已经滋生了更多的生产力,那就可以开始征服环境,为将来挪移环境埋好伏笔。对于职场老兵,即进入到第三个五年计划中,因为前面已经做好了厚实的积淀,所以,要从策略上去开辟,试着改善环境,进而移动环境。"适应环境,改变环境,创造环境",循着这一主线主动地发展下去,并在这发展进程中学会生存、学会求知、学会做事、学会共处、学会生活等,而这一切,必将成为步入教师幸福人生的有力有利的地形学。

在本小节中,我们更多的是关注环境与人同时生存的意义,以人不可独立于环境而存在为前提条件,全面阐释拥有生存环境是一种谋略(征服环境、交换环境、挪动环境),改善环境的 N 个计划,以及如何围绕 N 个计划改善生存环境。

(1)需要主动

地形环境的影响永远比工作场的影响大得多。我们都知道,生存环境给工作带来的影响,有积极的,也有消极的,对此,我们肯定不陌生。用个人的力量虽然不能对生存环境的影响进行有效地控制,甚至不能与组织计划相违背,但是我们完全可控的是自我的主动性,并以此将地形的影响降低。在本小节里,我们进一步探讨改善环境的有效做法——主动出击。你主动,地形环境就会随之运动起来,亦即自我的优势得到强势开发。

原规则:人不能独立于环境之外,但可以改善环境。

环境地形带给人类的影响几乎是永远的。观其声音、个性或体型,无不带有独有的地形影响的特质。比如,时常听到人们议论地形带来的性格差异,长江边的人普遍带有聪慧的体征,大山里的人普遍带有实诚憨厚的体征,一种世世代代延续的影响,两相比较不相伯仲。

相对于生存的空间,教师生命之意义的产生,更在于诸多生存环境连续地延续着其影响的作用,如若更加主动地去应对,我们会得到更多的生长点。这正如笔者曾在《走出困局 做幸福教师》第一章所倡导的主动精神一样,如若我们时时处处主动地影响我们的生存空间,我们人在哪里,其积极意义便会在那里生成。其实原因也非常简单,相对于个人的环境运动中,我们更多的个人资源才会在运动中展示,被开发,从而体现出人生的价值。

如何改善环境? 从为自我争取有意义的生存环境开始,去激活自己前行的"源头活水",这将是教师需要用一生去体悟的话题。为此,众教师必须清醒地看到,人是由很多生存环境组成的。但你所生存的环境并不因你长时间在同一个点而对你产生更强的影响,因为人生的意义往往是多个特殊生存环境(哪怕是极短的时间)的叠加。

【现象纪实】

为何长期待在教室的教师,更加缺乏旺盛的生命力? 据笔者观察,长时间地待在一个地方的教师,其生命的体征并没有随着时间的延长更富有活力,也没能使教师自己对自我职业的认可度提升,相反,还会使思想更封闭,行动更呆板。

从事教师这一行业,从教年龄几乎不与生存中体现出的价值成正比。在同一个地形所辖范围内,工作环境交换频率高的人,往往比除了同一个讲台还是同一个讲台的人更显出色。与同一所辖范围内的教师比,交流至不同地形限制区域工作生存环境多的教师,比少有变换或交换层级低的教师精神状态更好,对职业幸福感认同度更高。当然,前提是你对流动的环境会以主动积极的姿态去应对,去适应,去改变,去超越。

【经典案例】

不同的座位

这是笔者听来的一个故事,但故事中的主人公是笔者的恩师。

有一老教师讲道:在上世纪七十年代,他与某老领导年轻时同时分配到某乡镇的村小,两人年轻时工作都非常的认真,教学成绩都十分优异,彼此间最大的不同就在于选择的座位不同。每到中心小学集会的时候,两人来到会场,有恩于我的那位老领导总会选择靠前排非常显眼的位置座下,给我讲故事的这位老教师总会选择靠后排似乎让自己能躲起的角落坐下。

谈到那位老领导,叹息命运的同时,还提及了又一个细微的不同。每到周末,两位年轻人都会一块来到中心集镇,一块回到工作的村小,只是待在集镇上的那段时间里,两个人待的地方不同。一到集镇,老教师多不能见到那位老领导的身影,只等该返校时,两人自然地又聚集在一块。讲故事的老教师指出,因他本人有爱好下象棋的兴趣,每次来到集镇,总会待在某一街头观看别人的棋海大战,他同时指出那位老领导好学,他来到集镇后总是往中心校领导和业务骨干教师们办公室和家里跑,向他们讨教。

这可是真人真事。那位老领导因工作业绩突出,很快便从年轻人中凸显出来,因其能力突出,不断地变换着教育工作岗位和职务,最终成为特级教师,并主阵一方的教育科研。

【反思】

案例中提及的两位老教师,其实是两个不同代表的缩影。为什么有一个人总会通过自我的不断位移,而让自我获得成长与成功,让自我的教师人生获得认可,从而出现与另一位老师两个完全不同的人生,其实这就是有计划者与无计划者之间的区别,这就是因对地形环境主动占有而导致的最终不同结局的真正原因。

前面谈到造势,以及现在论述的生存环境,作为读者的您如果能将生命中的价值体现联系在一起,再有机结合前面所提出的一生 N 个计划,就能让你在触动中有所行动。这便是我们写作此书的意义所在。

人在任何时候都会努力地选择改变自己的生存环境。只是在所有的教师身上,虽然都蕴藏着无比巨大的能量,但真正得到开发的却不多,因为开发的机会少,所以,在不同的意义生存环境中,将自我的能量重新开发,实为更有效的选择。对于每一位教师来说,可能开发自我潜能最困难的时期,便是在踏上工作岗位后的初期,在这人生最黑暗的时间段,谁也无法说清这一生如何发展与结尾。在这一段时间里,如若长期走不出所辖地形环境的限制,就最容易让意志消沉,让上进心受挫,此时最需要的是能不断地跳出地域的限制,到圈外去活动,打破僵局。

对于人生的生存环境来说,组织计划给予的工作环境相对而言是封闭的,但教师的发展永远不可能在一个封闭的场所里达到一个很高的高度。我们要弄清楚的是,哪怕条件优越的城区或是在抬头全是大山的农村,其实都是封闭的。环境的封闭,并不等于人生命运的封闭。正如有人所言,"健康在早上,成功在晚上",工作以外的时间决定人生的命运。从封闭中走出,能在工作场以外重新建立自我的生命意义场,无疑会让封闭之"门"从此被打开。

人生最艰难的情景,那便是被封闭环境所束缚而无法脱身。人的一生,往往就因为主动出击,获得开放空间的"第一桶金",从此便会逐渐向外扩张。在此,值得进一步说明的是,只有自我主动并为之付出,才可能从封闭中走出来。对于现代的教师来说,相对开放的生存空间,比以前更多。如到外地接受学习培训,主动参与其他人组织的研究沙龙或群组织等,那么,你便会因为来到一个新的生命意义空间,接受到新的信息,促使自我再次地调整人生的计划,给自我前行新的方向和能量,让自我潜能得以进一步放大。当无数次开放式的生存环境叠加,自我力量便因此而更加强大。特别是当某一天成为一个新的生存空间的主宰时,人生的意义方会定格在那点,从此光彩照人。

人的一生就是对人生存环境的适应、征服、创造、挪移的过程。环境可以决定一个人成长的高度及进步发展的速度与质量。你对环境的适应、征服、创造与挪移的能力直接决定了你人生的成败与幸福。亲爱的朋友,现在的你是否认真分析过你到底在什么样的环境中工作、生活、学习?哪些环境值得我们维持和珍惜?哪些环境值得我们改造或挪移?你是否在目前的地形环境中,既注意了个体的外环境,也注意了个体的内环境(个体的智慧、观念、心理、学习、时间等软环境与身体健康、行为、物质、经济等)的建设。为此,我们可以通过人生的计划、自我努力、自我监督等环节来协调个体与环境,与内环境的关系,从而更好地实现自我发展的目标。

以上所写,我们有意抛开了时间的概念,更多地强调空间概念的重要性,其实在我们看来,在人生的发展中,空间通过影响发挥着主导作用,从而让广大教师随着时间的推移而无所作为。因为,我们更加发现,所有教师不论你如今的年龄与教龄,只要敢于打破地域的限制,你肯定会获得成功的人生。

【建议】

不知读者朋友有没有这样的一种生活体验,当我们感觉沉闷的时候,最有效的办法便是外出散散心。这其实就是一种通过改变有意义的生存环境,从而实现对生存内容的调节。

改善环境选择主动位移,无疑是处于低迷状态的人崛起的有效方法。其实,这种主动位移的做法是独特的,是任何人都不可能复制的轨迹,为此提出如下建议:

一是拥有主动改善的策略。在每一位教师谋求人生转机的过程中,拥有主动精神,往往是从内心滋生改善的愿望开始。改善是一种谋略,走出去是一种改善,将环境进行打扮同样是一种改善。我们可以把这种内在的愿望和构想称之为内环境。经由内环境的改善,使得外环境得到改观,而这种改观反过来又能支撑内环境的发展,形成良性循环。对于青年教师,特别是才踏上工作岗位的教师而言,主动积极地参与离开自我封闭的工作环境,机会才可能真正降临。对于中青年教师而言,在人生相对较成熟的时期,最需要防范的是前面的工作环境对自我的负面影响,不要总有"只是近黄昏"的感觉,因为此时选择崛起并不算晚,当然,最关键的是要更加明白自我的优势。如若能主动地发展自己的长处,方能获得更有意义的生存空间。进入职场后期的老教师,拥有主动精神更为重要,特别需要主动地学习新知以补充自我,否则,会固步自封,被时代的大浪淘三太。值得说明的是,不要以为主动去获得开放的有意义的生存环境需要宏大而正规的场面,也许在一项活动中,哪怕只有短暂的几个小时,可能对人生的影响更会超越在封闭的教室里待几年。重要的是,你以什么样的姿态去参与,去收获。

二是有计划地改善。对教师而言,封闭的环境始终是开放环境的基础。赢得开放的环境,就需要先在封闭的环境里运行起来,进行有计划地改善,否则,猛然进入到开放的环境,我们会满口呛水。前面所言的 N 个涉及人生的计划,几乎是呈阶梯状态的,几乎不可能迈过前面的阶段而直接进入后面的计划。当然,每个教师都是独立的个体,因其自身因素的复杂性,实现某一计划比他人用时少,这是完全有可能的。对于一个真正想走得更远的教师而言,在相对封闭的环境里沉下去,更是打牢基础的过程,过早地跳到开放的状态中,往往更会让自我迷失方向。特别是那些长期处于开放状态中的青年教师,当他们过早地赢得开放发展的空间,就可能因变得浮躁而再无建树。为此特别建议,必须有计划地实施自我的计划,防止出现揠苗助长,或叶公好龙,而让人生走向倒退的现象。

三是围绕计划进行改善。涉及环境,绝对没有独立于人之外而产生意义的环境。环境作为一种资源,它必须与天时、与人和有机地配合,才能真正利于一个人的成长。当我们制订好某一阶段的计划,就要围绕每一个阶段的计划内容,去寻找到自我需要的人以求得帮助,这是非常重要的成长因素。往往得到一个新的开放环境,主动权在自我,而决定权往往在他人,调整好自我的心态主动出击,才会赢得自我需要的东西,从而让自我能顺利地完成本阶段的计划,从而有力地进入人生下一阶段的计划。

【谨记】工作环境因其存在封闭性,往往会产生负面影响。只有有计划地走出去,在开放的环境中方才会赢得实施下一阶段计划的机会。

(2)潜力开发

全书的写作过程中,我们定位的关键词是教师的计划、出色、幸福等。正因为如此,我们觉得有必要从策略技术层面给予富有操作性的指导。但最终我们发现,策略技术层面和精神层面有一个先后次序的问题。因为现实中,取得伟大的成就,得靠精神层面的支持。写此书时,正值伦敦奥运开赛期间。比如,在乒乓球赛场,中国乒乓球队员节节胜利,没有精神层面的支撑,是很难取得如此伟大的成绩。其实,纵观整个赛场,真还不是其他国家的运动员在技术层面低于我们太多,一个更主要的原因就在于他们先在精神层面输给了中国,他们大脑里没有能赢中国运动员的决心。在教育这片天地里,对于每一个独立的教师而言,不敢为自己计划，不敢站立于神圣的舞台，不敢为自我将来想得太多，怕他人指责不切实际或好高骛远，先于精神层面垮掉的人不计其数，状态的低迷怎能赢得人生的辉煌呢？

最大限度地挖掘自我精神层面的潜力，不仅仅是教师走向成功的关键，更是奠定从今日之逆境走向明日之顺境的基础。

原规则：有精神，有时就是有开发的方向。有思想，有时就是有解决的方法。

在实现计划、收获成功和感受幸福的过程中，改善环境，促使环境对每一位教师施与正面影响，其实最终都会落脚于精神层面——我能做什么。此小节大谈环境，完全是根据笔者的亲身体验，因为有时环境便是涉身的处境，不同的环境存在着不同的价值体现。相对而言，天时、地利、人和的环境更易创造和体现现有价值，而在封闭的环境中更易被遗忘其自身存在的价值。但是，不管在什么样的环境中，拥有强大的精神动力方才具有核心的竞争力。在本章节中，我们探讨计划与环境，真正目的就是鼓励大家要随时注意给自己强大的动力，正如在此小节中，我们谈开发自我，也正是要求能给改变环境提供动力。

【现象纪实】

现实生活中，谈及改善环境的话题似乎非常沉重，因为无数教师变得毫无明确的人生方向，更无解决问题的方法，似乎环境让他处处变得束手无策。难道真是走投无路？为何对自我命运总不能自我把控？为何总显得如此渺小？

前面提到，我们所身处的相对封闭或开放的不同环境，并非自我能控制，但其中所体现的价值却不容忽视，它全在于我们去积极认知。纵观更多处于封闭环境中的教师，不难发现其存在价值的独特性，这往往比处于优越环境的教师更具有不可替代性。正如前几日，笔者到了几个边远的高寒山区走了一趟，见其伟岸，地形天然，造势高落差，天然资源得到了发现，最终得到有效开发。见到此处环境的人，切身感受到了融入天然的那种价值，于是，进行合理开发而搞起了旅游业，从而使自己过得幸福美满。再看当地教师的生存状况，真让人有些不太理解。全然忘却了这天然的美，留存心中的全是自我的封存，一种似乎总难见到阳光的感受，也就是说，集体性失去战斗力，集体性精神状态低迷。这难道只是教师群体的一个缩影？

造势往往讲究天人合一。难道身处逆境，就不能自我发现，让自我的潜力得以开发而从中获利？对于千千万万的教师而言，我们自身处于某一特殊的环境之中，本身便已拥有特别的资源，为何将资源闲置，或让资源白白地送人（让自身资源与自我现实存在无关系）。来到大山深处，见其天然地势开发生成诸多感叹。原本千年的资源，一朝得到开发，大山的子民都应从中获益，但与当地人攀谈，得知几座小型水电站每年收益不菲，事实是当地人只见眼前利益，获得小小的赔偿后，仿佛大山中原有的资源，便再与他没有任何关系。真是不太理解，一种天然的地势，为何总是他人开发，而最终获利者却只是他人。

可能教师概莫能外，没有逃离地形的强大影响，而让其保持清醒，从而忘记自我价值的存在，这全因没有精神，更无改变现状的思想（方法）所致。

【经典故事】

四只毛毛虫的故事

毛毛虫都喜欢吃苹果，有四只要好的毛毛虫，都长大了，各自去森林里找苹果吃。

第一只毛毛虫跋山涉水，终于来到一棵苹果树下。它根本就不知道这是一棵苹果树，也不知树上长满了红红的可口的苹果？当它看到其他的毛毛虫往上爬时，稀里糊涂地就跟着往上爬。没有目的，不知终点，更不知自己到底想要哪一种苹果，也没想过怎么样去摘取苹果。它最后的结局呢？也许找到了一颗大苹果，幸福地生活着；也可能在树叶中迷了路，过着悲惨的生活。不过可以确定的是，大部分的虫都是这样活着的，没想过什么是生命的意义，为什么而活着。

第二只毛毛虫也爬到了苹果树下。它知道这是一棵苹果树，也确定它的"虫"生目标就是找到一个大苹果。问题是它并不知道大苹果会长在什么地方？但它猜想：大苹果应该长在大枝叶上吧！于是它就慢慢地往上爬，遇到分枝的时候，就选择较粗的树枝继续爬。于是它就按这个标准一直往上爬，最后终于找到了一颗大苹果，这只毛毛虫刚想高兴地扑上去大吃一顿，但是放眼一看，它发现这颗大苹果是全树上最小的一个，上面还有许多更大的苹果。更令它泄气的是，要是它上一次选择另外一个分枝，它就能得到一个大得多的苹果。

第三只毛毛虫也到了一株苹果树下。这只毛毛虫知道自己想要的就是大苹果，并且研制了一副望远镜。还没有开始爬时就先利用望远镜搜寻了一番，找到了一棵很大的苹果。同时，它发现当从下往上找路时，会遇到很多分支，有各种不同的爬法；但若从上往下找路时，却只有一种爬法。它很细心地从苹果的位置，由上往下反推至目前所处的位置，记下这条确定的路径。于是，它开始往上爬了，当遇到分支时，它一点也不慌张，因为它知道该往那条路走，而不必跟着一大堆虫去挤破头。比如说，如果它的目标是一颗名叫"教授"的苹果，那应该爬"深造"这条路；如果目标是"老板"，那应该爬"创业"这分枝。最后，这只毛毛虫应该会有一个很好的结局，因为它已经有自己的计划。但是真实的情况往往是，因为毛毛虫的爬行相当缓慢，当它抵达时，苹果不是被别的虫捷足先登，就是苹果已熟透而烂掉了。

第四只毛毛虫可不是一只普通的虫，做事有自己的规划。它知道自己要什么苹果，也知道苹果将怎么长大。因此当它带着望远镜观察苹果时，它的目标并不是一颗大苹果，而是一朵含苞待放的苹果花。它计算着自己的行程，估计当它到达的时候，这朵花正好长成一个成熟的大苹果，它就能得到自己满意的苹果。结果如它所愿，它得到了一个又大又甜的苹果，从此过着幸福快乐的日子。

【反思】

我们人生不可避免地会遭遇迷茫，但最怕的是长期处于迷茫之中。真心向读者朋友们说句实话，最初踏上三尺讲台的前六年，笔者就处于这种状态。也许是受地域环境的触动，当工作环境由一个较优越的地方，变动到一个相对差一点儿的地方时，方才对自我心灵有所触动。在新的环境中，我重新调整人生计划，而后脚踏实地地朝着目标奋斗三年，方才逐渐走出了封闭的圈子，增添无数有意义的生存环境。当外出的机会增多，自我在某一方面的实力增大到一个新的高度，也就是我在朝着一个方向奋斗十年的时候，才真正迎来了我的春天。写此真情告白，目的只有一个，不迷茫的最佳解释，就是我们在现实环境中必须找到促使自我强大的方向。

寓言是现实的折射，以物喻人，借事寓理。四只毛毛虫，完全可说是我们现实教师族群中四类教师的真实写照。第一类人，糊里糊涂地当上了教师，糊里糊涂地走完人生；第二类教师虽然知道自己想要什么，但是只知道用一些常规的方法，并不是很系统，所以就离心目中的那只苹果越来越远，就算有靠近的机会也不会被发现；第三类教师对于自己的人生规划得很清楚，但是它的目标过于远大，行动又太缓慢，成功就会离它很远了。机会、成功都不等人。同样,人生也极其有限,必须拟出一个适合自己的计划,并时时把握机会,才会有一个很好的结果。第四类教师是族群中的少数。这类教师不仅知道自己的目标,也清楚达到目标的方法以及需要的条件,然后制订清晰而适切的计划,在望远镜的指引下,他的理想就离自己越来越近了。其实,人生漫长而且易变的路上,外部条件随时都在发生改变,人生有个适合自我的规划非常重要,这样才能真正促使自我变得强大起来。

哲人说:伟人改变环境,能人利用环境,凡人适应环境,庸人埋怨环境。亲爱的朋友,你对环境采取什么态度,用什么精神力量去攻占它,将意味着你成为什么样的人。现实中不是也有这类人吗?有的教师抱怨农村条件艰苦,怨天尤人,牢骚满腹,便想换环境,于是找关系,投门子,终于进了市直学校。殊不知,多少年后他还是老样子,只是徒增了几分世人的庸俗。其实,他是不能客观地正视现实,不会实事求是地查找自身的毛病及原因并解决问题,不懂怎么发挥个体潜能,所以,即使更换了环境,也难免遭遇职场的悲凉。

不知现实中的你是否有过这样的念头,这所学校不理想,这个领导管理不人文,这里的同事不友好,这里的教研气氛不浓厚等等,或许换个环境就好了。于是做事消极,天天懒洋洋的,做什么事也提不起劲儿。结果呢?工作成绩差,领导也开始不喜欢你,同事们也觉得你没有出息,看不起你,最终,自己心胸越来越狭隘,也就越来越孤立,越来越被环境排挤,自然家人也越来越不喜欢你。当然,也就越来越远离专业成长的正确轨道,步入"四面楚歌"的人生尴尬境界。所以,我们要说的是,置身在不如意的环境中的教师,停止抱怨吧,不消沉停顿,拿出加倍积极乐观的精神,面对现实,做好谋划,把握机会,扩大自己工作生活的空间,让自己的潜能得以充分发挥,从中去发现出路和希望。

世俗的喧嚣离我们远去,内心一种莫名的情绪袭上心头:人的一生该怎样度过?太多的人情物事使得我们内心的声音似有若无,我们很难或者根本都不曾思考这样一个问题。但是,岁月的流逝冷漠无情,稍不小心就会落得老大无成。倘若我们还存有那么一点儿对时间的敏感,这种痛苦自然会愈来愈强烈,而唯一能够止痛的良药便是解决问题,实现对人生远景的谋划,以期成就高质量的一生。

人生活的环境是复杂多变的,使人找不到内心的节奏从茫然失措。要应对环境这种特性,穿越环境制造的迷阵,唯一可靠的便是制订可行的人生计划。但是,人生计划的制订不是游戏,也不是想象力的练习。它必须切实可行,长久得到坚持,这个规划除了要尽可能完善之外,制订者必须找到强大的内驱力(即骨子里蕴涵的精神及潜力),否则只能是纸上谈兵。

【建议】

很多人往往缺乏职业生涯的发展或规划的观念,不太确定自己要干什么,于是只能做一天和尚撞一天钟。教师这个行业很容易陷入到一种机械重复的生活状态中。如果缺乏长期的目标指引,无法集中力量来增强自身的能力与经验,那么很容易出现职业倦怠或者心态的危机。所以,我们必须保持清醒,充分地利用外力环境,迸发出自己的潜力,拥有排除外力干扰的强大毅力,有朝着目标前行的勇气,这样,前途才会变得光明。

为了把眼光放远,拟定全盘的方向,长远的计划,能让计划变成现实,把看似机械重复的生活过得不一样,过出别样的精彩来,特作如此的建议:

一是用生涯目标为潜能指明成长方向。教师的生涯规划就是教师的专业形象设计,一般要涉及下列三个重要领域:

教师专业精神形象的设计。教师的专业精神形象的核心是教育思想或教育观念。教师规划要回答自己将要确立以及如何确立自己认为可以确信的观点，即"教师的信念"。除此之外，还可以采取形象描绘的方式，把自己和某种形象的东西联系起来，然后再深入解读形象的内涵，这就很可能获得关于自我精神特征的更深刻的认识。正如帕尔默把自己比做"牧羊犬"。

教师专业生存方式的设计。专业生存方式的核心是教育行为方式或教育场景中的活动方式。教师规划要回答将要形成以及如何形成教师的教育风格，如何形成自己的个性化的教育行为方式。而最理想的教师专业化生存方式，首先应该是一个学习着的人，其次是一个研究型的人，还应该是一个合作者。这构成了教师文化的特质：研究型的教师文化、学习型的教师文化、合作型的教师文化。

教师专业发展目标的设计。每个有追求的教师，都应该有自己的专业发展目标，这是教师生涯规划不可或缺的内容。目标给人指引，也给人以力量。不过远期目标不会很清晰，所以最好以远期目标为前提导向，制定一些短期的具体目标，采取小步子的原则，点滴积累，最终才能实现大目标。

二是用生涯目标激励自我突破局限。一位著名的成功学家说过，一个人在其梦想、雄心、目标、表现、行为和工作中显现的精力、能量、意志、决心、毅力和持久的努力的程度主要是由"想"和"想要"某件事的程度来决定。人的潜力是巨大的，有的时候，我们都无法想象自己的潜力有多大。所以，我们可以用生涯目标激励自我突破局限，用我们"想要的"即目标来诱发我们的意志力，来引发我们向上的内驱力，逼迫自己去做计划内的事，这就要求我们拿出勇气来突破。即使你是农村教师也可以把课上到大城市，大省城，即使你是一名刚入职没几年的教师也可和教育专家学者一起谈经论道，就算你是一位年过半百的老教师，找准切入点，做好计划，也能成就自我。

三是掌握开发潜能的 N 种管理。如思想管理、心态管理、时间管理、习惯管理、情绪管理、反思管理、健康管理、自我测评管理等，在管理时要注意科学高效，指向目标，注重诱发潜能，让自己的成长得心应手。如在进行时间管理时，把时间管理与目标设定、目标执行结合起来。在你的人生、事业、家庭、生活等一个个目标中，每个小目标的完成，你要清楚地知道你与大目标的远近，今日事今日毕，你的每日承诺是你的压力和激励，也是激发自我潜能的一种保证。在时间管理中，必须学会把握一天中的黄金时间即，用于你关键的思考和准备，当然也可根据你的生活状态、生物钟来确定哪段时间是你的黄金时间。再如，对自我测评的管理，对于自己的读书、学习、教学、班级管理等方面的测评，要及时进行，这样才能找到现有行动的不足，也才能找到前行的动力与方向，我们可以结合自身的职业生涯规划，结合测评情况，评估自身专业技能与自己所期望的愿景有多大的差距，与教育的需求有多远的距离，与学科专家、名师，行业内领先水平有什么样的差距，从而付出相应的行动，让自身潜能得到最大限度地发挥。

【谨记】主动挖掘自我的潜力，从而进行三年、五年、十年的开发……当你真正强大时，任何环境的大门，都会主动向你敞开，为你洞开别样的风景。

第二讲　第一个五年与第二个五年

　　从表面来看，人生有几十年光景，仿佛还比较漫长。自从把教育生涯划分成几个五年计划，并且每个五年都有必须完成的任务后，我们突然感觉到人生是如此的短暂。因此，责任感与紧迫感同日而增。我们把此书的主题定位在规划好职业生涯的第三个五年，为一生的幸福奠基。在这里笔者并不敢倚老卖老（参与完成这一书的所有作者，年龄最长者也才过不惑之年），但当我们失去了曾经美好的时光，感觉到没有业绩而时光又无法挽回之时，方才痛心而著述——一位教师能否成功，一生是否有作为，最关键的就只有那几年。在心底细细琢磨，也不过就是 5 年、10 年、15 年罢了。

（一）

　　前面的章节，我们虽从求知、做事、共处等方面与读者朋友进行了对话，但我们深感所谈的还过于笼统。任何有着生命体征存在的自然人，都有未来，也应该有一个十分美好的未来。倘若我们告诉天下朋友，你应该怎样，只要照着去做，就一定能成功，一定能朝着那美好的方向去发展。职业生涯里真有如此简洁明快的指导方法，有如此"短平快"似的发展，也就毋须我们在此赘述了。

　　事实上，因为每个人都有个性差异，即使最后都成功了，但成功的方法是不一样的，同样，所走的路径也是不相同的，自然，也就没有所谓的整齐划一的成功模式。笔者的主张是：成功的路上，不重复别人，也不要重复自己。

　　著名语文教育专家于漪在 2009 年年底的一次教育会议上曾痛心疾首地说："大家用一个模式，会出现什么状况呢？标准化的教师。教师标准化就无法张扬个性，个人的才华和潜能自然也就显示不出来。我们很多中青年教师很有才华，但是被框住了，潜能激发不出来。因为一个模式定型以后，就是死水一潭了。"对于那些急于创建和推广模式的校长，我想说：请问孔子、陶行知、苏霍姆林斯基、杜威的教学模式是什么？请问哈佛大学、牛津大学、剑桥大学这些世界上一流的名校有统一的教学模式吗？请问当年苏霍姆林斯基的巴甫雷什中学有统一的教学模式吗？请问当年蔡元培执掌的北大有统一的教学模式吗？请问陶行知的晓庄学校有统一的教学模式吗？任何模式的推广都伴随着"思想专制"、"学术霸权"和"个人威权"，都是对教师教书育人自主权的公然伤害，都是对教师教学个性的公然剥夺，都是把教师当作思想奴隶的典型表现，都是对现行教育本真的公然践踏。

　　人生的道路，并非总是一帆风顺。教师的命运，多会在工作场之外起风波。本小节中，我们更多的是与读者朋友一块商讨在第一个五年、第二五年计划中，我们该怎样把住人生的几大方向，为人生奠定坚实的基础。

（二）

　　谁能提前给我们的未来一个定论？答案必将是否定的。因为前途是光明的，但道路是曲折的。途中的我们将会遭遇许多我们无法预料的波折。人生的意义也就在于此。

我们在这里所写的,更多的是我们的一些经验之谈,只希望朋友们自己去体悟,结合自己的实际加以选择和运用(变通着用)。如果,把每一步计划都完美地呈现在各位眼前,笔者感觉那多是骗人的假话。试想,哪位杰出领袖年少时就给定某年某月将做什么大事、某年某月一定取得某某战役的胜利? 人生该怎样来,又会怎样去,在笔者看来,计划是发展着的计划,即有了第一计划,才会有第二计划、第三计划。所谓的"车到山前必有路"说的即是这个理儿。但"有路"的前提是"车"必须到山前,到山前的前提是必须有"车"……

需要说明的是,全书所论述的三个五年计划,包括本章节中所谈的前两个五年计划,其实都是一种理想化的引述。比如说笔者本人,像第一章节中所提及的那样,在踏上工作岗位最初的六年,真无计划可言。笔者的第一个五年计划,其实已经延迟到了第七年才开始实施。现在看来,也并不晚。贵在及时地行动!

正如今天上班的路上,我思索着在教师这一行当里,无数人都有过成功,但为什么都只是一个小成功,小到几乎无法让人提及,而真正大成者却并不多。反复比较,我们不禁要问,他们为什么就能取得成功? 就在此时,笔者终于悟出:只需要有单一计划的连续性。五年,十年,甚至更长时间都朝着一个目标前进,想不成功几乎都不可能。试问天下教师,有几人真正如此地坚持去做呢?

(三)

美国成功学家拿破仑·希尔在《一年致富》中有这样一句名言:一切成就的起点是渴望。一个人追求的目标愈高,他的才能发展就愈快。一心向着自己目标前进的人,整个世界都得给他让路。本章中,作者想抛出一个观点,一位教师能否打开专业成长的通道,跟教师有无目标和目标达成的能力有直接联系——长期要保持一种强烈的成功意愿。成功需要长期的刻骨铭心的坚持!

(四)

新教师踏入教育岗位的第一个五年,是人生职业的起步点,也是职业生涯打基础的关键时期。如果提前制定了职业规划,锁定自己的职业目标,职业生涯将会有广阔的前景。否则,只会如无头的苍蝇一样,乱撞、瞎撞,撞来撞去,徒留职场遗憾。

值得提醒朋友们的是,如若曾经迷失,只要我们此刻清醒,就算你已经工作了十年、二十年也没关系,只要再重新规划,重新划就自己的起跑线,踏上有规划的第一个五年,一切都不晚。支玉恒是40岁才开始教语文,不也成了全国著名的小学语文特级教师吗? 关键是,他有计划的连续性实施的行动。这正是长期付出之后的应有回报。

(五)

有多高的墙就应有多深的基。教师专业发展的关键在最初的两个五年计划内。这两个五年,是教师不断摸索的五年。道路在何方? 需要我们不断摸索,不断思考,不断调整职业规划。这样,一步一步走下来,把自己职业生涯的"基"打深一些,才能在今后建起职业生涯的高楼广厦。

教师职业发展好比一项基建大工程,需要宏伟的蓝图。第一个五年与第二个五年计划,并非好高骛远,因为它直接影响着教师成长的第三个五年计划,直接决定着教师事业生涯的未来宏图,所以要做到高瞻远瞩。我们在本章将全面进行阐述:第一个五年中应做好的两件事:关注教学,刻意模仿;在第二个五年中应做好的两件事:关注教育,有"的"放矢。我们的目的在于,期望你能为实现人生的大计划埋下伏笔,做好积淀。

（六）

关于教师人生中最关键的几年,笔者曾经在《教师不跪着教书》一书中,借用一位老专家的观点,指出女教师人生中最关键的几年在 25 岁左右,男教师最关键的几年在 35 岁左右。不同性别的教师,有不同的关键生长点。本书中重点所指的是第一个五年至第三个五年,而后将在不同的章节,分别对这三个五年计划展开论述,对每一阶段中需要做什么、怎么做等方面做进一步地阐述。

第一节　定位打基础

——第一个五年中计划做好的两件事

教师的人生关于八个五年计划中的第一个五年,在笔者看来,完全可形象地比喻成"一粒种子的魅力"。在踏上教师这一职业行当的岁月中,笔者从来都不太关注教龄。正如有的教师,哪怕他是一粒优良的种子,但也只能算是被放入瓮中而搁置的种子,几乎没有体现出种子应有的魅力,即完全无种子生命过程的美丽体现与展示。种子依旧是种子,时间久了种子就只能是一粒普通的粮食,其人生的价值会大打折扣。当随着岁月的流逝,你这粒本应无法估量其价值的种子,最终会"霉变",从普通降至平庸,麻木中再无新生的机会,最终只能认命,只能在某一个不起眼的角落"孤独地叹息"。所以,一定要警惕不做被搁置的种子!是种子就要有发芽、展示生命价值的梦想和行动。

"让本为优良的种子产生思想,在自己的职业生涯中自信地发芽,而后像一棵小树苗一样苗壮成长,进而长成参天大树",这便是我们此刻的全部目的。回过头来,再思考为何会出现平庸的现象?一句话,又差不多回到了我们专题研究(教育原规则研究)的范畴。平庸源于秩序错了,一个本该像种子一样展示的生命过程,却因为某些原因而"隐身"了。一个正常的发展秩序,便是我们后面进行专题研讨的两个点,一是课堂教学,一是成长的方向。这是我们认为完全可以让种子开始发芽而后张扬生命的起点,为此我们苦口婆心——只要你认为你是一粒种子,你便可开始你的第一个五年(也许有的教师认为自己已经教书十年、二十年,甚至更长,只要你这粒种子没有经历发展的过程,你依旧处于第一个层级,即第一个属于种子萌芽阶段的五年,后面对此将不再单独论述)。

1. 学会定位

> 任何教师都可以通过课堂教学这个途径,给自我定好位。其间,从课堂教学设计到课堂教学效果,忽视任何一点,最终都会为成长过程留下遗憾。
> ——题记

学会定位,即给予自我明确的人生目标,希望自我成为什么样的人。把第一个五年如何取得成功的研究调整视角,变为对那么多教师失败或掉队的研究,可能会让人看得更清楚。关于教师的第一个五年与人生的关系,完全可用另一个形象的比喻来说明,它全是用教学这一方砖垒起来的一条跑道,以后的人生路便由此起步,而后向着可掌控的方向飞奔——成为或平庸、或优秀、或专家(学者)等类型的教师。

每一名教师,教学绝对不等同于人生全部,但教学所占有的比重绝对是第一位的、最靠前的。我们已深深地认识到,课堂是第一个五年之中给自我定位的靶场,教师对自我的定位必须源于对教学产生特殊的爱好,而后再定位奔跑的方向。对于教学和教师人生之间的关系而言,教学几乎可用数字"1"表示,其他的便是其后的"0",没有"1"的带队作用,教师的整个人生几乎全是无意义的"0"。对年轻的教师而言,无须放大教学的作用,因为我们刚跨入职场,还缺乏认识、做事、做人、合作、生存的经验。然而,现实中99%的年轻教师,都投入了100%的精力,自然期望值与结果之间便产生了很大的反差。因而,一谈及教育就会变得迷茫,如深陷泥潭一般。本小节中,讨论如何关注教学,如若我们的论述只停留在技术层面的探讨,可能便会失去我们研究教育秩序的意义。在此,我们的视角停留在如何借助教学,以助学会正确定位。

原规则:第一个五年中,往往从课堂的坚守中才能得到认可。

一个刚参加工作的年轻教师,还真不能一下子说出自己在以后的人生中将成为一个怎样的人。第一个五年,差不多是打基础、修跑道的阶段,本阶段对以后人生的影响是非常大的,因为以后各方面的工作都因这阶段的表现而决定前行的最终方向。本小节中,我们将目光聚焦于课堂,这或许更现实。因为只有从教学起航,人生之路才会更加的明朗。

任何教师都不可能独立于课堂或教学,而去泛泛畅谈人生所取得的成功。大家更需明白,课堂与教学本是一个非常大的课题,这里有无数的分支,奠定基础的过程中如没有给自我找到突围之点,会导致后面再没有努力的方向。在笔者看来,第一个五年在课堂或教学中的努力目标,便是对"我们要成为一个什么样的人"的答复。本小节中,我们将进一步探讨第一个五年计划,目的在于反复地强化并提升目标实现的重要性,从而看清课堂、站稳课堂,找到自我发展的点,有勇气并执著地朝着一个方向前行,像郑立平一样给自我的人生进行准确地定位,并为此打下坚实的基础。

【现象纪实】

教学中关注课堂教学,变得非常的现实。或是注重课堂教学艺术,稳扎稳打地上好一堂课;或是注重教学效果,以获得较好的教学成绩。两种方式都进入了一个误区——教师对以课堂为出发点,向着成为一个什么样的教师努力的目标都无从思考。

随着教龄的增长,无形中便将教师分成三六九等。我曾调查过许多教师,他们对人生的定位几乎全处于一个无意识状态,即教师身份便是他们的全部,备课、上课、辅导、改作业、监考、改卷、开会、计划、总结等周而复始,便成为了一条不可颠覆的主线上的每一部分。面对这种整体无发展意识的状态,其实完全可以追溯至每一位教师初入职场前几年的无作为。

现实中,新入职的教师,他们在工作中付出了精力、时间,却不知道为何在打拼,即使是一时得到领导的奖励,带来的也只是暂时的满足。或许有人会问,自己辛苦工作这么多年,为什么没有自己的特色,甚至也没有达到一个自认为不错的高度呢?尽管他们有这样的疑问,但他们依然找不到归宿和方向,只能一任空寂的心灵迷失了工作方向,胡乱做着各种能做的工作。即使那些取得好的教学成绩或曾经上过公开课的教师,真正能借此再走远的只是少数。起步不久便停下前行的步履,又怎能在自己的岗位上有所作为?正如本章节引述部分所言,如若没有长久地持续地朝着一个点发展,怎会有强大的可能呢?

每一名教师都是一粒种子,关键要找到适合自我生长的光照、水分和土壤。种种事实说明,众多教师没有找到适合自己发芽生长的条件,没有持续发展的过程,怎能成为出色的教师、优秀的专家?

【经典案例】

蒋军晶的成长历程

蒋军晶,浙江省教坛新秀、教改之星,杭州市先进科研工作者,余杭区"骨干教师"。曾多次在全国、省级课堂教学评比中荣获一等奖,在全国、省、市级课堂教学观摩活动中执教公开课数十节。

回顾他的工作历程。第一年:1998年参加工作,就立志成为一个合格的老师。观摩录像,沉醉其中:开始他把学校尘封已久的录像带翻出来看,他看到了把课堂教学当做艺术的左友仁老人;看到了演绎情境教学之魅力的李吉林老师。研读实录,尝试模仿:在研读实录的过程中,他记住了支玉恒老师的清新流畅、摒弃僵化的语言文字训练的《第一场雪》;记住了于永正老师把学生推到前台自己隐身课堂之后的《新型玻璃》;记住了杨明明老师在《惊弓之鸟》中那个牵一发动全身的问题:到底是哪个害死了大雁?他记住了贾志敏,记住了靳家彦……他研读教学实录,研究导入,研究提问,研究范读,研究导读,研究讨论对话倾听训练结课拓展,研究很多微格,便站稳了课堂。

第二年:他秉承了工作第一年的学习经验,先看了大量初中高中特级教师的课堂实录、教学专著,进而做出了一个正确的决定:要实践他们的做法,然后在实践中去粗存精,慢慢完善,形成自己的体系。同时,他的创新从没间断过。他在教学中,从尝试学法指导——《少年聂耳》,到尝试诗化教学——《鸬鹚》,从尝试自主学习——《食物链饲养场》,到尝试块状教学——《惊弓之鸟》,从到尝试解构主义教学——《地震中的父与子》,到挑战说明文教学——《麋鹿》……

第三至五年:三年内无大事,上了一些校级公开课。在这三年里,他上了很多学校的研究课。但无论如何他怎么也冲不出学校。那时他想如果他能上一节片级公开课,那该有多好啊!于是,他就静下心来看书,看书,不是为了考试而看书,不是为了设计教案而看书,那几年他买了近40000元的书。

第六至七年:2003年,机会终于来了。工作5年之后,他第一次冲出学校,参加片级公开课评比,从此便踏上了一条漫长的赛课之路,在语文教学园地绽放异彩。

【反思】

蒋军晶老师之所以在10年内脱颖而出,成长为语文教育新秀,得力于他的第一个五年计划的目标定向和深厚的积淀,也源于他计划之后一步步沿着既定目标孜孜以求,收获诗意人生。一个人在年轻时走出的前几步很关键,如能正确视之,沉稳把握,合理规划,就会冲出黑暗,打开美好的人生通道。如果老师们都能沉下心来研究制定规划,并以"十年面壁图破壁"的精神去执行,想不成功都很难。教师最重要的是先练好教学内功,刚入职的前5年就是练内功的最佳时期,练好内功,才有可能在未来攀得更高。

教师的成长历程等于目标计划的规划与实施。首先,我们至少在心里知道自己追求的是什么,知道自己能够成为一个什么样的人。著名特级教师张在军,工作之初就为自己规划了一份人生梦想计划,并把这计划贴在了办公桌的右上方。两年内在全乡讲公开课,教学成绩进入全乡前三名。8年内在地区讲公开课,总结出自己的教育经验;10年内出版自己的教育专著,让省内大多数同行了解他所在的学校;20年内让自己的教育理念走向全国……洋洋洒洒一共写了36个梦想目标。这份计划书成了他的催征鼓、励志号。后来,办公室几次涂刷翻修，这份计划都一直贴在他心中最神圣的位置。十多年过去了，尽管中间他也曾怀疑过、动摇过，但最终还是坚持下来了。如今，看看这份 36 个目标的计划书，大多数已经画上了对号。这一个个红色的小钩，颜色有深有浅，记录了他十多年走过的教育之路。纵观李吉林、魏书生、孙双金、郑立平、管建刚、常丽华等无数教育家、名师的成长历程，他们在做每天、每周、每月的活动规划时，都会用长期的观点去思考，他们会规划五年、十年、二十年甚至一生的计划。

刚入职的第一个五年，是为一生教育积累资本的关键时期，有很多的机遇，需要经受很多磨炼的洗礼。在第一个五年中，如果我们工作无计划，成长无规划，会使自己的第二个五年发展乱了阵脚，迷失成长的方向，造成十年后的职业倦怠与成长之痒，导致二十年后的恐慌、挣扎与无奈，甚至一生的平庸。

职场的迷茫与困惑谁都会经历，恐惧与逃避是自我发展的天敌。今天的你无论学历高低、背景深浅，还是身居何处，这些都并不重要，重要的是下一步将迈向何方。如果我们及早制定切实可行的目标，以此作为驱动力，就很容易打破现状，抓住擦身而过的每一个成长的机遇，从而助力我们走向成功。第一个五年里，早日找到方向，早日走出困惑，人生道路上取得成就、创造精彩就越容易。无头苍蝇之所以四处碰壁，是因为它们找不到方向；一个找不到出路的人，一定会感到迷茫和恐惧。

当你在工作之初懵懵懂懂之时，是否对未来的工作已有较清晰的概念？是否有意识去规划自己的职业目标？是否会想到 10 年后你的样子，会想到 20 年后你人生的位置？是否打算用某种特别的行动来开始自己的人生之路？职业规划的意义，在于帮助你真实评价自身的特点和优势，准确定位自己的职业方向，确立人生的目标，提供奋斗的策略，并如实评估个人目标与现状的差距。第一个 5 年计划，是教师改变自己命运的黄金时期。切合实际的规划，有助于你在这 5 年里养成良好的思维方式和行为习惯，把一生的蓝图在本阶段绘就。所以，我们能否成功，某种程度上取决于入职之初对自己的评价，这就是定位。你给自己的定位在哪里，你就在哪里。定位能决定人生，定位能改变命运。野百合也有春天，只有认准目标，从第一个五年起做好发展的计划，奠定基础，全心全意地吐露自己的芬芳，才能证明自己的价值。而以课堂为根，定位好自己的成长路线，从而成为一个自己想成就的那种人，并为之奋斗不懈，那么，第一个五年才不算虚度。

【建议】

初入职的教师，站稳课堂并能从中找到突围的方向，的确是人生中的一件大事。第一个五年重在做好职业生涯的奠基工程，为此我们建议：

一是自我诊断。理清自己发展的真正目标。职场发展的积累就是从起步开始的。那么，规划好职场的第一步，自然也就是职业规划中的重要内容。职业规划可以按五年一个周期来制定行动方案。所制定的行动方案包括学情分析、成长计划、学习方案等。教师第一个五年规划的主体是教师的"自我设计和安排"。由于每个人的个性特点都不相同，为减少盲从计划，要求教师要了解自我，认清目前状态和理想状态的差距，尽可能准确地进行自我评估，即我想要什么，我能做什么，我最终想拥有什么。它包括知识、能力、经验视角和职业素养，其中职业素养最重要。第一个五年计划的重点是课堂与教学，其中需注意的事项主要有：不要高估自己的能力；不要低估困难和挫折；不要轻易说放弃；不要闭门造车，学会寻找合适的老师；放眼未来，不要以蝇头小利为追逐目标。

二是设计发展蓝图。奠定基础的第一个五年,绘就蓝图很重要,犹如大楼的施工设计图一样。在此过程中,尤其需要重点把握的是,一定要有确保各个时间段的目标有效达成的设想和措施。为了帮助我们更好地进行设计,我们可以将自己所处的环境、目标、缺点、受限条件、发展机会以及目标成果绘制在一个表格中进行认真分析。

规划路线时,我们需要思考以下三个问题:一是第一个五年要到什么目标? 二是通过什么路线去实现计划目标? 三是实现这些目标需要什么条件? 在第一个五年,我们首先要找到课堂的切入点。同时,细化五年计划,如初级成长目标(第1—2年):能上一节公开课,能撰写一篇教育教学文章,成为教学骨干;中期成长目标(第3—4年):教学有特色,研究有专题,成为县级教学能手;高级成长目标(第5年):成为市级学科带头人,教学论文在核心期刊发表,在局部地区有一定的知名度和影响力。

与此同时,同步制订和实施自我培训计划,如读书的计划,每学期至少读一种教育期刊与一本教育专著。认真学习《给教师的100条建议》系列文章,并写好自己的反思。只要有的放矢,循序渐进,就可以在进入新职位后迅速展现自身潜力,积累经验。职业生涯规划,不是一个静态的结果,而是一个动态的过程;不仅是一个目标选择,更是一个方法体系。所以,教师要一步步地落实,做好过程质量监控,重视环境和人脉的影响,并随时调适自己的做法与计划,让计划逐步向现实靠拢。

三是注意细节。规划的第一个五年是成长和成熟的重要阶段,也是培养良好心理素质、夯实基本功的五年。要能够静下心来,努力适应社会,适应教育发展的大小环境,学会独立思考,独立行事,学会承受和忍耐,少说多做,真正潜心于工作。同时,要虚心接受一切,善于捕捉课堂与计划实施中容易遗忘的细节,从点滴小事做起,让课堂因关注细节而精彩。还要关注成长的细节,需要制定自我约束措施,排除干扰,学会坚持与忍耐,专注于做好每一件事。相信我们这样做下去,不但能有效达成第一个五年计划,还能为第二个五年计划开个好头。

四是按计划完成。我们在自我成长过程中遇到的最大难题之一就是自我管理不善,工作计划不周密,这样会导致工作拖拉,积极性不高,使计划流于形式。所以,详细制订年度、季度甚至每周、每天的工作计划并认真执行至关重要。同时,执行过程中还要随时注意检查工作的完成情况,以监督自己及时调整工作进度。当每次回顾工作情况后,对自己的成果会感到由衷地满足,由此会更加激发自己的工作热情,使之形成一个良性循环的态势。

五是设计成长规划坐标图。计划制订后重在实践,我们要学会在实践中不断发现新问题,总结新经验,及时抓住工作计划之外的各种新机遇。当然,也不能一味地否定眼前的工作,轻易地抛弃已有的奋斗果实。要有效处理好目前的工作和长远目标的辩证关系,不能频繁变动计划,那样会彻底丧失前进的方向和动力,从而导致失败。为此,我们可以设计成长规划坐标图。横坐标是时间,纵坐标是成长的过程。横坐标可按照1—5年的10个学期来进行划分。纵坐标即对应于每一时间段,设置自己的专业成长能力应达到的某一程度——表明成长足迹,可以有优质课、发表论文、教学成绩、表彰奖励、学生辅导等。每个时段的规划都由以下几部分组成:成长计划、任务要求、方法措施、达成目标、反思检查,将这几部分综合起来,就是教师成长结构图。教师从中就可以很清楚地看到,五年后的自己,比五年前的自己,储备了哪些知识,提升了哪些能力,积累了哪些财富,从而为下一步发展提供参考。

【谨记】教师的远景蓝图一定要扎根于今日的行动中,投射在真实的明日世界里。

2. 跨越式发展

> 模仿是最有效的办法。其间，模仿的层级最终决定发展的层级。　　——题记

教师的成功，首先在于对自己的教育生涯合理地定位，而更重要的在于拥有跨越式发展的过程，从而最终达到一个无与伦比的结果。纵观不少走向成功的教师，我们发现，"刻意模仿"几乎是他们共通的一条捷径。

在笔者看来，青年教师初入职的第一个五年，一是能结合课堂与教学，找到努力的方向，而后定位成做什么样的人；二是通过模仿，快速地掌握引领教育的一些知识和技能，从而实现跨越式发展。这绝对是本阶段中最重要的两件大事。前面所谈的教师集体性的滑入平庸之列，很大程度上是因为教师人生定向出现了问题——一种原始地顺其自然，这本不是整体有学识的人群应该有的表现。本小节，我们更多地谈及走向成功的方法在于跟谁模仿，而实现跨越式发展的最终目的却是在于自我掌控。这是我们所论及的在第一个五年计划里两个重要的主张。

原规则：一旦你模仿到一定的程度，你便解决了自己的问题。

为什么要模仿？宋代大家朱熹说："模仿者，古人用功之法也。读韩文熟，便做韩（愈）文之法；读苏（轼）文熟，便做苏文之法。"当前，在我们教育这一行当里，创新有时就源于模仿，即在解决实际问题的过程中，通过学先进，再创新，最终实现嬗变。我们甚至认为，刻意模仿是新入职教师在第一个五年计划中必修的基本功，这种模仿是指通过观察优秀教师的课堂教学现场或观摩录像，直接对其先进的教育思想、方法、学习、组织形式和教学风格产生强烈的共鸣和感悟，并能够根据自身和学生实际，把其先进的理念和精彩的策略融会贯通于日常的课堂实践，从而有效提高自身的课堂教学水平，快速缩短与优秀教师的差距。

那么，我们该怎样跟随模仿，走跨越式成长之路呢？许多优秀教师的成长，其实就是一种模仿的过程。在模仿中汲取他人智慧，启发自己，科学地进行自我教学基本功的训练，在积累中走向成熟，从而最终形成自己的教学风格。如著名特级教师薛法根从学习于永正老师开始踏上了成功之途，而于永正老师也是因为学习斯霞前辈，于日积月累后内化形成自己的教学风格，也才有了今天的成就。教师在第一个五年成长中，就应把"刻意模仿"列入发展计划，当然，模仿，不是邯郸学步，而是站在前人的肩上前行，于他人的一招一式一言中悟其理念，进而有个性、有创新地活学活用。

【现象纪实】

通过相关的调查我们发现工作在第一个五年的教师更善于模仿，模仿频率与人数都多于其他阶段的教师，并伴随着教龄的增加而呈现递减的态势。

其实，在教师群体中，模仿并不陌生，它不同程度地存在于新教师的课堂教学中。然而，更多的则是不折不扣地模仿，是一种变味地模仿。正因为如此跨越式发展的前景才不容乐观。如笔者多年前所谈的现象：在一些公开课上，常见到"抄"课现象，即模仿名师课堂中某一教学环节，并且大有"泛滥"之势。"抄"课，常见的是看了名师上课，赞叹之余就学着样儿拿来试用一回，"原版"呈现。殊不知，名师的成功，除了显性的独创智慧以外，还与自身的隐性积淀相关。因此学名师上课，全盘照抄，多数只能学得皮毛，有时还会弄巧成拙，贻误自己

的发展。当前时常见到的那些"抄"课,给人以东施效颦、鹦鹉学舌之感。"画虎不成反类犬",是"抄"课普遍的结果。学名师上课,能迅速地提高教学技艺,上出好课,已成为人们的共识,但如果只是简单、机械地"抄"课,就会走进死胡同,结局就会如一位画家所说的那样:"似我者死"。

值得再次提及的是,我们发现无数年轻教师因没有恰当地定位好自己的人生,导致发展目标不明确,模仿中常常伴有"急功近利"的表现,模仿也多只解决了眼前的问题,没有独立思考和完善,少有专业素养的提升过程。所以,从名师课堂原样照搬很难行得通。我辈当戒!

【经典案例】

薛法根的跨越之路

薛法根,一个科研型教师,一名学者型校长,一位行走在教育路上的智者。30岁时,他成为了江苏省最年轻的特级教师,次年成为江苏省首批名教师;40岁时,他对自己说,未来我要做中国小学语文教育真正的专家。

薛法根曾在课堂教学上花了不少时间,可终究没有在"黑胡同"里摸到教学的门径。1990年,薛法根在学校举办的江浙沪两省一市教育整体改革研讨会上,承担了其中一堂作文课——景物描写:织女塑像的教学任务。当时,他踌躇满志,自以为万事具备只欠东风。谁料想,在课堂上,平时伶牙俐齿的学生却呆若木鸡,他就个像个拙劣的导演,自说自演。"课上砸了!"沮丧之时,老校长严肃地对他说:"记住:你是在什么课上跌倒的,你就必须在什么课上站起来!"这一番话,犹如当头棒喝,薛法根当下就明白了:路还是要靠自己走!

在确定了将"素描作文教学"作为研究课题后,薛法根找到了一条捷径,即从模仿中起步。他找来李吉林、于永正等小教名师的录像带,一遍一遍反复观看揣摩。尤其是"素描作文教学代言人"贾志敏老师的课堂录像,他晚上用心记录贾老师在课堂上的每一句经典的指导用语,揣摩这样指导、这样说的理据。白天就在自己的班级模仿着上作文课。三盘录像带,他整整模仿了两年。模仿得多了,俨然自己上课时就像贾老师一样,言谈举止当中有一种大家的风范和气度。原来,有些大家风范是可以在模仿中习得的。

薛老师说:"毫不夸张地说,我的作文教学功底就是在这一堂堂模仿课中练就的。"他不放过任何一次观摩学习和实践锻炼的机会,更把一堂堂公开课当成自己练兵的机会。事隔三年后的1993年,在泰兴举办的江苏省"教海探航"征文颁奖大会上,获奖代表薛老师上了一堂自己构思的素描作文课《奇妙的魔术》,博得3000多名听课教师的一致好评。

随后短短几年,他先后在省、市各级教学研究活动中上课100多节次,听课者多达10余万人。"素描作文教学"的研究成功为薛法根创设出一套独具特色的作文教学方法奠定了坚实的基础。

【反思】

薛法根老师的成长历程中,我们可以清晰地看到,年轻教师入职之初,最需要的是能准确定位,合理规划,注意模仿,向名师学习和借鉴,把模仿做到极致,才能渐渐洞开成功之门。

模仿的最高境界是创新。如果只是一味地模仿,没有自己应有的思想和风格,那纯粹就是抄袭,当属于违法行为。模仿,不仅对自身的资源和能力要求很高,还要充分了解其中的各种内在元素和条件,否则只能画虎不成反类犬,有"形"无"神"。比如,你机械地模仿于永正老师的课堂教学,有可能成功吗? 又如,曾经有许多学校模仿杜郎口,为什么都学不到位,成为不了第二个杜郎口? 这里说的模仿不是"拿来主义",不是单纯地"复制"、"粘贴",而是一种立足实际,既注重看得见的模仿,更重视看不到的模仿。

佛家悟禅有三个境界:山是山,水是水;山不是山,水不是水;山还是山,水还是水。薛法根老师的模仿、创新成长之路,不是很好地折射出了这三个境界吗? 新教师要想在模仿中生存和发展,首先必须把它纳入自己的第一个五年计划中,其次是必须真正认识模式的内涵,并由此建立一个完整而独特的模仿模式。只有模仿学习中渗透前瞻性、示范性、研究性、操作性和发展性,追逐成功之路才会越拓越宽。学习者只有经过"炼狱",才会到达"天堂"。

谈及模仿,我们需要提出几个新的概念:"掌控与蒙"(对自我的发挥无法掌控,便叫蒙)、"引领与跟随"。笔者看奥运会时发现,老队员因其临场经验丰富,加上实力雄厚,在赛场上与对手比拼时,常常能掌控比赛的节奏。相反,跟着感觉走,一种蒙的现象又常常出现在更多实力不佳的队员身上。对于模仿,更多的是模仿其目的,以及达到目的的方式,因为这样可以不断增强掌控教育的能力。模仿作用的无穷之大,在于促进快速提升,其实这在每一个行当中都管用。诸如,花样游泳,相对于中国来说,这是一个发展非常晚的体育竞技项目。国家花样游泳队的教练谈起2008年北京奥运会夺得铜牌、2012年伦敦奥运会获得银牌的这些佳绩的原因时说,其实就在于我们能够向最先进的花样游泳队学习,跟随模仿是中国花样游泳队当前的一种表现,模仿的最高体现必须是超越,拥有自我的特色才可能站在最高的领奖台上。值得再次指出的是,俄罗斯花样游泳队并非赛场劲旅,他们为何能多年稳站世界比赛最高的领奖台,一个重要的原因就在于,他们在1996年前便已完成了模仿跟随的过程,而后习惯性地掌控着赛场。其间的制胜法宝是,他们的动作总是处于开发状态,其他的国家只能跟随模仿。看体育竞技比赛,联想到教师的模仿。如若真正定位好人生,跟随模仿实现跨越式的发展,这无不是我们的必经之路,但我们在给自我人生定位与寻求方法时,更应该明白:创新与引领才是最高的追求,否则教师人生的成功便会大打折扣。

【建议】

作为职场初学者,要学借他山之石来攻自己的"教学之玉",抓住人生体力与精力最旺盛的时期,通过模仿实现跨越式成长的智慧之举。为此建议:

一是率先模仿。进入职场,先全面分析自己。最重要的是能够根据实际,找到率先要模仿的对象。有人将五年跨越式成长计划分三阶段模仿,如通过五年内的努力学习和模仿,成为一名优秀教师,同时在自己的课堂上能够做到形神兼备地模仿某名师。第一年,在定向研修阶段,能够加强学科基本功的训练;能够准确地把握教材内容;能够有条理地说好一节课。第二年,在交流阶段,能够基本形成自己独特的教学风格;能够利用科学的教学方法和恰当的教学技巧上课。第三到五年,开拓提高阶段,形成自己独特的教学风格,掌握一定的教学技巧和科学的教学方法,能够把听课、模仿、思考、分析充分结合起来;能够每周坚持听一节某名师的课,每月上一节定位模仿课;能够对每节课进行认真反思,写下教学后记,不断总结教训,积累经验,写出高质量的教学论文,争取多发文章;能够勤于实践,不断自我反思。值得说明的是,每一位教师由于自身所处的环境与享有的资源不同,其模仿的方式也不尽相同,但率先模仿是必需的过程。至于该怎样深入推进模仿,最重要的是能够因地因时、因人制宜。

二是跟进模仿。模仿名师还可以作局部模仿。局部模仿是指在一节课的某个教学环节中,采用名师的教学思路和指导方法。这种模仿操作起来比较灵活,所受的局限性较小,教师可以选择性地采用,从而做到扬长避短,为我所用,取得良好的效果。笔者就是这样做的,常常会借鉴他人的一个新点子,悄悄地运用在自己的教学设计中,从而品尝到了成功的乐趣。可以先进行初级阶段的模仿,掌握了娴熟的教学技巧和名师的教学风格后,在具有足够的举一反三或触类旁通的能力的基础上,进行高级阶段的模仿——结合个人的教学实际情况,从语言风格到课堂结构、设计思路等进行创造性地改革,力求体现个人的教学特色。

三是不断超越。电子表是哪个国家发明的?瑞士。但现在的情况是:日本的卡西欧电子表全球销量第一。你也许会说,是因为日本人仿冒的结果。其实,世界每个国家都在模仿。美国模仿英国的,英国模仿法国的,法国模仿意大利的,意大利模仿希腊的,希腊模仿埃及的。埃及人说你们都是模仿我的。但这六个国家中,最穷的是埃及,最有钱的却是美国。这丝毫也不足为奇,因为每模仿一次技术就会优化一次。所以,请记住这句话:模仿加改良等于创新。在模仿的基础上,进行持续地改良是极有效的创新模式,找到模仿对象的优点进行不断强化,不断把自己的观点融入进去,并不断让自己的观点变成主流,那么,模仿就成功了。模仿就是为了创新。改善是很重要的,但是必须要延续着自己成长的轨迹进行。同时,也可以进行变革。一点点的变革,虽然也是一种创新,但是变革创新必须要有所超越。我们最需要的是把一点点的模仿当做日后创新中的一架梯子,一座桥梁。其实,如果能够将模仿来的东西,结合不同的班级学生、办学条件、自身素质等等,在内容、价值和精神上加以改良和重新构建,经历长期的课堂真真切切地磨砺后,未尝不能呈现出生机蓬勃的局面。

【谨记】初入职场,模仿也是一种特别的创新形式,模仿的目的不是更像哪位名家,而是要让自我不断成长。

第二节　立足是关键

——第二个五年中须做好的两件事

前面小节中,我们结合自我的人生经历,进行了所谓的经验之谈,告之大家第一个阶段应做的两件事,即结合课堂定位人生和走跨越式发展之路,给以后的教育生涯打下坚实的基础。严格地说,第一个五年与第二个五年这两者间并无严格的界线之分。如若说是使命,这里更多的是追求,刻意告诉自我在某一时段必须做完某事,以达成计划的效果。在这一节里,我们将全面探讨第二个五年,并再次告之应做的两件事,即由对教学的实践转向对教育的理解,从而构建自己的教育思想;有“的”放矢,找准自己的“发展点”,全力打造属于自己的教育试验田。

本小节中,我们的核心关键词是“立足”,主张教师在第二个五年里做一个有鲜明教育个性、有鲜明教育思想与立场的教育达人。也许第二个五年计划中的所指更加抽象,这无不源于无数教师几乎将自己的人生只定格在了第一个阶段。在这里,我们所谈的似乎与你现有的教育生活有距离感,那是因为我们所谈的两件事更是无数教师的“欠账”。

1. 寻找重要的他人——发展自我的教育思想

> 自我成长,在于有计划地向专家、名师学习,特别是向一个有教育思想的人学习。多与专家和学者交往,五年后你就有可能成为像他们那样的人。
> ——题记

教师的第二个五年，实则是扬弃与发展的五年，找到其立足点对于整个教育生涯的发展显得非常重要。从关注课堂到关注教育学，最终演变成带有自我个性的教育主张，方是成熟的体现。笔者看来，在第二个五年中成熟的标志，全反映在随着教育实践的深入，从感性认识逐渐转向理性的认识，对教育有了自我的主张（有的通过文章发表、讲座等方式公开主张，有的通过著书立说……），赋有"反对什么、赞同什么，要怎么做"等一系列的对教育教学带有倾向性的认识。这些，其实便是笔者时常所提及的构建属于自我的教育思想——一种主宰教育的行动。

第二个五年中该做什么，从而让第一个五年有完美的转身，几乎成了当下众多教师的一个瓶颈。诸如，关于构建自我的教育思想，已经涉及对教育教学层面的理解和认识。如若没有对教育有更高层次的理解，少有适用于自我和给他人指点的方法，一定便会少有区别于普通教师的人生附加值。

拥有教育思想，是专家级教师、学者型教师与普通教师的区别之所在。从某种程度上说，在第二个五年中向着教育学者或教育专家的人生定位而冲刺，并非不可能。据笔者多年的观察和曾经的经历发现，只要得法，在第二个五年中便可实现由普通教师向专家型教师的完美过渡。

原规则：在第二个五年中实现超越，关键在于你认识了哪些精于研究教育的人。

进入教师职场，有了第一个五年所打下的基础，那么，第二个五年中最需要改变的，便是有计划性地脱离匠气，通过教育实践构建起自己的教育思想（一些改变教育现状的主张、方法），而后强化实践。对于应该拥有怎样的教育思想的问题，不能一概而论，因为这带有个人倾向性。本小节中，我们将视角转向如何让自我拥有教育思想的策略探讨，诸如根据笔者的人生经历，努力抓住教育外与教育教学相关的"重要他人"，在跟进学习中实现脱胎换骨。我们之所以对人生发展关键期"重要的他人"进行探讨，目的是使教师朋友们不但对自己教育教学倾力关注，更对影响自我专业发展的"贵人"加以关注。必须计划向学科专家、名师学习，为构建自己的教育思想寻找到强有力的理论支撑。

【现象纪实】

优秀教师的成长，如果缺少专家或学者的影响和引领，向更高层级冲刺近乎是梦想。

我们发现，每一位成功教师在入职后的第二个五年里，都曾遇到过影响自己专业发展的"重要他人"。如李希贵老师，他当年在农村中学当校长时，遇到了当时《山东教育》杂志社的毕唐书编辑。全国著名特级教师于永正老师借助《给教师的一百条建议》，认识了苏联教育家苏霍姆林斯基。浙江省特级教师虞大明，遇到了他的导师——全国特级教师张化万老师。

只不过现实有些残酷，在入职的第二个五年中，教师于无形之中站到了两个阵营之中：少部分人随着教育阅历的逐渐丰富，时常有机遇伴随，在更多的走出去构建生存意义的新环境时，开始受到新结识的学科专家、名师等精于研究教育者的影响，从而改变自我的知识及理论结构。但更多的人则因底气不足，依旧机械地为完成教学任务而工作，依旧处于封闭的状态，就像一棵柔弱的小树苗一样，因缺少营养从此便停滞生长。

【经典案例】

宋运来的嬗变

宋运来，小学语文特级教师，江苏省中小学优秀班主任、"红杉树"园丁奖获得者。他首创的"儿童漫画作文"且长期致力于"张力语文"的研究,形成了"交往中突显民主,探究中展现创造"的教学风格。

1991年,毕业伊始的宋运来走上了三尺讲台,而后久历坎坷。从10分钟的晨会课到全国示范课一等奖,从三番五次地请求上课而不得的普通教师到深受尊敬的著名教师,从不会说话、不会上课、不会写作、不会研究的"四不会型"的教师到各个方面都很优秀的全国特级教师,这种巨大的人生跨越,无疑让宋运来超越了自己,实现了"做教师,就做魅力教师"的人生追求。

魅力,从一个梦想开始。

宋运来工作5个年头时还没有参加过一次县级语文赛课,他认为这是自己专业成长史上的一件憾事。渴望成功的他,向老主任提出上课的请求。这种自信已经深深根植于宋运来生命的底蕴之中。在多次申请之后,终于,他的10分钟的晨会课、20分钟的写字小课,获得了老师们的啧啧称美。

但他并不满足在学校的"小打小闹",他迫切地渴望得到名师的点拨与教诲。1999年11月21日,在江苏省"教海探航"颁奖会上宋运来鼓足勇气对于永正老师表达了拜师的愿望。于老师没有马上接受宋运来拜师的请求,而是向他推荐了《教海漫记》一书,并语重心长地说:"《我与李建忠》一文或许对你有所帮助。"

快速拜读了《我与李建忠》一文后,宋运来醍醐灌顶:一个人的成长,内在动力起着决定性的作用。靠他人,靠名师的提携可以少走些弯路,但关键还是要靠自己去学习、去思考、去实践与研究。

一种精神和力量在无声地凝聚,在不断地升华。

那天晚上,"做一个像于老师那样的魅力教师"的梦想牢牢地在宋运来的心底扎下了根。他明白了于老师的寓意:成功要靠自己不断探索!为了实现梦想,他每天读书学习,每天思考写作,每天钻研探究……无论在课堂教学中,还是在宋运来的作品里,都或多或少地打上了于老师的印记。他深知:一个人一生中需要很多人帮助,但能够持续影响一生的只有几个人。"还有就是你自己,自己要能响应那样的'影响和帮助'。"

2002年,宋运来成为当时江苏省最年轻的特级教师之一。他说:"一个人确立前进的目标后,不仅要有坚韧不拔的毅力,还要有创新精神与改革意识,这样才能达到理想的彼岸。"

【反思】

2007年,由宋运来主编的《中国儿童漫画与作文赏析》一书出版,宣告了南京市第一部"个人课题"成果专著的诞生。该书也是宋运来主持的南京市教育科学"十一五"规划"个人课题"——"儿童漫画作文研究"的科研成果,该书的出版标志着儿童漫画作文使作文教学驶入了快车道。这是在他长期坚持"儿童漫画作文"的思考和实践下,历经八年的漫画作文教学,所开创的全新作文教学主张,打破了传统作文教学的旧模式,丰富了作文教学体系。其实,早在十年前,也就是在第二个五年计划中,宋运来发现许多孩子爱看"口袋书",那些生动有趣、图文并茂的漫画书几乎是所有孩子的最爱。于是,他抓住"喜爱"这一特点,从报纸上专门搜集一些孩子们看得懂的漫画,再设计相关的作文题目,让孩子们回家看漫画写日记,并定期组织全校学生开展漫画作文比赛,把漫画渐渐引入作文教学中。到了学期末,他发现孩子们对写作文饶有兴趣,大大改变了以前怕写作文,怕上作文课的现象,这个小小的成果让宋运来信心倍增,他开始潜心研究立足学校丰富的儿童画资源,独辟蹊径地把目光投到了具有强烈讽刺性、幽默性和教育性的漫画上,探索出一套漫画作文教学法。

平日里,我们总在思考一些问题,究竟什么样的老师才能称得上是优秀的教师?优秀教师与普通教师的区别到底在哪里?教师作为教育者,更需要教育智慧,而教师的智慧从哪里来?从宋运来老师的成长历程中我们不难看出些端倪。宋老师曾当面向薛法根老师讨教:"每次看到你走进课堂显得那样从容自信,带给孩子们的是学习上的快乐与幽默,带给教师们的是享受,请问你成功的自信心从哪里来?"其实,优秀教师从职业规划中来,从学习中来,从良好的习惯中来,从工作之初的第二个五年计划中来,从做关注教育的观察者、思考者中来,从学会创造各种机缘,认识自己成长的贵人,为形成自己的教育思想奠基中来。

职场如战场。面对激烈竞争,经常会有前进缓慢或者举步维艰的情况,而有的人却在其中败下阵来。职场打拼,拼的不只是能力、学历、资历,更是人脉。要想顺风顺水,我们职业发展的进程中缺少不了一个重要角色——职场贵人。

学会立足教育,思考教育,在教育生活的每一个场景中,能结识教育中的关键人物,让他们给予关注的目光,及时的引领,关键时刻能够决定你的职场走向。

对于初入职场的教师来说,最大的幸运就是有机会学习、历练。但此时也最需要有人告诉你什么方向是对的,什么是错的,也需要有人给你指点迷津,更需要有人站在你旁边关注、品评,站在后面鼓励,因为这些帮助远比我们自己去磕碰、领悟的效率要高得多。一位渴望成长的草根教师,最迫切的盼望是自己专业成长之路上能遇到教育专家、名师并得到他们的引领与帮助。所以,第二个五年规划中,我们要有主动意识,从关注教育中主动结识你我的贵人,让他引领和推动自己快速成长。要想有贵人相助,我们需要率先增强自己专业发展的计划意识,让自己内外兼修,内炼人品、内功,并借助网络、论坛、公开课、教育媒体等途径,广结人脉、人缘。同时,更需要我们在踏踏实实、任劳任怨的工作中,不时亮出自己的教育教学的点滴想法,以自己的真知灼见、教育教学业绩打动他们,这样才会得到教育专家、名师的关注,从而得到他们的真诚帮助。

【建议】

第一个五年中,蓄积后劲站稳课堂,给教育生涯注定开一个好头。那么,之后的五年其发展虽有些水到渠成,但成功更在于教育教学之外的影响。在此我们建议:

一是理清成长"路线图"。我们要结合第二个五年计划,理清成长"路线图":教育思想路线和教育技术路线。现实中的教师大致可分为两种:一种只埋头工作听命于领导,但并没有系统的发展规划,只能是东一榔头西一棒,有时流于浅薄,有时又会过于跟风;还有一种,他们依据自己的实际,形成一个切合自己成长的书面化文本,按照一个递进的阶段计划,由浅入深、由表及里地发展。如果我们希望自己真正成长,就要敢于并善于做第二类教师。对于工作五年后的教师来说,掌握教育理论并不难,最难的是实践经验的快速积累和对方向、机遇的准确把握。如果在努力的同时,自己能够获得别人的帮助、指点和提携(即有贵人相助),就可以少走弯路、错路,从而加快自己成长的速度。建议那些立志于专业成长的教师,还没有或者还不清楚职场贵人的职场人,尽快调整心态,以积极心态去看待工作,以一个思考者的姿势去审视教育,把自己先立起来,让教育专家、名师等认可自己,从而获得职场贵人的青睐,成为培养和扶持的对象。

二是走好两步。成功者之所以成功,在于做人的成功;失败者之所以失败,在于做人的失败。广结善缘,学会让贵人喜欢,努力做到谦虚、好学,是结识贵人的第一步。老教师都有自己独特的地方,包括实际的班级管理经验、与学生相处的技巧、为人处世的方法与策略。这些都是新教师需要学习并有助于快速提高自己的东西。新教师要从口头、态度和行动上将老教师当作自己的师傅,尊重他们。即使自己取得了不错的业绩,在他们面前也要保持谦逊的态度,主动向他们请教,积极与他们沟通。第二步,就是把自己的专业做到最好。无论是对行业的认识、对专业的理解、对业务的精通,都是你做好基本工作的基础。

三是在"关注"中得到"关注"。如何让专家、名师、领导注意你,以业绩引起领导的注意。领导对业绩较好的新教师会给予更多的关注。另外,经常向领导请教不仅表示对他们的尊重,得到领导的直接帮助和指导,还能引起他们的注意。也可以将自己的闪光思想向外界展示。通过教研、公开课、发表文章、网络教育论坛等方式发表自己的观点,从而引起专家、学者的注意。还可以利用外出听课、培训等机缘,让专家自然地关注你。在你外出听课或专家点评时这个与大家互动的时刻,不妨抓住机会展示自己对教学的思考与见解。当然,这些机会的获得,还需自己平时强化对教育教学的思考与关注。

四是寻找成长中的贵人。新教师的成长过程中,建立人脉网络是极其重要的一项内容,觅得能够给予自己引导的"导师"是关键。确定你的人脉群体时,首先,要想好你准备在哪个领域集中全力一展身手,是语文学科、数学学科,还是班主任研究,即或其他方面。然后,根据这些指标列出一份联系人名单——其中不仅要包括选定的学科专家,还应包括任何对你的兴趣和专长领域有所帮助的人。然后根据自己的计划,有礼有节、有的放矢地与名单上的每个人取得联系。

【谨记】主动向学者专家靠近,关键在于认可和接受他的教育思想,找到共同的语言。如此,彼此的沟通才会顺畅。

2. 找准发展点

> 放箭头要对准靶子。作为目标"的"是一个层级。但不能只描足于最低层级,要有一颗进取的心,即使是野心未为不可。
>
> ——题记

人,特别是现代社会的人,不可能是通才。教师这个行业里更是如此。无数的教师最后被称做专家,便是指他在某一个点取得了卓越的成绩。诸如在某一个学科的操作层面、理论层面或哲学层面,具有特别的实践能力和指导能力。关于第二个五年中教师的发展,全然游离于普通教师与专家级教师之间,前进发展可成为教育专家,后退不前便是普通教师。如何立足长远发展?我们应慎重地作出智慧的决断。

原规则:在某一点上开拓,成功便会不远。

对于处于第二阶段的教师,智慧的举动是集中全部精力主攻于一个点,只有这样,才能在这个领域里搞出名堂来。本小节中,笔者提出第二个五年应做的第二件大事即找准自我的发展点,这完全是根据自我的经历而得出的。诸如,笔者从 2006 年开始,就集中所有精力研讨教育原规则(教育秩序)这一个小点,从而也才有了今天这样的成绩。关于找准人生发展点的探讨,我们在前面已有论述。在这里,我们重点谈谈在第二个五年中要着重于定位后的发展。如若从人的精力而看,集中精力于一个点作深层次地研究,成就往往高于多处着力的人;再从社会角度看,某教师在一个团队的立足,往往因有超越他人 1—2 个独有的本领。

【现象纪实】

阿基米德说过："给我一个支点我能撬起地球。"翻阅教育专家和名师的成长历程，我们发现，每个人都有自己独特的"支点"——教师专业成长的"生长点"。比如，一代名师李吉林从情境教学入手，贾志敏老师从素描作文起步，窦桂梅老师从主题教学切入，都取得了不凡的成就。

探讨专家的成功，不如我们集中精力探讨他们成功以前的路径——循着自己的发展点坚持用力。现实情况是，无数的教师除了课堂便是完成教材，忘记了自我发展，更无开拓进取之心，于是视野变得更加的狭隘，全然是一个被教育教学所奴化的人。他们或坐井观天，或满足于现状，把教育当成谋生手段，毫无动力只会随波逐流，只会心无定所茫然失措。长此以往，何谈打造自己教育思想的野心？又何谈成长为像李吉林、贾志敏、魏书生等老师一样的人？

【经典案例】

管建刚的作文研究

"十年磨一剑"，2008年管建刚成为江苏省语文特级教师，《中国教育报》"读书周刊"2008年度"十大"推动读书人物。他2005年出版《魔法作文营》，2006年出版《不做教书匠》，2007年出版《我的作文教学革命》，2009年出版《一线教师》，2010年4月出版"管建刚作文教学系列"《我的作文教学主张》、《我的作文教学革命》和《我的作文教学故事》。他的作文人生的戏剧性一幕，发生于1998年。那年春天，他写了篇《三月》，寄给地方小报《吴江日报》。三月某日，同办公室的王老师，拿了张报纸给他看，说：小管，今天的《吴江日报》上有个和你同名同姓的人，发表了篇文章《三月》。他一看，那个管建刚就是自己呀。回家路上，他发誓，想再发表一篇给王老师看看。四月的某一天，王老师拿着《吴江日报》说，小管，这上面写《四月》的管建刚，还是你吧？他在村小待了八年，同办公室的都是民办老师。民办老师跟公办老师的收入、福利差距很大。他有什么特别的能耐呢？没有，学生的考试成绩，不一定考得过经验丰富的他们，他们对他这个正宗师范生，心里多少有过问号。

他的《五月》《六月》《七月》《八月》又相继发表后，办公室的民办老师们，看他的眼神都变了！嘿，这小子，真有两下子啊，不愧是师范生啊。那年的8月30日，去中心校开全体教师会。他的《九月》《十月》发表了，他的《冬之歌》《冬之约》《冬之舞》发表了，他发现，老婆看他的眼神也变了，比以往任何时候都充满了柔情蜜意。

他由此明白，作文是可以改变一个人的生活状态，改变一个人的生命质量的，作文可以让一个人有尊严地活着，幸福地活着。实现这一美好人生转变的途径是：发表。怎样让学生在作文不太好的情况下，也能经常发表？他想到了办学生自己的"报纸"——《班级作文周报》，由此迈出了"我的作文教学革命"的重要一步，开始了有的放矢的十年磨一剑的作文教学研究，一发而不可收。

【反思】

进入第二个五年后，我们每一个教师都应该善于全面分析和了解自己，认清自己真正的发展方向，确定自己的成长的"点"，即"有的放矢"之"的"。坚持不懈地在这个"的"上，以此为圆心,多方的行动只为让这个"的"突围,那就一定会有成就,会让它的光芒闪耀眼球。

正如江苏青年特级教师管建刚,从最初的作文手抄报开始,完成了一场震惊小学语文界的"作文教学革命",这是他十年磨一剑的结晶,是他有的放矢的成功,是他成长目标意识的觉醒。管建刚在致青年教师16条建议中曾写道:"做一名有目标感的教师。一个人有很多种活法,归根到底的哲学问题只有一个:精神立身还是富贵立身? 对自己有责任感,就要对自己的教育人生有一个清醒地认识和规划,而不是做一天教师撞一天钟。给自己一个目标,给自己一个达成目标的时间,对自己的责任感由此开始。"管建刚在专业成长的道路上找寻到了发展的"支点",并孜孜以求,乐而不疲,不但索取到了教育的大智慧,而且找寻到了精神、灵魂、心灵安身立命的家园。这无不给身处摸索发展中的我们以深刻的启迪。

当我们走过第一个五年之后,备课、上课、辅导学生等教学常规已驾轻就熟了,初登教坛的那份谨慎、新鲜感也消失了,随之而来的便是职场的迷茫。亲爱的朋友,你是否想过,下一步该干什么? 下一个五年该如何规划,该怎么发展? 第二个五年后将成长为什么样子?

如果将人生比作是射箭的话,目标就是一个看得见的靶心,如果没有靶心,就是无的放矢。所以,没有目标的人生是不可能成功的。但是,设定自己的目标,需要讲科学重智慧,否则只会南辕北辙。爱迪生一生无"爱氏定律"流传于世,可他的2000多项发明却使全人类受惠。"一无是处"只是一个形容词而已,每个人都拥有长于他人的地方,找准、找对个体生长的支点并非易事,需要学会正确剖析评估自己。如丁慈矿老师找到了对联这个生长点,就走上了研究对联、研究对联教学的路径,并最终形成了一门特色课程:小学对联课。戴建荣老师找到吟诵这个生长点,才有了他吟诵教学方面的建树。

当然,每个人在其专业成长中都会经历不同的阶段,免不了会发生"支点"的转变。当"不适应"的症状出现时,我们应该考虑放弃原有的"支点"而选择其他。做"专家型教师"、"学者型教师"应成为我们自觉的追求。可以这样说,做一个有特色的教师,是广大普通教师最切实可行的成长之路。工作了五年之后的教师,要关注自己特色的发展。看看"齐鲁名师"工程人选,其中就有参加工作仅七年就进入了这一行列的佼佼者。仔细思考,不难发现,如果没有找到自己发展的"支点",他们怎么会在短短的七年间就进入名师的行列? 所以,职业生涯规划对一个人的专业成长是至关重要的。每个人的人生中都有职业生涯,教师从进入学校开始,如能恰当地规划自己的职业生涯,最大限度地挖掘自身潜能,就能更好地创造个人价值和社会价值。因此,每个人都必须清楚地了解自己的个性特长,以某种特长优势为突破口亲体"定向发展",并设计出自己职业生涯的最佳路线,从而逐渐形成自己的教学特色,使课堂教学呈现个性化的最佳发展愿景。

【建议】

想要找到发展点,就必须思考清楚我"现在在何处(目前的学识、能力、性格、人脉等状况分析)、要到哪里去(将来希望达到的发展目标)、将如何到那里去(通过最恰当、最合适的方式方法实现这些目标)",以及思考清楚我"想做什么,未来希望做什么;能做什么,适合做什么;了解教育,学生需求什么"等,而后再清醒地向前发展。为此,笔者建议:

一是找到精神立身的生存支点。袁微子曾这样评价斯霞:"我终于从心里掏出一句话来:'斯霞同志,您像母亲一样地对待自己的学生,我看这是您取得经验的一个重要出发点。'"有了对教育事业的爱、对学生的爱,教师自然视野开阔,志向高远。工作五年之后,我们可曾想过,自己日复一日勤勤恳恳地工作,是为了什么? 究竟是什么在"支撑"着你我在职场中一路前行？职场支点,我们到了吗？你我找准了吗？精神立身还是富贵立身？这是必须思考清楚并落实到行动上的事情。在工作中保持阳光的心态,积极思考、主动快乐地工作,才能为自己赢得更充足的前进动力。工作对我们而言并非只是为了生存,而是一种快乐,是自我价值的实现,这是职业生涯规划的终极目标。

二是着眼长远的成长支点。教师的职业生涯就像马拉松比赛,真正的赢家并不是一开始跑得最快的人,而是有后劲,最终赢得胜利的人。所以,做好第二个五年计划执行的质量分析评价体系、自我监督,真正把解决立足当前与着眼长远统一起来,保持后期发展后劲才是上策。为此,我们必须学会以解读自我、找出差距、确定坐标为基点,以加强读书学习、拓展知识视野、打好知识储备为支撑。

三是找到一生幸福的兴趣支点。西方有句谚语说:如果你不知道你要到哪儿去,那通常你哪儿也去不了。所以,确立一个具体的成长目标和研究方向,清楚地知道自己未来想干什么,是第二个五年计划科学制订的前提条件。做到这一点的关键就是认清自己,找到自己的兴奋点和兴趣所在。制订计划时,要谨慎、多思,一定要耐心、细心地分析自我优势与劣势。不要固执己见,要多听取领导与同事们的建议,并且综合分析,根据自身的兴趣、特点,将自己定位在一个最能发挥自己长处的位置,选择最适合自己能力的事业,选择一条自己感兴趣且适合自己的路。只有如此,你才能在达成规划目标的同时感受到职业的幸福。

亲爱的朋友,如果说,你的教育生涯发展的第一个五年是在教室里,那么,第二个五年的发展更多的是教室的延伸,已经延伸到教室之外的场所,那些有助于自己发展的有贵人之处。第二个五年,找准成长的支点,朝着预期的目标坚持做上五年,就一定会收获亮丽的教育人生。五年,并不是很长,但笔者始终坚信,有准确的定位,找准了发展的支点,持之以恒地做下去,五年也能给你带来一个全新的教育人生。

【谨记】找准自己能深究的支点,付出汗水和智慧,才能换来明日所渴望的愿景。

第三节 职业升华

——建议入职十年中必做的两件事

言职业升华,对成功揭秘,助天下教师看清教师发展轨迹,从而走向成功,是我们写作的目的。其间所指,全带有作者曾经的体验和片面性认识。比如,对"仰视、平视、俯视"之词的认知,曾为一般教师之时,总是对专家级教师持完全仰视的心态而倾慕不已。随着阅历的增多,再与专家、教授们交流时,心态平缓而多平视。最让人不可理喻的是,见无数普通教师臣服于专家或教授,完全心甘情愿地接受着对自我的俯视。在此,想通过呈现一些实实在在的事例,让我们看明白人与人之间其实并没有太大的差异,只不过是多做了几件事或少做了几件事罢了。只要善于借鉴和灵活实践,别人拥有的一切,包括能力与成就,你我自然也会拥有。

职业升华,正如前几日笔者曾经的一段《无题》记录:"一个人真正的贡献,是非常有限的,哪怕是创造的金钱。假若他拥有得太多,只能说是占有他人的太多,哪怕是智慧性的无形资源。"在这里,其实笔者想说的是,普通教师与专家级教师之间并没有太大的差距。他们真正对教育的贡献,是非常有限的。假若他们拥有太多成绩,只能说明他们占有太多。

为实现职业升华,就必须抛开一些虚假的遮掩,真正掌握由普通教师走向成功教师的秩序。本小节中,我们将谈两件事,给出两个建议。其二指向超越课堂的束缚,全力构建自己的团队;其一指向超越学科的束缚,学做管理者。这些看似非常简单的法宝,实为我们团队中一群人曾经的经历,希望对作为读者的您产生助推的作用,让你为达成目标走好每一步。

1. 超越课堂(构建自己的团队)

> 为自我人生谋划,是不能做封闭的教师。为此,成长中必须告别单打独斗。——题记

我们拿什么来证明卓越? 为自我人生谋划,特别是不做封闭的教师。最有效的办法,就是构建属于自我的教育研究团队。前面小节中,我们主张在第二个五年中不断丰厚自我的教育思想,找准自我的发展点努力去挖掘。在这里,我们所论述的,实则是给立足阶段以强有力的补充,让成长更有捷径。

入职的十年,不做封闭的教师,站稳课堂,超越课堂,这是走向成功的基础。其实,真正的成功者是不可能游离于课堂教学之外去寻求发展的。所以,在教育这一领域里,想不站讲台而获得发展,简直是异想天开。在这里,我们所谈的超越课堂,并不是说更多虚幻式超越后的神通广大,而是立足课堂,又走出封闭的课堂,在课堂外多做服务课堂内的事——构建团队。

一个人走得快,一群人走得远。永远在封闭的课堂里奋斗,相对单薄的教学成绩,真还不能证明什么。在当今的职场生涯中,光凭一个人单打独斗,个人为王,即使你才高八斗,阅历丰富,职场积淀经验多,也依然只能发挥出有限的能量。然而,来自团队的力量却是巨大的,因为它会让你在团队的大海里如鱼得水。这些感受,都源于笔者的亲身经历。为此,我们特别建议读者朋友们能迅速构建自己的团队,实现团队和个人的多向快速成长。

原规则:建构属于自我的小团队,在志同道合中更能做大做强。

构建自己的团队,相对于保守的教师而言,是很难迈开这一步的。主张超越课堂,从构建团队开始,让无数有共同目标的教师超越时间与地域的界线,在一起相互合作,取长补短。除了让你进步神速,更会让你忘却前行路上的孤独,有胆量向着更高层级发展。构建自己的团队需要思考三个问题:一是为什么要组建这个团队? 这是计划目标达成的动力源。二是在团队里能够做什么? 这是专业计划的核心目标,要做团队的引领者,而不是追随者。三是能为团队里的成员留下什么? 这决定了你属于怎样的团队核心地位。

在此提前说明的是,关于超越课堂构建自己的小团队,让教师职业得以升华,取得源于课堂而超越课堂的成绩,在笔者所听过的任何一个讲座中,仿佛还没有哪一位专家教授如此地给学员讲授过。他们告诉听众的,多是如何将课堂教学完成好,让课堂更加出彩之类的内容,仅仅只是单向地成功诉说,几乎不作关于成功之道方面的交流。这只能说明专家与教授们在讲座中,给自己留了一手。所以,他们凭着手中的文稿,能够数月甚至数年在全国各地巡回报告、讲座。

【现象纪实】

现实生活中,教师日常教育工作的封闭性的突出表现是"专业成长的个人主义"。长期以来,教师的课堂教学的行为和专业方式完全是独立自主的,而且经常是"单干式的"。大部分教师按照自己的固有经验,沿袭着已有的思维模式与教育方式去处理教育教学中遇到的问题,很少与其他教师进行切磋、交流。不可忽视的现状是,不少教师固守着个人英雄主义

的成长路线,自鸣得意,自命清高者不少见;相互欣赏、互相接纳者不多有。此种状态如果长期存在下去,必然导致教师目光短浅,视野狭窄,专业发展遭遇高原反应。

不过,现实生活中还存在着另一种现象。诸如新课程实施以来,各种新理念、新思想、新模式、新方法层出不穷,不少教师以更新交往、互动和合作的形式,跳出课堂,聚集在一块,通过开展反思互动、案例评析、定向研讨、会诊课堂、小型课题研究、沙龙会谈等方式,即使参与了不少教育研究团队,但是效果却并不理想。原因在哪呢? 显然是不少人习惯做教育教学研究团队的被动参与者,加之这些组织多是自发性组织,没有强迫性,所以,呈现给我们的结果是,组织者所取得的收获往往大于参与者。

【经典案例】

常作印与"三剑客工作室"

常作印,全国优秀语文教师、全国中语十佳教改新星、全国中学语文优质课竞赛一等奖得主。先后主持省级以上课题6项,发表文章200多篇,出版《不做庸师》《从此迷上教科研》等著作多部,应邀到全国各地做学术报告100多场,事迹曾被《教师博览》《中国教师报》等10余家报刊报道,被媒体誉为"教改新势力的代表人物,本土教育变革的领跑者"。

1996年美术系毕业后从教,16年以来,他一直把"以行进的方式活着,培养具有独立精神与自由思想的现代公民"作为事业追求的崇高目标,把"计划每一天,思考每一天,收获每一天,快乐每一天"作为生活的座右铭,把"在每段经历中都能发现更强大的自己"作为与学生共勉的人生格言,把"读书、实践、反思和写作"作为每日的必修课,把"上好每一节课,教好每一个学生"作为自己人生的最大乐趣……

2005年冬天,在那个飘着雪花的周末,他和王安濮、柳文生两位好友怅然地走在雪地上,六行歪歪的脚印只是书写了"迷惘"两个大字,他们不知道路在何方。"我们能不能搞一个类似协助组的工作室,用深度的反思走出实践的困顿。"于是他们的团队就在那时诞生了。"三剑客工作室"最初的网上活动阵地是朱永新教授主办的"教育在线论坛",一是因为那里聚集了许多全国教育界的知名教授、专家、校长、教师及媒体工作者;二是因为常老师是那里的教师随笔分论坛的版主。与网友的交流,让他们三只"井底之蛙"跳出了束缚自己视野和思想的深井,开始学习如痴如醉的进行心灵之舞,他们平静如死水的教育生活好像一下子被鼠标激活了! 他们经过多次研讨论证,根据自己的特长和实际情况,分别以"绿色教研"、"专业写作"、"诗意课堂"作为各自研究的主攻方向,采取相互间听评课、专题研讨、网上沙龙等多种方式,努力追求"有温度、有广度、有高度、有深度"的课堂,他们三人从那时起,开始走出了一条互助又自立的教研之路。在保持各自精神独立的前提下,抱团发展,取长补短,互通有无,携手共赢,陆续出版学术专著7本,获得省级以上教科研成果奖20多项,先后被《教育时报》《语文学习报》《郑州日报》《安阳日报》等媒体报道,被誉为"网络背景下教师专业成长的标杆"。

【反思】

从常作印成长的足迹我们可以清楚地看到,他认准目标,为了梦想中的橄榄树,在第二个五年中和王安濮、柳文生两位老师自发组建了"三剑客工作室"草根团队,让他们孜孜以求,开阔视野,从而超越课堂,在教职人生路上走得越来越远……

亲爱的读者朋友,在专业发展的历程中,是否您也有过孤独感和单兵作战的无助感? 在成长过程中,视野的狭隘与单打独斗是阻碍教师从优秀走向卓越的绊脚石。事实上,为发现和凝聚教师们的"成长力",在各地已经纷纷行动起来,成立了许多不同类型的"成长共同体"。如名师工作室,再如集体磨课集体研修,开辟网络教育论坛。刊发在 2011 年《人民教育》第十期的"昔日的草根团队,今天的成长摇篮——"心语"全国(民间)班主任成长研究会发展侧记?"展示的就是齐鲁名师郑立平于 2009 年 10 月,把自己的班主任工作室彻底改编,创立了"心语沙龙"班主任成长研究团队,执着地开始了他的"唤醒行动"。到目前,"心语沙龙"班主任成长研究团队已经吸纳了来自除西藏外的大陆所有省份四五百名优秀班主任教师,并吸引了《中国教育报》《中国教师报》《现代教育报》《班主任之友》《班主任》等 20 多家主流教育媒体的支持和关注,在"中国教师研修网"的协助下,以网络媒体为依托,通过专题研讨、专题讲座、团队共读、沙龙对话、视频讲座等操作形式,扎实有序地开展教师和班主任培训学习活动,让更多的一线教师能够快速地实现专业成长,让更多的人将教育的火炬幸福地传递。

什么是教师的专业成长?笔者认为,成长就是唤醒生命意识,不断地发现自己,不断地创造和展示更好更新的自己。其实不外乎是"精神成长"和"专业成长"两个方面。如果,一个教师眼中只有名利,只关注学生的考试成绩,视野只局限于课堂教学及某学科的知识传授,那又何谈成长呢?更不用说让其快速成长了。最终只能导致职业倦怠,牢骚满腹,不得不年复一年、日复一日地重复着昨日的教学故事。所以,教师在第二个五年计划中一定要立足高远,跳出狭隘的课堂教学的小圈子,积极组建自己成长的共同体。如果以前没有,那么就从现在开始,及时弥补,把组建团队纳入计划中来。

"孤雁飞咫尺,群雁翔万里。"一支球队,如果只有个人精神,永远没有胜利的可能。没有团队的成功,就没有个人的成功。另外,如果一位教师日常教学中只看到眼前的利益,只看到自己的利益,而忽视团队的作用,没有团队精神,那么也是无法在职场中立足的。如果有人仗着自己比其他人优秀而傲慢地拒绝与同事合作,或者找各种借口,没有积极的合作意识,总是自己一个人在孤军作战,那将是十分可怕的事情。若非是天才,几乎是没有任何成功的前途可言。

构建属于自我的研究团队,并不是简单的事情。我们在发展的初步阶段,可以参与别人的团队,通过参与集体备课组、名师工作室、磨课等成为知音,而后随着参与的深入,方可选择独立而组建自我的团队。现实情况是,很多教师朋友对团队或构建团队几乎没有什么具体地了解。在成长的道路上,倘若想走得更远,真诚地建议普天下的教师朋友,把组建自我的团队纳入第二个五年计划。以前没有组建无所谓,现在要尽快地纳入计划,及时起步。

【建议】

人不是一座孤岛。正如马克思所说,"一个人的发展取决于他直接或间接进行交往的其他一切人的发展"。教师在专业成长的道路上,把构建属于自己的团队纳入发展计划,力戒那种"单打独斗"的个人盲动。要善于在群体互动中,在成长共同体中互相学习互相激励,保持着旺盛的职业生命活力与发展动力。就个体而言,也能在团体力量的作用下,提高实践水平,提升专业品质,生成教育智慧,更会快速地实现各自的更大的最优化发展。

一是注意计划的互动性。制订教师个人成长与团队发展项目计划书,把构建属于自己的团队纳入成长计划之中,注意体现计划的"互动"性。首先,互动目标要更明确。团队成员的发展目标或研究方向要达成一致。其次,互动的动力源多元化。其动力可来自解决课堂教学的某类或某个问题,或者达成某一个短期目标,或者实现心中的一个梦想等。再次互动走向信息化。在当今时代,不同地区的教师组成团队,要充分利用网络的优势。第四,互动的方式更要注重民主。遇到一些有争鸣性质的问题,更需广泛听取大家的意见和建议,而后进行分析和综合。第五,互动带有一定竞争性。通过互动使目标真正得以实现,往往需要相应的激励措施。如设置年度创新人物评选、参与主动性高的人物评选等。我们所构建的团队是基于我们的人生规划的,是为人生规划的达成服务的。所以,团队成员之间应彼此坦诚对话、互相信任、互相学习、互相理解、互相支持、互相建议,寻求一种互助共进的合作伙伴关系。

二是规划和描述团队远景。团队要真正的良性发展和走得更远,就必须有清晰的发展目标,让团队成员共同看到一个美好的未来和希望。所以,应结合团队本身的潜力和特点去规划,懂得把它描绘出来,让大家都知道我们是一个什么样的团队。同时,也帮助团队伙伴做职业生涯规划。积极构建"成长共生体团队"就是开辟教师精神成长与专业发展的园地,让教师在这里收获职业的幸福,分享学习的乐趣。每位教师都带着在以往工作及生活中得到的知识、经验、情感和价值体系,乃至自己的教学个性来到这里,一起交流,一起切磋,一起共进。如,有的教师善于班级管理,有良好的学生口碑;有的老师在课堂上有妙招,上课非常受欢迎;有的老师思维敏捷,喜欢读书、文笔不错。在制定团队发展规划时,要把这些因素充分考虑进去,要尊重不同类型与个性的教师的专业发展选择。要为每位教师提供学习、发展的机会,为每一位教师搭建展示才华的舞台,教师们互为师徒,携手共进,形成合作学习的机制,互助互惠。每一个成员,有了自己的专业规划,有了自己专业成长的行动,通过这个合作的团队互相交流、探讨、对话、互动,取长补短,吸取精华,从而实现自身的再提高。

三是合理地发挥网络优势。现代教育群体是开放的,其开放性正体现在网络这一媒介上。那么,构建自己的团队时,我们就不妨发挥网络的优势。可以通过建立个人教育博客,记录自己成长的足迹,实现与学科专家、名师的零距离交流等形式,组成交流研究团队;也可以建立视频网络学习空间,实现课例观摩研讨。团队成员通过"资源网"、博客、QQ群等网络平台,把自己的教学设计、课件、案例、随笔、教育故事、教学论文等上传到资源网上,达到资源共享,或通过网络论坛,视频会议等共同思考和研究教育。

【谨记】没有完美的个人,只有完美的团队,单打独斗的时代已经过去。唯有把合作意识、团队精神融入个体成长计划之中,我们方能走得更远。

2. 超越学科(学做管理者)

> 超越学科,走向成功,这只是一种提醒:作为一位富有雄心壮志的老师,不要只会教书,还要学会管理。
>
> ——题记

占有资源而发展,是人类最重要的特质。不知大家发现没有,在教师队伍中,享有更多的教育资源的人不是教师,而是懂得教育管理的人。纵观名师的成长历程,都在自己的教育教学实践中不断超越学科,做了自己专业成长的主人,但他们有可能不是学校的校长,但能很好地让学校管理为我服务,为此才催生了他们理想中的课堂和他们精彩的教育之路。如李吉林老师从情境教学,走向情境教育,走向情境课程,这正体现了一个教育者、教育管理者、一个教育研究者的历程。

走近教育管理，方才拥有更多的教育资源。我们主张教师朋友们，对教育全身心地投入，成为一位富有品味的教师；同时，我们也主张教师朋友们主动地学习管理，成为学校的管理者。这样，更能给自我的主张找到实验田。诸如瓦·阿·苏霍姆林斯基和巴甫雷什中学，李镇西和成都市武侯实验中学。值得说明的是，主张超越学科在教育管理上做更多的努力，并非做教育的政客，实则集一切力量组织教育资源为教育服务，从而做出更大的成绩。

原规则：游离于管理之外的教师，更少有成长的资源。

马克思早在《论犹太人问题》一文中，曾表达了这样的观点："只有当人认识到自己的'原有力量'，并把这种力量组织成为社会力量，因而不再把社会力量当做政治力量跟自己分开的时候……人类解放才能完成。"教师只有把全部身心融入教育教学实践之中，把教育当作整个人的全部和事业，跳出狭隘的个人小圈子，学会做管理，一切动机才会被捧为高尚。

超越学科，学做管理者，并非在某一时段成为学校行政的某级领导，更多的是增添一种能力，实现对自我成长过程的掌控。主要包括三大方面的思考：一是要管理好专业成长计划目标达成与质量监管；二是要管理好解决问题的心智和思维模式，三是管理好专业成长的每一阶段的进程。下面，笔者就结合经典案例谈谈如何学做管理者，以突破职业成长瓶颈的束缚，开启幸福人生的大门。

【现象纪实】

许多教师为什么在"高原期"总是停滞不前？一个真正的原因在于，远离了管理者，没有超越学科，没有突破自身视野的局限，没有管理自我的能力——即存在一种假清高现象。

凭什么你该享有更多的教育资源，凭什么你可获得发展的空间？教师的成长空间源于身处管理之中，以及如何从管理之中获得更多的成长资源。现实的校园生活中，管理者与被管理者之间，往往因教育资源的占有，被划分成强与弱的不同阵营。特别是对于那些有上进心的教师而言，当理想受挫时总会将原因牵扯到管理者身上，这种自己的命运总因不能自我把握而不得不成为一种折磨。

超越学科，学做管理，需要改变自己的心智模式。失败时，如果能从成功者身上找到成功的原因，而后上进，进步往往更神速。现实生活中，一些本来是极为普通的教师，因为他们教学之余，总是主动地接近管理者，而后学做管理，帮校长分担一些管理之事，为此他们获得了比他人更多的教育资源。而另外一部分教师因在第一个五年或第二个五年之中，对教育教学的浮躁——即便他们享有一定的教育资源——但没有的大发展，最终导致依旧平庸。

【经典案例】

丁慈矿，有梦想的追求者

丁慈矿，全国优秀青年名师，全国首届经典诗文教学大赛特等奖获得者。丁老师以他的博学和独创性的"对课"研究蜚声教坛，他的《小学对课》一书由上海教育出版社出版后，多次再版，广受欢迎。

丁慈矿说："一个小学语文老师的工作是比较琐碎甚至是枯燥的，除了教好书，我觉得我还要有一点儿梦想。"工作之初，他就确定要做学者型语文教师，这是他一生要努力的目标。

从1998年登上讲台，他开始教学生读古诗。他主要利用三块时间，一是晨读课，二是午会课，三是晚管理。甚至是春游秋游的车上，逮到机会他就大讲古诗。有老师生病，有老师请假,只要去代课,他就去讲古诗故事。

做了开设"对课"这一专题项目研究以后,丁慈矿便开始着手对对联书籍的收集工作。他从 2000 年开始收集资料,通过泡书店、逛书摊、实地抄录等形式,先后收集了 150 余种对联书籍、200 多篇有关对联的论文,亲手摘抄的各种对联更是不计其数。花了两年的时间,将古代流传的对韵重新进行现代化地改写,做到顺口、押韵、浅显而有趣,经过他的精心设计,终于编写完成了《小学对课》这本针对小学生的对联教学用书。除此之外,他还参与编著《对联故事 100 则》,先后在《人民教育》《小学语文教师》等核心刊物上发表有关"对课"教学的文章,受到多家教育媒体的关注。

2005 年的暑假,他开始了《小学对课》的编写。他先从近千则对联故事中选取了 50 则,然后根据自己的理解和认识进行改写。再把古往今来流传的 25 种对韵反复品味,依照《诗韵新编》进行重新编排。另外,他根据几年来在课堂上实践的材料,一课一课地设计练习。他的大部分创作和研究都是在晚上进行的。为了能够收集到民国时期的教材,有半年的时间他在晚上做的最多的一件事就是坐在电脑前,目不转睛地盯着孔夫子旧书网。只要网上一有这方面旧书拍卖的信息出现,他就抓住时机拍下这些珍贵的资料。

如今,除了继续完善对课教材外,丁慈矿又开始着手搜集和研究民国时期的小学国文教材,而他更大的目标是通过自己的努力让当代学生亲近汉字,了解并真正感受到中国语言文字的魅力,继承并传承中华传统文化。

【反思】

从丁慈矿老师的成长之路中,我们不难看出,他心中有目标,善于管理时间,善于管理课程,善于管理教学活动,他走的是一条不断超越学科、自我管理之路。丁慈矿老师工作第一年,他教七个班级的写字课,但他并没有局限习字课上的一笔一画,而是先给孩子们讲书法家的故事,再让他们看各种各样的字帖,引导他们发现汉字的美,激发他们写字的兴趣。每逢他在黑板上画出几个甲骨文的时候,孩子们便情绪高昂,开始辨认这些字的前世今生。期间,他发现了学生的兴趣所在,并开始培养学生的兴趣。他教语文学科,不是就课本中的几篇课文剖析讲解,而是守护优雅的汉语,注重语文情趣,挖掘汉语特色,挖掘对联文化,建构大语文的学习空间,给学生一生有用的语文。期间,丁慈矿老师学会了管理时间,管理课堂,管理活动,管理自我……实现了职业的升华。

现实生活中,我们是否有过这样的困惑,为什么我们工作、学习、研究缺乏自律性?为什么在专业成长上更多的是依赖,而没有主动精神?为什么我们穷尽一生,也难以上出一堂好课?为什么班级内会接连不断地发生问题?为什么我们的工作效率不高,教育教学质量提升幅度太过缓慢?……一切的一切,都是因为我们把自己封闭在了教学中,没有超越学科教学,没有学会管理。如尽管把一节课准备得十分充分,把课文知识点讲得相当透彻,走进课堂却难以使学生的思维活跃起来,课堂的高效就可想而知。每次听课或者上课,我们是否都会关注这些问题?为什么会出现这种情况呢?

反思我们的课堂,除了对各种知识点的关注外,我们还关注了什么?问题症源在于我们缺乏管理课堂教学的能力。教师,其实就是一位管理者。课堂上,准备的重点不是这节课要教授怎样的知识,而是我们要通过什么样的管理方法来激发学生的学习情趣,引发他们积极的思维,促使他们步入学习的佳境,使学生的学习有目标、有层次、有方法、有效果。如管理课堂,就要学会对学生以往学习经验的管理,对学生思维的管理,对学生学习方法的管理,对学生学习习惯的管理,对学生学习兴趣的管理,对学生感情的管理等等。如果缺失了这些东西,课堂也不会是什么好课堂,教师的发展也会无从谈起。再如,有的教师面对繁杂的教学任务,苦叹哪有时间读书学习。那是他不善于管理时间。管理好时间来读书来学习,自然会促进教学质量的提升,从而会有更多的时间来读书、学习。无论哪一个层面上的管理,都要求教师有深厚的文化底蕴。所以,教师要有长远的眼光,在规划中注意管理能力的提升。这样,才能为自己的专业发展计划注入新鲜的血液。

如何学做管理者呢?一位教师确信自我的才华和能力,如果立足教育却总让人看不见太多的成果,职业生涯也总是不怎么顺达,其真正的原因依旧在自我——游离于管理之外,缺少自我管理的能力(管理,不是非得是学校的校长,它同时指班级管理、团队管理、小组管理、课堂管理,以及对一些活动的管理等),为此失去自我发展空间的支撑。

学做管理者,需要教师首先明确自己的优势与劣势是什么,职业发展的方向在哪里,以及如何做好思考自己的事。对个人定位能力、目标管理能力、高效沟通能力、情绪管理能力、专业发展管理能力、团队建设能力、学习创新能力、健康管理能力等都应有一个清楚地认识。

学做管理者,从浅层次来看,是对自己行为的约束;从深层次来看,是一个心态的问题,是思维方式的调整。教师学会管理,是教育生涯的一次大升华。教师最重要的是要学会管理教学常规。从备课、上课到作业批改、辅导学生都有章可循,有法可依。要学会管理课堂,让课堂有序、充实;要学会管理学生,让学生心悦诚服、健康成长;要学会管理学科活动,班团队活动,让活动科学有效、成效显著;要学会管理人脉,与领导、专家、同事、学生、家长等沟通交流,以赢得专业成长等多方面的支持。

作家杰克森·布朗曾经有过一个有趣的比喻:"缺少了自我管理的才华,就好像穿上溜冰鞋的八爪鱼。眼看动作不断可是却搞不清楚到底是往前、往后,还是原地打转。"学做管理的过程,实则是一个活到老、学到老的过程,是一个每天都自我激励、自我反思、自我评价、自我修正、自我管理、自我教育,不断总结、不断进步的过程。成长没有一夜脱胎换骨的奇迹,只有日积月累的渐变。只有这样,才能最终实现职业的升华。

【建议】

莎士比亚说:"人们可以掌握自己的命运,如果我们被他人掌握,那么错不在命运,而在我们自己。"教师在漫长的职业生涯中,如同大海中漂流的孤舟,没有人可以帮助我们,只能依靠我们自己。

一是职业生涯管理。从宏观来看,职业生涯规划是对于教职人生的一种整体设计,涉及教师的人生理想、教育理念、行走方式等;从微观角度来说,就是沿着既定目标,不断修正自我,不断进行自我管理,一步步成长的足迹。职业生涯管理是人生目标管理的核心内容,直接关系到教师的职业成败。职业生涯管理首先在于学会细化生涯目标。职业生涯目标通常分短期目标、中期目标、长期目标和人生目标。短期目标一般为1—2年,短期目标又分日目标、周目标、月目标、年目标。中期目标一般为3—5年。长期目标一般为5—10年。其次是注意生涯规划的科学合理。如,个人现状分析,弄清自己主要的优缺点;一年成长计划,要具体一些;五年成长规划,要以思路为主。再就是规划内容,要求必须具有可操作性。如对自己现有基础的细致分析——从知识、能力、特长等方面去入手。对教学的反思——从教材的钻研、学情的分析、教案的设计、课堂调控、教学质量监控等方面着力。对科研的思考——理念、课题、课堂、案例、叙事、研讨等。对读书的设想——读专业发展的、哲学、文学、儿童心理学等方面的书籍。对目标的追求——从做成熟教师到骨干教师,再到成为学科带头人。因此,我们必须在清楚自己的职业倾向、评估职业环境的基础上,科学理性地规划自己的职业未来,并以持续地行动将规划的蓝图变成现实。

二是目标管理。确定的目标需要具有可行性、数量化、视觉化、期限性和挑战性。首先,需要确定目标的可行性,区分好近期、中期、远期目标。例如,新入职的教师第一个五年是成长的关键期,就可以进行一个个目标管理。读书,列出一份五年的读书书目;写作,可以列出一个发展目标,如学期发表文章数量、级别;再如,在第二个五年发展中,列出结识职场贵人的目标,寻找那些给予自己学科引领的"导师"。其次,是建立个人成长档案。每月坚持写1—2篇教学反思,每学期期末认真写好自我评价,梳理个人取得的进步和存在的问题,或在专家或优秀教师的指导下,进行一项结合自己的教育教学实际的微型课题研究,定期与他们交流,促进自己不断成长。再次,就是明确改进和努力的目标。确定目标的具体操作进程:制定—行动—坚持—自我跟踪评估等等。目标一旦确定,就需要每个人管理好自己的思想、心理与行为追求,时刻约束与激励自己,努力朝着既定目标前进,要有耐住寂寞,把逆境看成磨炼勇气和智慧的利刃。

三是时间管理。人生管理,实质上就是时间管理。时间的稀缺性体现了生命的有限性。首先是依据轻重缓急设定短、中、长期目标,再逐日制订实现目标的计划,将有限的时间、精力加以分配,争取达到最高的效率。其次,要善于把长期计划细化为一个个小目标,并编写"每日必作表",善用行事历。再次,注意利用发展行动日志,填写发展行动计划的具体活动安排。如听课、学习、辅导学生、家访等日常活动所需要的时间、取得的成果等。这不仅仅是为了自己,也是为了下一步的工作和行动。

四是人脉管理。对于个人来说,专业是利刃,人脉是秘密武器。对于属于你的专业成长关系圈内的人,你的领导、同事、学生及家长,甚至网络中认识的学科专家、名师等都是你成长的"贵人"。所有这些资源你都要进行有效地规划、管理和经营。展现你的激情、梦想、品味、思想、作为,影响他人,从而让他人乐于助你一臂之力。

五是行为管理。它主要是指个人对所要执行工作的全过程掌控,包括对成长目标、工作流程、工作方式、工作对象、遇到的问题及解决办法的全面管理动作。目标+时间+执行+策略+目标的达成=行为管理。对于行为管理,要养成制作并坚持使用行为管理自我评价体系的习惯,按时执行,专心思考,建立起行为管理的信息交流平台。

【谨记】在教师职场生涯规划的十字路口,有一条横亘在平庸与卓越之间的界河,能否跨越过去,取决于自我管理能力的高低。当然,职业生涯中的自我管理,更多的时候会超越现实的学校管理,是一种更为精细的自我管理。

第三讲　　第三个五年

我们常常慨叹"光阴似箭"，而现实也正是如此。进入教育职场，不知不觉间，我们已进入了第三个五年。第三个五年的重要性，恍若人生的黄金分割点，平庸者因此而平庸，卓越者因此而卓越。第三个五年可以说是继往开来，影响深远。如若把前十年比作教师人生的瓶颈期，给第三个五年以力量，那第三个五年便是超越，而后努力实现人生的计划。我们在全书中将重点指向第三个五年，真正的目的在于让天下教师在教育这一行当中，体现出优秀、出众、突出、超群、有才、多艺等特征，在本行本业中做出特别显著的成绩，过上真正幸福而完整的生活。

（一）

如若我们缺乏规划，就会导致平凡，甚至平庸，那也是意料之中的事。所以，前面我们在第二章中所谈的一切，或许让你感到了距离，但亡羊补牢，为时未晚。全书重点关注第三个五年，缘于作者始终坚信输在起跑线上的教师，只要敢于以风驰电掣般的速度追赶，教育生涯也依然会有出彩的那一天。此时，面对路口，如何抉择；面对机会，如何把握；面对挫折，如何应对；面对出色，如何选择等，都纳入了第三个五年规划之中，并给出需要做的三件大事的建议，即将第三个五年规划细化为三个着力点和六件事。

（二）

第三个五年规划中所提及的每一件事，诸如学科之爱、班级之爱、专长之爱、团队之爱、学校之爱和成果之爱等，在第三个五年以及一生中的重要作用，都是不可忽视的。

当然，任何人的成长必须遵循规律。对于后进的教师的跨越式成长，除了可能性的论述外，后面的章节中将对其短板予以指出，并提出一些可供参考的操作性建议。本章中，我们全部的主张就是鼓励大家在第三个五年做一位出色的教师。后面的每一小节，力求走出抽象的论调，给出一些实实在在的建议，即出色之道捷径的探讨。深信真能如此地走完第三个五年，所做的成绩一定有特色，必将成为出类拔萃的教师，特别是在课堂教学、创造创新方式上高人一等。

（三）

一位因出色而受人尊敬的教师，他一定会感觉到幸福。

人生成长的路上，处处需要勇气与智慧。我们所提及的建议，不包治百病，只对那些上进之心不死的教师才会发挥作用。写作此章甚至本书，全因作者对教育人生幸福的追逐所致。

为此，我们特别指出，必须防止反弹，特别是前十年奋勇向前的教师朋友，更应如此。也许前十年的努力，已经彰显出色，但人生的路上会面临更多的选择与诱惑，为了不给今生留下遗憾,必须谨慎处之。正如前几天,笔者的一位恩师谈及自己因优秀而从政的时候,流露出来的后悔和伤感,至今令我记忆犹新。就在今天中午,笔者一个同学带有羡慕之情地问我当教育逃兵后的感受,我给出"围城"二字作答。对于人的一生,职业没有高下与贵贱之分,重要的是得到认可与重视。能得到认可,真的不是一件简单的事情,更需要勇气与智慧。拥有并坚守当一位出色教师的勇气与智慧,几乎是笔者思考的全部。

(四)

人生的每一个阶段,都有必须去做的大事。我们以计划的方式出现,所指都是一些必须去做的事。但这恰恰是很多教师已经忘却了的,这是多么的不应该啊!对于那些已经脚踏实地做完前两个五年计划之事的教师而言,尽管是带着可喜的成绩进入到第三个五年,但仍必须防止反弹,才能更上一层楼。

人生的每一个阶段所做的事,都会对整个生命的幸福起着不同的作用。在我们看来,计划出优秀,每一个阶段优秀的价值体现点一定不同,这就需要我们通过计划找出并实现它。第三个五年中,我们给出成为出色教师的建议,更高的一个要求,就在于要在平凡的岗位上能做出卓越的成绩,充分发挥指导作用,于教育、学生、教师、学校等产生积极和正面的影响。

(五)

前方的路途虽然很遥远,但只要心中有一盏明灯,并融入智慧和坚持不懈的努力,就一定会将成功揽入到自己的怀中。

在本章的论述中,笔者以过来人的身份,重新审视并思考自己的工作经历、教学经验,探讨其中得与失的原因,以期能够对朋友们规划第三个五年起到一些现实性的参考作用。

第一节 努力工作
——构建人品

教育生涯走过十年之后的我们,俨然淡定了许多,曾经对职业的怀疑也都随之散去。我们大多会认为:只有珍惜当下的职业才是最好的选择,与其浑浑噩噩的过日子还不如调整心态让自己喜欢教育。李镇西老师曾说过:"如果不喜欢教育事业,那么最好别做老师。"当然,有更多老师十年如一日地热爱并喜欢着教育,所以,本书就是献给那些在追逐教育梦想的路上已然拼搏着和准备拼搏的教师朋友!

"工作就是人品,表现就是道德。"进入第三个五年,我们首要的主张,便是将书教好,将学生管好。除了前一章节中的一切倡导,从本章开始,依旧回到教育教学的原点,力求从教育哲学的层面给予指引。比如,本小节中,指向对学科之爱和班级之爱的讲述,指向如此工作的理由,即评说教师的人品则更多地体现于他对本职工作全身心投入的时间和精力、下工夫的程度和刻苦锻炼的程度。

本小节中,我们主张源于工作中才让获得人品。一方面,在于获得价值的认定,更在于自我永葆纯朴、真诚、自然、率直等特质,这些都是由普通走向伟岸的法宝;另一方面,在于平常的工作中做出不平常的成就,随之弘扬光明正大的品德,达到弃旧图新,同时达成最完美的境界。

1. 倾注学科（学科之爱）

> 往往学科之间的竞争是多形式的较量，但到最后，差不多总会归结成教师人品。
>
> ——题记

我们教师凭什么立足而发展？是能力与水平？还是学识与人缘？大量的事实证明，就是人品与口碑。

教师的人品不是抽象的。教师提升自己的竞争力，获得短期发展可借助学生考试成绩，让自己在课堂上站稳脚跟，但这只是权宜之计。长远来看，教师要发展，必须对本学科倾注无限的爱，不断勤恳研究，把握其中内涵和真谛，把学科的培养目标落到实处，让学生在忘掉所有书本知识之后，仍然能体会到学习这门学科知识而得到的收获。

原规则：不爱自己所教学科，人品往往降低到零点。

能让学科之技艺变得娴熟，是提升人品最基础和最有效的策略之一。学科之爱，并不是一件容易的事，因为其间需要展露更多的天赋秉性，需要更多的积淀，并将学科教学融入自我的生命。诸如做一位语文学科教师便应有语文老师的儒雅风格，做一位数学学科教师便应有数学教师特有的精微气质，更重要的是能在学科教学中培养学生的能力、发展学生的情感。

老师只有深爱自己的学科，并将自己更多的精力投入到学科研究之中，不断提升学科修养，才会成就更好的发展前景。

爱自己所教的学科，是教师人品的试金石。不难想象，一位数学教师不爱所教学科，学生怎能领悟到数学语言的魅力，又怎能感受到逻辑思维日渐严谨缜密所带来的愉悦感呢？一位语文教师不爱所教学科，学生怎能在课堂上品味到唐诗、宋词、元曲深邃的意境、丰富的感情？又怎能掌握语言的多种艺术手法呢？一个教师自己言行不一，待人不诚，学生又怎能把诚信礼让和自身的实际行动结合起来呢？值得我们进一步探讨的是，学科之爱中，往往伴随着更高的要求，它要求通过学科折射出卓越和出类拔萃，通过学科征服世人对其人品的认定。唯有这样，你的形象才会时时透露着出色的光晕。

【现象纪实】

理想因计划的切实而增大实现的胜算，计划因理想的注入而增加了实施的可能。进入第三个五年中的教师，表面上看进入了一个发展的稳定期，值得指出的是，无数人似乎就像那早熟的稻穗，可能因提前成熟导致再无收获的黄金季节。其实，因前期的努力，教学艺术与技巧的成熟并不能代表着最后的卓越，应试成绩并不能证明着什么。忘记了自我的发展，等同于已经忘本。如果雄鹰放弃了努力飞翔的勇气，如果雄鹰害怕疼痛而不去磨砺他的喙，不去忍受楚痛换掉自己的羽毛和爪子，蓝天下又怎能再次展现自己的雄姿呢？

前面的风景很美，却无意或无力到达，实在是一件憾事。没有人能够随随便便成功。如凤凰再生，因为再生是一个痛苦的过程，但为了延长寿命，必须这样做，只有这样才能完成生命的蜕变。职业生涯的第三个五年，似乎已成为一道坎，翻不过去只能陷入山重水复疑无路之困境，只有翻过了才能置身于"柳暗花明又一村"的美好世界。我们发现，进入职场的第三个五年时，依然能见到不少教师努力程度不减当年，他们博览群书学习新的理念、丰富教学相关知识,积极向名师请教关于学科教学的经验和理念,他们研究教学现象,深切关注自己的学科教学。通过储备能量,他们教学的生命树上开出了绚丽的花朵,转而跨入指点他人行动的专家行列。

【经典案例】

窦桂梅的成长经历

窦桂梅,北京清华附小副校长,特级教师,先后被评为全国模范教师,教育系统劳动模范,全国师德标兵,十大杰出教师提名奖等称号。

1982年,15岁的她走出山村,走进吉林师范学校。四年后,她以优异的成绩毕业留校做文书工作。"打杂"五年后,要求岗位更换——1991年,她终于如愿以偿地教上最喜欢的语文。靠"韧"劲学习,几年来,她记下了20多万字的读书笔记、500多万字的文摘卡片。靠"闯"劲实践,她努力把每一节课都当公开课来要求自己。久而久之,课堂教学水平明显提高。1995年和1997年,她先后代表吉林省参加全国小学语文教学大赛,均获一等奖。靠"恒"劲积累,窦桂梅几年来写下了100多万字的教育教学笔记。出版了《为生命奠基》《我们一起成长》《窦桂梅阅读教学实录》等个人专著。

窦桂梅对学科之爱,体现于自觉尝试。从1994年下半年接了一年级五班开始,她在这片"自己的园地"倾注了全部心血,用心经营了六年。凭着全心全力地付出,她认为超越教材,超越教师,超越课堂的过程就是教师和学生超越习惯,超越传统,超越自我体能的、知识的、智慧的极限,从而实现自我审美的过程,自我创造的过程。

【思考】

天道酬勤。今天,完全可以这样说,是小学语文成就了窦桂梅,是窦桂梅对语文学科的无限之爱成就了她自己。

怎样对待心中的学科,决定着我们在第三个五年中生活、工作的状态以及我们所取得的成就。

无数优秀的教师都因深爱学科而人品出众。我们观察发现,这一教师族群普遍具有以下的几个特质:

第一是热爱本学科。如果不热爱本学科,窦桂梅也许一直从事着她的"打杂"业务,不会主动要求从事语文教学,更不会记下了20多万字的读书笔记、500多万字的文摘卡片。古往今来,出色教师的学习都是自觉的。"学无止境。我先天不足,唯有后天勤奋补上!"为了弥补自己没有经过系统科班学习的缺陷,吴正宪给自己约法三章:"要敢于吃别人不愿意吃的苦,要乐于花别人不愿意花的时间,要敢于下别人不愿下的苦功!"他们之所以愿意在自己所任的学科上下苦功,是因为他们热爱这门学科,把教好这门学科当做自己的事业。

第二是能联系实际思考。出色的教师,在顽强、自觉学习的基础上,十分重视思考,几乎全都显著地具有爱思考的品质。正像特级教师于永正所说:"我们的教育需要理性,别让一些非本质因素过多地打扰了教育,比如商业、权威、权力、习惯等——这些已过多地干扰了课堂的方向。理性状态是对教育最好的救助。"教学不是跟着感觉走,唯有理性地思考,才有助于我们爱上自己所任教的学科。

出色教师的思考,有着自己鲜明的特点,多会紧密联系着自己的教学实际。出色教师的思考很少大而无当、无病呻吟、故作深沉。诸如，江苏省特级教师邱学华说，"我深信，教育实践是教育理论的源泉，因而我始终没有离开讲台。我的许多新方法、新思想，都是在教育实践过程中萌发出来的。"苏景泰教授评价道："邱学华在从事教学实践时，从未停止过教学理论研究；同样，他在进行理论探讨时，也从未离开过教学实践岗位。"

通过思考，出色教师对教育理念的理解更为深刻。特级教师、成都市武侯实验中学校长李镇西"视教育为心灵的艺术"。他提出"以人格引领人格，以心灵赢得心灵，以思想点燃思想，以自由呼唤自由，以平等造就平等，以宽容培养宽容"；模范教师、西安市 83 中王西文指出："教育是一个灵魂唤醒另一个灵魂的过程。只有触及到人的灵魂，并引起人的灵魂深处的变革，才是真正的教育。"特级教师、浙江省慈溪中学黄孟轲认为："语文课堂教学的出发点与归结点应该是唤醒：唤醒教师自身精神与人格魅力，唤醒文学所蕴涵的作者的思想与情感，唤醒文本中的生命内涵，唤醒学生的想象力创造力。"特级教师、中国人民大学附小副校长钱守旺主张："课堂上尽可能给学生多一点思考的时间，多一点活动的余地，多一点表现自己的机会，多一点体验成功的愉悦，让学生自始至终参加到知识形成的全过程中。"

出色教师的思考，尤其重视自我反思。特级教师于永正说："保持教育理性状态的前提是群体具有反思能力。而名师就是处于反思的'多震地带'。他们在反思宏观的教育，也在反思教育的细节；他们在反思历史，也在反思现在，尤其总在反思自己。名师是我们教育界反思状态的发动机——他们启发我们，这便是名师的价值。"特级教师、苏州工业园区第二实验小学副校长徐斌说："我的确愿意做一个思考的行者。在实践的土壤里，在审视自己的过程中，不断学习反思，不断完善自我，超越自我。"

第三就是有充满个性的创新。

出色的教师共有的一个突出特点：在实践基础上刻苦地学习与积极地反思，最终实现个性的创新。他们都具有：

独特的个性。特级教师窦桂梅鲜明十足地指出："教师不能没有独特的风格，不能没有鲜明的个性。随波逐流、循规蹈矩是自己成长的最大敌人。我对自己说，人云亦云的尽量不云，老生常谈的尽量不谈，要学会独立思考，而不是跟着'风'跑。对自己的教学，不要考虑完美，要考虑最有特色。"

不断地创新。出色的教师，都善于把日常烦琐的工作和科研、创新融为一体。广州市名师、黄浦区教育局教研室、科研办副主任曲天立，首先提出"问题即课题，教学即研究，成长即成果"的创见；特级教师李镇西"把每一个学生的心灵作为思考、研究、倾听、感受和欣赏的对象"；特级教师、厦门第一中学校长任勇的座右铭是："教育恒久远，创新每一天"。

辩证地思考。充满智慧的辩证思想，往往是源源不断地从那些深入生活、善于独立思考的出色教师头脑里涌现出来。全国杰出教师、浙江新昌中学黄林提出"用熟悉的眼光看待陌生的事物，用陌生的眼光看待熟悉的事物"；劳动模范、湖塘桥实验小学校长庞瑞荣的治校方针是"严格而自由"；广州市名师、黄浦区教育局教研室、科研办副主任曲天立主张"从评选好学校转向评选差学校"；特级教师窦桂梅提出"优点使人可敬，缺点使人可爱"……这些辩证地思考，为他们最终成为专家、学者奠定了坚实的基础。

出色教师是一个极有特点、值得研究的群体，他们是广大教师看得见、摸得着、学得会的榜样。他们不仅引领着广大教师前行，而且随着他们刻苦、执著的学习和思考，他们将创造、发展和丰富并在初步完善着教育理论，他们当中将涌现出一批真正的教育家。

【建议】

在教师最重要的第三个五年中,要想摆脱思维和工作的惯性,朝更高的境界冲击,需要我们对所教学科倾注更多的爱,多付出,多奉献。

一是倾注学科之爱。每个学科都有自己独特的魅力。像语文这门学科,不仅是生活实用工具和交际工具,是艺术殿堂中的明珠,更是滋养生命、陶冶情操不可缺少的手段。有人曾这样谈语文的魅力,语文是炫目的先秦繁星,是皎洁的汉宫秋月;语文是珠落玉盘的琵琶,是高山流水的琴瑟;语文是"推""敲"不定的月下门,是但求一字的数茎须;语文是庄子的逍遥云游,是孔子的颠沛流离;语文是魏王的老骥之志,是诸葛的锦囊妙计;语文是君子好逑的《诗经》,是魂兮归来的《楚辞》;语文是执过羊鞭的《兵法》,是受过宫刑的《史记》;语文是李太白的杯中酒,是曹雪芹的梦中泪;语文是千古绝唱的诗词曲赋,是功垂青史的《四库全书》……

再来说数学。貌似枯燥的数学,其实并不枯燥。揭开它神秘的面纱,原来数学也具有如此多的趣味美、数字美、线条美、简洁美、对称美等。数学的美贯穿了生活的方方面面。全国模范教师张思明认为我们的数学忽视了对学生内动力的培养,忽视了对学生广泛的数学能力和全面的数学文化素养的养成。我们必须要让数学回归生活,让学生了解数学的源和流,从而感受到数学的可亲、可用。对数学教学的反思,促使张思明在不断尝试中进行数学教育改革,从 1993 年起,他开始尝试数学建模、数学课题学习的科研实践和探索。张思明请学生安排期末考试的座位,用计算机随机函数设计全年级的考场,要求每个学生的四周都不是同班同学。学生们经过讨论思考发现,如果班数是素数,蛇形排列就可以满足要求。每年,张思明都要组织学生到大自然中去玩儿。在北京近郊有一条名叫关沟的山谷,张思明把学生带到那里,让他们测量山谷里奇形怪状的大石头的体积、采集中草药,利用数学中的分形知识,找出具有"生物全息现象"的植物……他们体验了游玩的快乐,也培养了解决实际问题的能力。张老师说,"我不企盼每个学生都成为数学家,但如果通过我的教学,使学生养成一种在生活中应用数学去思维的习惯,他们将会受益终生。"在他的引领下,学生们掌握了从生活中发现数学问题的本领,提出并解决了一大批生活中的数学问题。其中学数学建模和数学课题学习的教学模式在全国中学数学教育界引起了极大反响,他的学生先后在全国创新大赛中 6 次获奖,极大地鼓舞了学生学习探究数学的热情。

我们需要反复深刻地认识学科的价值,理性和感性相结合,深化学科教学知识的厚度,打造自己的学科优势,以提升自身的职业内涵和竞争能力。

二是传递学科之爱。教师要善于把自己对学科的爱传递给学生,进而激发他们的学习兴趣,使他们爱上学科学习。托尔斯泰说过:"成功的教学所需要的不是强制,而是激发学生的兴趣。"当学生有了学习的兴趣和欲望后,就能较大程度地提高学习的效率和质量。研究表明,兴趣会促进读者在阅读文本时采取深度加工的策略,对所读内容建立更多的联系,对它进行更多的独立思考。兴趣高的读者还会对所读内容表现出更强的推理能力。

教师传递学科之爱,在于教给学生学习方法。"授之以鱼,不如授之以渔"。成绩不好的学生,大多数是因为没有掌握良好的学习方法。这也是分辨良师和庸师的一个重要标准。学科的学习方法,需要教师提炼、总结、归纳后传授给学生,让学生在应用中掌握,或引导学生在学习的过程中进行归纳时有的放矢,从而总结出属于自己的学习方法。爱学生,就要教会他学习的方法。

三是把学科之爱融入课堂。课堂应是和谐的,师生在共同品味语言、解疑答难、探索未知的世界里感受着学习的乐趣。教师要把自己对学科的爱融入课堂的分分秒秒,要让学生在课堂中能品尝收获的快乐,从而为他们一生的发展奠基。这是第六届"山东省高等学校教学名师"文学院姜振昌教授上课一瞥:2010 年春日的一个上午,东 12 教学楼 202 室里正在进行一场唇枪舌剑的论争。"如果你愿意复古,那别坐轿车重新坐轿子去,关上空调重新扇蒲扇去!"一句话落地,响起一阵轻松的笑声。这并不是某个专家论坛,而是姜振昌的《鲁迅研究》课。"学生是主角,我是正方辩手之一。"在他的课上,甚至是当他正在授课之时,学生只要举手示意,便可就方才某个观点提出自己的看法。"学生的观点可能会欠妥,这都不是问题,重要的是他们敢于表达自己的思想。参与研究的热情有时候比理论基础更重要,我要做的就是创造一个自由的环境。"每当学生发言完毕,他不会作任何好或坏的评价,而总是会说:"我认为……"、"我的观点是……""我比学生年长,并不代表我的观点就是盖棺定论。有时他们的意见能带给我耳目一新的感受。""亲其师,方能信其道",这是姜振昌从教学实践中总结出的最宝贵的经验。他十分推崇苏霍姆林斯基的话:"学生眼里的教师应当是一位聪明、博学、善于思考、热爱知识的人,教师的知识越深湛,视野越宽广,科学素质越全面,他就在更大程度上不仅是一位教师,而且是一位教育者。"融入课堂的学科之爱,能让学生感受到学习和心灵的自由,感受到和谐的课堂氛围,从而乐于参与,乐于收获。

【谨记】高山仰止,景行行止;虽不能至,心向往之。

2. 持续发展(班级之爱)

> 　　一个人不对自己的一生确定一个大致的目标,就不可能有条有理地安排自己的个别行动。
>
> —— 题记

持续发展,是出色教师最鲜明的特点。他们的发展体现出可计划性和可掌控性,至于最终因硕果累累而体现伟大人品,都是努力后汗水所折射的光芒罢了。正如班级之爱,绝对没有一蹴而就的成果,绝对没有单一的成功,多源于教师持续的可控,并相随大量精力与情感的投入,最终使一个班集体都优秀起来,教师的人品也随之升华。

伟大不可能一蹴即至。人品暴发必须经历长时间的积累。作为进入第三个五年之列的教师,除了教学上的超越,便是对学生进行智慧的管理。相信融入其中的老师,便可获得更加丰富的体悟,为第三个五年壮行。只有当一个班集体优秀,教师才会因此而优秀。特别是班级因教师的努力,促成整体养成良好的习惯,得到了持续的发展,教师的人品也才会随着时间的推移而变得伟大。

原规则:爱生,是构建人品的基础。

爱学生,理解学生,引导学生健康、善良、正直、诚实、富有爱心地成长,是每位教师构建职业人品,践行职业道德的基础,也是教师要持续发展必须努力做好的事情。正如鲁迅先生所说:"自己背着因袭的负担,肩往黑暗的闸门,放他们到宽阔光明的地方去;此后幸福的度日,合理的做人。"

教师职业具有特殊性。我们必须明白,班级之爱是教师在第三个五年中,维护自我人品而必须做好的重要事情之一。为了第三个五年计划的实施,我们需要重新认真审视爱生对构建教师人品的重要性,以及如何持续地对学生发展负责。

【现象纪实】

你拿什么证明自己很出色？能力与水平，或是教学百分点？优秀是一个集合体。现实最直接的体现是，教师能长期坚持带着一个学生群体奔向优秀，最后方才确立教师的优秀地位。

事实是，不少进入第三个五年中的教师，在班级管理中投入的精力并不减当年，但在班级管理中并没有新的突破，即以前在班级管理中出现的问题，依旧存在，并没有随时间的推移而解决。这种整体努力而不优秀的现象，确实值得我们反思。

班级之爱，需要有一个行动的高度，这高度往往便是教师自我的人格魅力和对教育深深的爱。但仅有爱是远远不够的。爱，总需要一个合理的注脚。我们发现，因为缺少发展的计划，便出现了只有爱而没有更高人品体现于班级管理之中，自然也就缺少使群体优秀的行动，结果只能是让自我人生不可能在第三个五年中锃亮。

【经典案例】

李镇西的管班之道

"北有魏书生，南有李镇西。"在教育界鲜有不知道李镇西的。他有着16本论著，1000余篇论文，以及22个省市数百场授课、讲演的经历。他1982年2月毕业于四川师范大学中文系，2003年6月苏州大学教育哲学博士毕业。现任成都市武侯实验中学校长。

李镇西老师在语文教学、班级管理等方面都取得了卓越的成就，尤其是班级管理方面。他提出了要以"法治"取代"人治"，"解放班主任和班主任的自我解放"，"童心是师爱之源"，"教育是心灵的艺术，民主是教育的灵魂"……"未来班"的模式演绎着教师的理想主义、浪漫主义情怀，令人向往；他改造后进生万同的故事使无数老师潸然泪下，让很多身处"迷茫"中的教师表示从中找到了方向，看到了未来和希望。

李老师对班级管理倾注了无限的精力。在担任班主任期间，他每天都在记录班级管理日记。2008年他出版的《李镇西和他的学生们》(全四册)，就是他担任高一(3)班至高二(3)班班主任期间所写的日记。在很多人看来既做校长又担任班主任，并且每天记日记，一定需要坚强的毅力来支撑，李老师这样回答："我不觉得需要什么'毅力'，因为这是我本身的需要，而且已经形成了习惯，就像每天刷牙洗脸一样，因为用文字记录自己和学生每一天的成长实在是一件非常有意思的事情！"李老师经常和学生谈心，为他们过生日，通过案例分析学生成长的烦恼，通过书信和同学交流。他认为教育需要一种虔诚的信仰，如果教育者具备了这个情怀，便会享受到更多的教育的幸福。

【思考】

关于人格魅力的作用，从关注多位名师对学生的影响，我们便能发现其神奇之处。李镇西老师所教的班集体整体优秀，是什么在发挥作用？可能有人会说李老师投入了太多的爱，因为有对教育无限的大爱。事实是，我们的班主任大多都是爱自己班级的，爱自己的学生，结果却让人不满意——同样的爱没有在学生身上产生效果，同样的爱并没有给教师以人生的奠基。所以，只有爱，是无法产生好的结果的。让付出得到一个更好的回报，包括从李镇西等名师身上，你便会发现一个共同点，那就是他们能创新的工作。如果我们能够像李老师那样经过30年，甚至更长时间的探索、反复实验和比较研究，就一定能取得大范围、全方位、高质量的育人实践成果和理论成果。

教育者人品发展到一个高度，人格魅力所发挥的作用往往比言行更能产生深远的影响，这也许便是人们常说的自然性影响力，以及它对学生所产生强烈的感召力量。亲其师，信其道，发展为一种自然行为，便是对教师人格魅力的证明。作为进入第三个五年中的教师，原有的管理之道虽为基础，哪怕已有一些先进的管理经验，因其人品之高度还在修炼之中，如若不擅长总结并及时地调整工作，如若不坚守并及时超越，是很难彰显人格魅力，也很难从提升班级整体水平中体悟到人生成长的幸福。

为师，需要持续的发展方能获得更多的幸福。正如与湖北武汉一获得功勋级奖章的班主任谈发展，她直接指出"班级之爱"等同于正确的废话，关键在于行动的落实。北京市特级教师，全国优秀班主任，国务院特殊贡献专家丁榕老师，从教 40 年，做班主任工作 29 年，多次承担国家级、市级重点课题的研究，注意探索班主任工作和班级管理规律，形成了情感育人、科学育人、艺术育人的工作特色，总结了了解学生、开发潜能、完善人格的班主任工作模式，在德育和心理教育方面积累了宝贵的经验。她工作的信条是："只为成功想办法，不为失败找理由。"诚如她说："既然你做了老师，就接受不能改变的、改变能够改变的，要让自己在创业中体会乐业，在乐业中学会敬业，在敬业中学会爱业。这样，作为一位班主任才会感到苦中有乐，乐中施爱，爱中得福。"

我们知道，教育是有层次的，但我们更应该知道，必须支持发展才行。教育的第一个层面是关注人的现实活动；第二个层面就是关注人心；第三个层面是关注人在社会、历史、文化、现实中的生存姿态。种下一颗爱的种子，随着年龄的增长，心中的这棵爱之树苗才会日渐茁壮。总有一天，会葱葱郁郁，支撑起一片蔚蓝的天空，才会成为我们的慰藉。

【建议】

如何对待自己的岗位，魏书生老师说过他的感受：人与岗位，好比是娘与孩子。人家的孩子再好，你再爱，又有什么用？爱也白爱！从利益上来说，活在哪，爱在哪。一定要爱自己脚下这一片生存的土地。由此看来，做一名教师要爱自己的职业，爱自己的学生。既要上好课，还要管理好自己的班级，处理好师生关系。好的课是要用一生去准备的，好的班级是需要用一生来铸造的。于漪老师就是这样做的，她常说："我上了一辈子课，教了一辈子语文，但还是上了一辈子深感遗憾的课。"这是一种永不满足的精神，也是她成功的秘诀！

一是共建一个完美的教室。教室是师生共同的空间，是学生学习、心灵憩息的地方。班主任要通过对教室环境的布置，构造一个良好的、积极向上的、高雅和谐的文化氛围。这个氛围体现了班级的精神风貌和教育的主旨，让学生在潜移默化中受到影响和教育，让他们一走进教室就有强烈的感受，从心灵上接纳这个环境，让教室成为其快乐成长的地方，让他们时时以一种快乐的心境参与到教室里的一切活动中去。

共建完美教室，就是要让教室里的每个孩子穿越课程与岁月，朝向有德性、有情感、有知识、有个性、能审美的方向发展，让他们的生命一天天地丰盈着、成长着，从而和谐地发展着。

教室是什么？"新教育的榜样教师"常丽华曾经说：教室是我们的愿景，是我们想要到达的地方，是决定每一个生命故事是平庸还是精彩的舞台，是我们共同穿越的所有课程的总和，它包含了我们论及教育时所能想到的一切。

同样是一间教室，或者平庸、冷漠，甚至充斥着暴力、专制、欺骗，或者完美、温馨。它对于每个穿越其间的孩子的意义完全不同，对于每个生命成长的意义完全不同，而我们能做的就是,充分发挥教室对学生成长与发展最积极的作用。

雷夫曾经坦诚地说:"第56号教室之所以特别,不是因为它拥有什么,而是因为它缺乏了这样的东西——恐惧。"

日本教育家佐藤学也认为,学校改革的中心在于课堂,真正意义上的教育革命是从一间间教室里萌生出来的。

总而言之,一间完美教室的根本是为了生命的绽放,是为了让人性充满道德的光辉。在完美教室中,道德人格的养成始终是基础性和关键性的。具体来说:

首先,一间教室,应该有自己鲜明的价值追求,有一种基于生命自由的信仰。

其次,一间教室,应该是传统文化习俗与孩子生命天性之间的缓冲带——既是训练场又是庇护所,孩子们既能够体会这些传统又能够有资格对这些传统加以审视与反思。

再次,一间教室,应该以民主的方式生成自己的游戏规则。

然后,一间教室,应该有自己的道德人格系统,以及相关的一些用来理解人性的理论工具,并引导我们去理解整个世界,同时以此指导我们在教室中的共同生活。

二是给学生一个完美的教师。托尔斯泰说过,"如果教师只爱事业,那么他会成为一个好教师。如果教师只像父母那样爱学生,那他会比那种通晓书本,既不爱事业又不爱学生的教师好。如果教师既爱事业又爱学生,那他是一个完美的教师。"

苏霍姆林斯基也说过,"如果每一个学生的痛楚都敲打着你的心扉,让你为此难过,那么就请你勇敢地从事教师这一光荣而圣神的事业吧!"

教师这一职业,既要教书,更要育人。育人是一门艺术,需要我们细心琢磨,苦心经营。教育是一份事业,只有全身心地投入,才会取得意想不到的成果。一个完美的老师,一定是把教育当成自己毕生的事业,他的教学能力可能不是最优秀的,但他的人格,他对教育的爱是毋容置疑的。他会在教学过程中不断探索,不断地反思自己的一言一行,反思每天的工作,也会常常为一节课的失败感到内疚;他还会关心身边每一个孩子的成长,对孩子所犯的错误能以宽容的心态面对。他总是思考"孩子为什么会出现这样的错误?我该怎么帮助他?"

中国近代教育家陶行知说过一句话:你要想当好先生,先要当好学生;你当好学生了,你就当好先生了。当好学生的意思就是说要向学生学,学什么?先要了解他,了解他的内心,知道他在想什么。我们不知道他在想什么我们怎么能教育好他呢。成为完美的教师,重在人格上的修养,学识的修炼。虽然完美有些遥不可及,但只要时时心向往之,将其作为美好的愿景去追求,即使我们最终没达到,但在追求的过程中,我们定会惠及我们的所有学生。

三是给学生一个智慧的老师。教育是需要智慧的,细数国内外的知名教师,哪位没有自己独特的管理经验呢?因循守旧,定势思维是出不了好效果的。任小艾老师的话说得极有道理,"光有责任感做好本职工作还不行,你充其量是一头拉磨的驴,因为你只会低头拉车不会抬头看路。教师还要有使命感,所谓使命感就是站得高看得远。教育是超前性的,你必须想到你今天的学生在未来能否用他的双手撑起中国头顶上这片蓝天。在你今天的教育当中就注入一点未来。这样他才能真正成为未来的人才。"

魏书生也是一位极有智慧的老师。在魏老师的班级,人人都是管理者,人人又都是被管理者,管理因时而动,权力彼此制约,而教师则处在一个驾驭和服务的位置上。"人人有事做,事事有人做",且凡事皆有章可循。魏书生在报告会上强调,学生能干的事班委不干,班委能干的事班长不干,班长能干的事我(指班主任)不干……曾经有学生问他:"您还能做我们的班主任吗?"魏书生说:"为什么不能?"学生说:"我们看您太累了!""那我就请副班主任来管嘛!"学生问:"副班主任在哪?"魏书生说:"就在每位同学的脑子里!"谈话中,魏书生向学生传递了一个信息,这就是,管理对整个教学活动来说是必要的,但管理不是靠老师来约束学生,而是学生在学习活动中的自我约束,在客观效果上,减少了学生对管理的抵触以致对抗的情绪,极大地提高了教育管理的实效。

教师的工作是富有个性化,且极具有创造性的。每个教师的教学方式、管理方式都不尽相同,每个班级的文化内涵都有自己的特色。如果仅仅从知识的传递出发去理解教育,教师只能是一个教书匠的角色;如果从每个学生的成长出发,那么,教师的工作就是在实现着文化的融合、精神的建构,永远充满着研究和创造。进入职业生涯的第三个五年,摆脱平庸,踏入优秀行列的必要之举就是继续努力工作,践行敬业的诺言,塑造明日的辉煌!

【谨记】坚持中有大爱,大爱中有发展,方才能奠定一生的幸福之基。

第二节　笑傲教坛
——加强修炼

面对的是难以改变的现实,我们就只能选择接受。诸如,无数人因故离开教育行业,成了其他行业的领头兵,但无数人留在教育里,则产生倦怠变得更加的消沉。教师群体千千万万,相对于其他行业,其竞争的压力不知要大多少倍,教师生存之困难,教师发展空间的窄小,这是个不争的事实。

群雄逐鹿,你用什么征服于人?我们写这些,并非杞人忧天,也非无病呻吟。严峻的生存环境,正在磨灭着教师的意志,故此我们急需探讨出人头地的捷径。

一个人若没有了自己的梦想,是很可怕的。今日,我们更加地关注不能离开教育而又十分痛苦的人。我们将这一现象纳入第三个五年计划加以论述,不知大家是否发现,如若消沉,你从第三个五年开始便无法再振作,教育于你仿佛入了地狱。如若你选择提升,那么,第三个五年就是你崭新的起点,它会助你从此扬帆远航。

梦想,是人生的支撑,是思想飞翔天空的凭仗,是远行的背囊,是理想的风帆……要想做一名好教师,站稳三尺讲台方是根基。但仅有梦想中努力的目标和方向是不够的,还需加强修炼。你修炼到何种程度,那么,以后所能达到的高度就是何种程度。但愿千万教师,不要消沉下去,从此振作起来,以更加昂扬的斗志去提升、去超越。笔者在此小节中全力倡导的长板发展以及靠近组织,便是再次为您的起航开出的两剂药方,期盼能给你崛起的力量,助你借助东风以笑傲学海,笑傲教坛。

1. 长板发展(专长之爱)

> 人生重在经营,会经营的人生才不会留下遗憾和悔恨。不士气消沉,经营自己的长处,让人生升值;不跪着成长,经营自己的智力,让人生升位;不好高骛远,脚踏实地,让人生升华……期盼天下教师能学会埋头走路,抬头看天。
> ——题记

关于长板发展,笔者已多处提及,但没有像今日这样更加明确地提出为何要着眼于长板发展,何时最适合长板发展,以及怎样进行长板发展?哪怕前面两个五年中没有按照计划前行,没有全力弥补短板而让为人师者的基础依旧不牢(即在前面两个五年中,我们主张先弥补短板后发展短板），进入第三个五年后其秩序便需要巧作调整，长板发展应该处于这阶段的第一位置。

如果前面两个五年，更多的是发展基础短板，那么，在第三个五年中，我们更主张大家着力发展自己的长板。一个"水桶理论"，不知误导过多少人。"水桶理论"指出，一个水桶盛水的多少，取决于最短的那块木板，所以，它其实就是一个关注短板的理论，让众人知道弥补短板的重要性。不难想象，弥补短板或发展长板所产生的效果是大不一样的。

原规则：长板决定出路。成就，往往建立在别人没有的优势上。

第三个五年，是需要给自己证明成功的时期。补短让人增加了底气，发展"长板"方才会提高人生成就的高度。教师的长板发展也是此等道理。发展短板，即人们常说的勤能补拙，它所带来的结果是所有木板一样长，自然，就没特别的长板，所以，也就难以达到发展长板的高度。对于工作了三四十年的教师而言，表面上看，第三个五年之后依然有更多的发展时间，而事实是，只要错过了第三个五年，后面再求得发展的机率不知要少多少倍。进入第三个五年，对照我们的规划，集中精力发展长板，无不是明智之举。如若我们一味地发展自己的短板，你的教育木桶也许完善了，但你却没有什么特色了，自然不会引起他人的关注。加强长板发展，让自我的优势更加突出并脱颖而出，只有这样成功的机会才会更多。

教师的长板发展，需要一个过程，需要五年甚至十年的努力，才会见到成就。其间颇为辛苦，它是一个自我磨砺的成长过程。本小节中，我们重点对如何找到自己的长板、如何发展自己的长板作进一步的探讨。

【现象纪实】

不知大家发现没有，弥补自我的短板，表面来看是缩短了与他人的差距，但因为忘记了努力发展长板，无形间又与其他教师拉开了距离。

一个人在"短板"处求发展，或在"长板"处求发展，是两种不同的人生经营模式，不只是结果截然不同，更在于发展与奋斗的历程不同，个人价值也会有所不同。试想，鸭子是游泳健将，它在赛跑上是弱项；松鼠是攀爬高手，它在滑翔上是白痴；老鹰富有疾飞天赋，它在举重方面不过尔尔……通过"短板"的发展，能够弥补它们先天的不足吗？答案是否定的。人也是这样的啊！刘翔是 110 米栏的飞人，让他去练习跳水，他能取得像郭晶晶一样的成就吗？王皓不再打乒乓球去练习打篮球，他能成为像姚明一样的巨星吗？……

据观察，一位教师在教育思想匮乏时，最无主见，也容易相信和接受偏见。多年来，教育领域里的盲目跟风和追风，常常是一群人影响着另一群人的表现，最可怕的是达到一个时代跟着盲目追随，让民族教育达到不可救药的程度。笔者还发现，当今时代的教育到教师对"木桶理论"的跟风，就近乎达到迷信的程度，不注意发展自己的长板，或者不注意开发自己的长板，致使很多教师的成长再难以达到一个崭新的高度。

【经典案例】

因长板发展方才获得新生

笔者十年磨一剑，只收获一句话：打造优秀，不是对那些"短板"的弥补，而是对"长板"的经营。2009 年，是我收获颇丰的一年：十几本专著、合著出版，多篇文章发表和获得大奖；站上了"教育中国·2009 全国校长峰会"的演讲台；有人甚至称我为"中国教育原规则研究第一人"。因为这些，人们便开始叫我"偏才"、"鬼才"、"怪才"。作为一个真真实实的农村小学的教师，我只想告诉他人，于褒、于贬似乎对我都没有太多、太大的意义，我做出的那点儿小成绩绝非发展"短板"的结果，它是我近10年"一意孤行"，弃传统的"短板"发展而不顾，转向开拓、发展自己的那块"长板"所致。

理想的人生，应是脚踏大地、仰望星空。"水桶理论"最大的问题在于，它明确地告诉人们想要优秀就必须发展"短板"。自我解剖我的"短板"主要有两个：一、书写水平天生就低下，二、普通话极不标准。读书多年，因为两块"短板"对学业的影响，让我在读书旅途中倍受磨砺；走上工作岗位以后，执著的我为了赢得课堂，在这两个方面苦练了6年，让自己有了点滴的提高，但终未达到我满意的程度。感悟自己寻求"短板"发展的历程，品味一路汗水和泪水映射出的艰辛，其中的幸福感和成功感又有多少呢？

非常辛苦的同行们，谁都希望自己成功，但不能因为只顾于埋头奋斗，而忘记了抬头看一看前面的道路。其实，"水桶理论"最大的问题还在于它与时代培养创新型人才的要求格格不入。上苍造人时，还是比较公平的，关闭了一扇门的同时，也会为你开启一扇窗。我也有我的优点——创造性强，发散思维非常优异。在"短板"处耗费了六个年头的我，于1999年的那个寒冬终于释然，重新立志，走上了教育教学的研究之路——把"教育育人、读书育己、写书育世"作为了我的人生目标。这一决定，让我从零开始，苦苦努力，默默钻研，收获也就从那时真正的开始。十年的磨砺，我最大的体会就是：一个人发展方向找对了，"短板"又能影响到哪里呢？没有正确的奋斗方向，于"短板"处哪怕投入了再多的精力与体力，也永远没有立足于"长板"的低投入高回报要来得多。

【思考】

在管理学中，经常运用这样一个比喻来说明限制性因素：一个木桶由许多块木板组成，而组成木桶的这些木板长短不一。那么，这个木桶的最大容量不取决于长的木板，而取决于最短的那块木板。这个短板就是发展的制约因素。这个结论已经过时，它只说对了一方面，而忽视了另一方面，就是长板的优势，让长板更长。

哪怕真做先飞的笨鸟，方向搞错了也只能是劳而无功。"木桶理论"左右了一代或几代人的奋斗方向和发展历程，却没有引起人们的警觉，没有人去追溯其结果的好与差，没有人去质问它到底促使多少人变成了精英，可能这就是"误导"的真正原因吧？

从心理学上看，人爱把自己最好的一面展示给别人。所以，心理学上，人们都是倾向于把我们最优秀的东西表现出来。这里说的最好最优就是我们要谈到的长板优势。

人是通过行为来表现其优点的。个人的成长过程中，从原点出发，要经历一个确立优势、打造品牌的循序渐进的过程。在这个过程中，通过长板的不断确立、发展、提高、变化，从而带动自我全面进步。这是一个动态的过程，应该辩证地看待长板问题。在一个竞争激烈的市场上，不管是谁，想要锥立囊中，突出自己，都要先确立自己的长板（优势），这是你能够被人认可的首要条件。

古代四大美人，他们没有缺陷吗？有！只是她们用自己最美的一面掩饰了缺陷。我们所熟知的音乐才子周杰伦、体育明星姚明、数学家陈景润，他们没有缺点、弱项吗？肯定有！周杰伦之所以是周杰伦，姚明之所以为姚明，陈景润之所以为陈景润，是因为他们发挥了各自的长板优势。对于教师而言，也是如此，要永远关注自身的长板。

凡是敢说要"发挥自己优势"的人，一般而言，都有现存的某项或某几项优势。但是，只发挥现有优势对自我的发展来说是有局限的,只有不断地通过现有优势的发挥和采取其他措施(方法)得到的新优势,才能在竞争中处于上风。这是一方面。另一方面要发挥整体优势。无论是长板还是短板,它们只是整体中的一部分。就教师个体来说,长板不可缺,整体优势也是必不可少的。我们说的这个整体不是简单的部分之和,要想在竞争中取胜,在进入第三个五年中,非得拥有由核心优势与多项附属优势构成的整体优势不可,即获得整体效果大于部分之和的效果。某种意义上来讲,一位教师能胜出,靠的是优势的竞争,是优势质量与数量的竞争,是整体优势的竞争。

着力发展"短板",忽视"长板"的经营,肯定是一种错误,至少反映出教育理论的不健全。于"长板"处求得发展,是一种观念的更新。为了实现跨越式和可持续发展,我们的教师必须学会辩证地看待"短板"与"长板"对一个人发展的影响,而后作出人生正确的抉择。因为发展"短板",还是于"长板"处开拓,它是两种不同的路子,两种不同的信念,两种不同的发展方向,两种不同的拼搏历程,最终会换来两种不同的成就,造就两种不同的人生。但愿明天的我们,在走自己的教育之路时,应专注于"长板"的发展。

【建议】

进入第三个五年,我们的事业进入了一个相对平稳的层面,基本能胜任学校的各项工作。对那些有进取心的老师来说,这个阶段也是难以突破的平原期,也可以说是再次遭遇了人生的十字路口。那么,是重复自己还是突破自己,是选择平庸还是选择优秀,是以什么样的姿态来树立自己的形象,都是我们必须面临的选择。当内外压力一起包裹着我们时,我们该何去何从?选择得当,将直接提升着我们事业发展的高度和速度。

如何找到自己的长板并发展自己的长板?这是我们必须厘清的问题。肯定地说,它与自己所教的学科,与自己的长远发展相联系。在此,我们建议如下:

一是认识自己,确定努力方向。认识自己是一个深奥的哲学问题,也是一个极为现实的问题。希腊戴尔菲城阿波罗神庙的入口处上方,有这样一段著名的铭文:"认识自己!"连动物也在自己的一生中不断地认识着自己。它们借助各种自然物来看清自己的模样,在与其他个体的交往中把握自己在同类中的地位。美国心理学家小盖洛普曾做过这样的测试,他在黑猩猩的笼子里放了一面镜子,当黑猩猩已经适应了家里的这个新摆设后,盖洛普麻醉了它,趁黑猩猩昏迷的时候用唇膏在它的眉毛和耳朵上做了记号。当黑猩猩醒来,偶尔向镜子里那个自己瞥了一眼后,有趣的事情发生了,被涂了花脸的它停了下来,用手去摸自己变了颜色的眉毛和耳朵。这显然说明黑猩猩明白镜子里的那个家伙,就是自己。

认识自己这个问题也伴随着人的一生,人生的每个阶段、每一天都需要努力地认识自己。正确认识自己的外表和体质状况、兴趣爱好及潜力所在。认识自己之后要学会悦纳自己。尺有所短,寸有所长。每个人都有长处和短处,我们要正确地看待自我,坦然地接受并认真审视,合理面对。童话大王郑渊洁读小学的时候,有几门功课成绩非常不好,数学老是不及格。很多人认为郑渊洁将来是他们班最没出息的人。然而,郑渊洁却不这么看自己,他觉得自己还是有许多长处的。比如,自己很富有想象力,一个小茶杯、一把钥匙也能编出一个故事来,自己的作文写得也可以,有时还被老师当成范文读给同学听。既然数学课程学不好,总可以在写作方面发展吧。因此,他坦然接受自己的不足,并着重在自己擅长的方面培养自己。刚开始写童话的时候,他创作了《黑黑在诚实岛》。他把这篇童话寄给了某出版社。过了一段时间,编辑把他的稿件退了回来,并附上了一封信,信上说郑渊洁实在没有写童话的天分,应该多看看文学名著。这位负责的编辑还给郑渊洁列出了一大堆文学读物的名单。出师不利,但郑渊洁并没有对自己的能力产生怀疑。他始终相信自己一定能在童话创作方面做出成绩来。后来,《黑黑在诚实岛》果然受到一些童话编辑们的称赞,并将它发表出来。他终于成功了,还成了著名作家! 由此看来,弥补短处固然重要,长处的优势更要展示出来。如果你的长处还未明显地显露出来,就需要抓紧时间分析比较,找出可能会成为自己的长板的方面,制订目标,逐步发展。这是在教师的第三个五年中非常重要的一个环节。

二是制订目标,稳步前行。有这样一个故事:唐太宗年间,长安城的一个磨坊里,一匹白马和一头黑驴非常要好。有一天,白马被唐玄奘选中,跟随他去西天取经。17 年后,白马凯旋归来看望驴友。老朋友见面,话自然格外多。说起一路上的风险和半生的体验,驴子非常羡慕,吃惊地说:"太神奇了,这么远的路,我想都不敢想。"而白马却说:"其实我们走了差不多的行程。我向西域前进的时候,你也一步没有停止。不同的是,我有一个遥远而清晰的目标,而你却被蒙住了双眼,一直围着磨盘打转。"同样的路程,一个由于有清晰的目标而"闻名天下",一个因为没有目标而"原地踏步"。所以,目标就是指导行动的纲领。

有人做过这样的试验。要求一组人站在墙壁旁用力地向上跳,将其在墙上留下的手印做上记号,再将每个人原先的摸高高度提高 15% 画一条目标线,再试跳一次。结果每一个人都可以超过画在墙上的目标线。这个实验结果告诉我们,一个人有了明确的目标,不但可以激发潜能,更可以使自己在发展中得到满足。

目标分为长期目标、中期目标和近期目标。长期目标可以是一个五年规划,也可以是一个全局的安排。自己的长板,在一个五年中应该能够得到充足地发展。中期目标可以是一年(或一期)的规划,按照习惯养成的 21 天定律,认真实施,也能见到成效。近期目标可以是一周或一月的目标。万事开头难,起始阶段比较艰苦。既要在紧张的工作之余抽出时间发展自己的长板,又要面临发展初期效果不明显的局面。但是,世上无难事,只怕有心人。坚持不懈,持之以恒,朝向地平线的尽头出发,就能见到梦想的曙光。

河南省濮阳县教师进修学校的刘素隔老师,大学时学的是心理专业。参加工作以后,自己学习了心理咨询师课程。经过几年刻苦的学习,刘老师成为了一名优秀的心理咨询师。她现在经常参加培训,为大家做精彩讲座,分享自己的见解。由此,我们不难看出,有了目标就有了达成目标的希望,有了持之以恒的态度和做法,自己的长板就一定会很迅速地发展,我们的人生会因此而精彩万分!

【谨记】差距就是潜力,挖潜没有终点。长板发展势在必行,教育风采相伴而来。

2. 靠近组织(团队之爱)

> 当能从其他地方找到自我生存空间时,方才会对生活满足,给教师职业以补充。
>
> ——题记

在本章中,我们所谈的一些主张,除更多的关注教师在第三个五年规划这一特殊阶段的成长外,还依旧包括《走出困局　做幸福教师》一书中的一些主张,如走出课堂、教研、人脉和发展等困局,方才会获得长足的发展。需要特别指出的是,我们在第二章中谈到超越课堂时,也提到了要构建自我的团队。但它与我们在这里主张的靠近组织,在更多团队组织中施以爱心,是两个不同的层面,内容完全不同。前面所指,更多在于建造属于自我的天空,在进入第二个五年中,关注的主体更多的是自我,最终目的是打造"我的团队"。本小节中的团队指的更多的是一些社会性组织。我们主张,教师要在第三个五年中更加开放,其目的是让自我有更多的生存空间,从而朝向更高的目标发展。

西方有句很著名的谚语:"条条大道通罗马。"意为达到同一目的可以有多种不同的方法和途径,它与成语"殊途同归"有异曲同工之妙。教师第三个五年规划的目标实现,同样可以通过多种途径去获取正能量。所以,提升自我的专业素养,将自我的目标设定在参与一些校外组织,将其规划在第三个五年里并为之付出非常有必要。现实是,靠近很多社会组织,是要凭资历的。并不是每一位教师想加入某一社会组织,便会梦想成真。世界是如此精彩和多元,人们生活与工作的方式也不应是单一的。朝阳的升起与余晖的映照同样光彩夺目,瀑布的奔泻与大海的平静同样是水流存在的方式。作为一名走进职业生涯中第三个五年的教师,要把视野放得远些,要从其他地方找到自我生存的空间和滋养成长的元素。比如,一些教育学会、作家协会、名师工作室、研修论坛等。特别说明一下,如果没有第二个五年的基础,在第三个五年中是很难进入这些组织的。

原规则:学校不是教师唯一的教育组织。

进入第三个五年后,我们对学校,对自己的发展已经有了更多地了解。所以,我们必须清楚,学校并不能给予我们成长的全部,教师的全部价值展示的舞台,并非全在学校。在这多元的社会,促使教师最终走向幸福之路的源头,往往在更多的社会组织里。就像前面小节中主张的那样,发展自己的特长,当特长发展起来后,几乎不可能依旧停留在原有的圈子里。在这个物以类聚的时代,走出学校加盟一些特殊的社会组织,是完全有可能和有必要的。

带给教师幸福的点,更多的是得到社会认可的点。特长发展后加盟一些社会组织,而后以一种饱满的热情为其服务,在彰显其才华的同时,自己也能得到更大范围的成长,从而达到一个更高的层级。肯定地说,这并非是不务正业的体现,但现实情况是这样"不务正业"的教师数量太少。有句话说得好,机会总是留给有准备的头脑。能否另辟蹊径,为自己创造更多的机遇,从而寻到一条成功的捷径,关键在于自己准备得是否充分。

【现象纪实】

以下这些,几乎是不争的事实:

依赖学校而生存,俨然坐在井里,总感觉发展的天空只有井口那么大。这是现实中很多教师的感觉。

出路在哪里?自我感觉没有出路,这已成为进入第三个五年的教师走向消沉最直接的原因。

人的快乐,更多来源于生存空间对他们的接受认可度。那些有长板发展的教师,除了拥有学校这一舞台,其他的社会组织垒起的舞台依旧能悦纳他们。

更残酷的是,往往禁锢在学校的教师,除了处于更弱势的地位,而本可公平拥有的舞台,却往往被别人所占有。

穷困在学校这个点上,视野狭窄,发展空间有限,感觉总无前途可言,消沉自是必然。这是最令人心痛的事情。但我们不得不看到和承认——那些长板发展得非常好的教师,他们总感觉无处不是路,无时无处不发展。

【经典案例】

拐杖的故事

一个瘸腿的人凭借拐杖,走遍万水千山,也因此成了一位举世闻名的旅行家。

年老之际,回顾自己的一生,他情不自禁地抱起拐杖,深情地说:"谢谢你,忠诚的伙伴!如果没有你的扶持,我的一生只会坐井观天!"

拐杖依偎在老人怀里,激动地说:"我也该谢谢你,没有你,我这辈子一定寸步难行!"

命运女神正巧经过,看到这生动的一幕,兴奋地说:"合作让他们的生命充满快乐。"

【反思】

当今的背景下,学校已经不能独立支撑教师发展的舞台。教师走出学校这片天地,加入新的团队,将会获得更加广阔的发展空间。现实中,像老人与拐杖一样的合作关系的建立,已经越来越多了。像老人一样有开放的行动,但却因为自我力量的不足,只能凭借拐杖才能开始游走的教师并不少见。其实,对于进入第三个五年中的教师,找不到自我的出路,没有发展的天空,主要原因在于他没有找到自我发展的拐杖。

成功需要合作。我们主张靠近组织,目的就在于与他人、与更多的人进行有效的合作,在合作中扬长避短,从而形成自我成长的合力,产生更大的成长威力。以执著、进取、激情、不放弃的姿态,积极参加到校外团队或成长共同体,开阔视野,从中获取应有的资源和机遇,全力地发展自我。当我们都从合作中实现双赢时,何谈没有证明自己优秀的成果?

对于相对弱小的教师,可以考虑参加工作室,这是一个不错的选择。工作室一般是指由几个人或一个人建立的组织,形式多种多样,大部分具有公司模式的雏形。许多工作室是为了同一个理想、愿望、利益等而共同努力的集体。工作室的规模一般不大,成员间的利益平等,加入名师工作室,工作室的事务由成员一起讨论、决定,而后各自负责各自应做的事。如此模式,怎么不会实现快速成长呢?

对于日渐丰满的教师,力求加入教育学会便是不错的途径。如,中国教育学会,这是一个全国的群众性学术团体。学会的业务范围:开展群众性教育科学研究,教育教学改革实验和学术交流活动;为教育决策提供科学分析、信息反馈和咨询意见;组织教育科学研究成果和教育教学改革实验成果的鉴定和推广;研究、编写教材,出版学术性书刊。举办基层教育的实验学校开展培训活动;开展业务咨询、政策咨询和法律咨询;组织教育评价活动等。如果有机会参加,你定会从中得到人脉与学识的提升,眼界会必将更加开阔。

一个优秀的社会组织,具有强大的凝聚力和号召力。这是团队成员尽职尽责,肯于付出,勤奋努力的结果。每一位教师都应努力靠近这些组织,争做精神的实践者。

【建议】

每位发展中的教师都需要拐杖,这拐杖就是众多的组织。如郑立平组建"心语"工作室,让他成为民间草根教师优秀代表。当然,需要拐杖者,一切都得靠我们自己主动争取。在此,我们特别建议:

一是寻找适合自己的团队。有一种加拿大雁,本能上就知道合作的价值。科学家曾在风洞实验中发现成群的大雁以 V 字形飞行,比一只大雁单独飞行,能多飞百分之十二的路程。人类也是这样。我们要进步、要成长,应该找到属于自己的团队,在组织中汲取充足的养分,尽快成长起来。目前的教育团队有很多,且都是蓬勃发展、势头良好。2012年7—8期合刊的《师道》杂志,用长篇文字推介了四川谢云老师的"知行社"、厦门段艳霞老师的"青年教师成长共同体"、山东郑立平老师的"心语团队"和常作印、柳文生、王安濮老师的"三剑客工作室"等四个全国教师成长团队的专题。中国教育导航第一站的蟠桃网在中国中小学教师、家长和学生中有90%以上的知名度,70%以上的使用度,50%以上的人设为自己上网首页,80%以上的教师办公室和网络教室设为首页。蟠桃网针对不同人群学习和交流设有教师俱乐部论坛、家长俱乐部论坛、学生俱乐部论坛等。同时建了大量的QQ群,如:全国语文旗舰总群、全国初中旗舰总群、全国班主任旗舰总群等等,这些群有着共同的宗旨、共同的职业、共同的爱好,共同的行动计划等等。群里不泛优秀的教师,加入群组后拓宽了学习交流的渠道,增加了个人知名度,促进了个人的成长。"班主任尖峰论坛"是致力于班主任研究的民间高峰论坛。该论坛自成立之日起,在管理员梅洪建、陈宇、朱红艳等的共同努力下,吸引了国内一流的班主任专家李镇西、陈晓华、万玮、郑学志、宋运来、张曼菱、刘令军、王三阳、王立华、郑立平、黎志新、管宗珍、王爱勤、徐卫、聂亚军、王莉等的强力加盟,并有著名的新锐教育学者、班主任和学校管理专家王益民、生命化教育的研究者袁卫星、教育学人姜广平等倾情指导和参与,国内著名的家庭教育专家、心理学家周煊老师,北京四中教师、心理学家赵立平女士等人,从家庭教育和心理学的角度给班主任工作以帮助与引领。该论坛采取导师领导小组制。由导师手把手指导,核心成员精心组织,成员有序参与相结合,力求成长每个人,成全每个人,并最终为中国的教育事业做出自己的贡献。里根曾说过:"如果不是我们,那是谁? 如果不是现在,那是何时?"该论坛有一套严格的管理制度,督促成员认真学习,论坛成了带给成员教育成长快乐的地方。

　　人的精力是有限的,空余时间是短暂的,所以不是每个组织都有必要参加。同时也不是每个团队都可以让别人加入的,如加入教育学会、作家协会、演讲协会等要求成员达到一定的水平才可以,而且每年交一定的会费;时下红火的名师工作室是让人羡慕的教师成长共同体,但是工作室的人数也是有限制的,让许多人羡慕慨叹。

　　教育在线论坛的"新教育实验网络师范学院"是"新教育教师"汇聚之地、修炼之所,强调文化认同、职业认同,强调专业素养,强调课程创制的意识与能力。我们教师要想加入其中,应该认真阅读如下要求:首先,寻找推荐人,并写入学申请书。其次,注册一个美丽的网名。第三,在教育在线网络师范学院论坛建立个人的主体帖。第四,写一份不少于3000字的个人阅读史。第五,下载并填写入学申请书。第六,将推荐书、入学申请书、申请表、个人阅读史以及清晰的生活照发到网师教务负责老师的邮箱。第七,三天之内(通常一个工作日),会收到回复。若申请获得了批准,可加入相应的课程群,进入相应的课程学习。第八,被批准加入网师,还只是临时学员,不是正式"签约"的网师学员。如果能在网师学习半年以上,经受住了网师课程的考验,就会转为正式学员。正式学员会收到网师教务处寄发的正式合同,填写一份寄回网师教务处,即成为网师的正式学员。

　　以上我们介绍了对教师成长有益的几个团队,其实,在你我的身边还有许多小的团队也是不错的。尽管面临许多的选择,尽管有一些门槛,但是靠近团队、加入组织必须纳入第三个五年计划并着力实施,否则人生将失去更多的快乐和享受。关键是要有目的地寻找,结合自身的实际情况参与进去,切忌贪多。所以,我们要做的是,就是结合自身的特点(特长)、发展方向,去寻找并加入适合自己发展的团队,并完全融入团队,享受团队带来的温暖、激励、成功。

二是茁壮成长。一滴滴水只有融入大海,才能拥有非凡的力量;一颗颗沙粒凝结在一起,才有了伟岸的身躯;单独的个体融入了团队,才具有了拔节生长的生命力。在我们经过若干努力后,突然有一天破土而出,完成量变到质变的跳跃,从而奏响胜利的旋律,绽放美丽的生命。

有这样一则小故事:一位装扮极像魔术师的人,来到一个村庄。疲惫之际,他向迎面而来的妇人说:"我有一颗汤石,如果将他放入烧开的水中,会立刻变出美味的汤来,我现在就煮给大家喝。"这时有人就找了一个大锅子,也有人提了一桶水,并且架上炉子和木材,就在广场煮了起来。这个陌生人很小心地把汤石放入滚烫的锅中,然后用汤匙尝了一口,很兴奋地说:"太美味了,如果再加一点洋葱就更好了。"于是,立刻有人冲回家拿了一把洋葱。陌生人又尝了一口:"太棒了,如果再放些肉片就更香了。"又一个妇人快速回家端了一盘肉来。"再有一些蔬菜就完美无缺了。"陌生人又建议道。在陌生人的指挥下,有人拿了盐,有人拿了酱油,也有人捧了其他材料,当大家一人一碗蹲在那里享用时,他们发现这真是天底下最美味好喝的汤。就像我们群组学习,每个人真心地融入到团队中,令人惊喜的意外就会发生,每个人也会在团队中快速地成长。

丰台二中附属新教育小学学术校长魏智渊老师,他的成长历程给我们展示了在团队中成长的重要性。魏智渊,男,1973 年生,陕西乾县人。新教育研究中心成员,曾用铁皮鼓作网名与笔名。曾就读于陕西省乾县师范学校,毕业于陕西省教育学院。魏老师这样概括自己的职业生涯:在小学、初中、高中教过,教过语文、数学、地理,进过公立、私立、半公半私,乡村、县城、都市均待过,西部、东部、南部辗转过,最差的学生和最好的学生都带过……后师从李镇西老师。2006 年加盟新教育实验,现为新教育实验教师专业发展项目主持人,是教育在线论坛最活跃的版主,新教育实验网络师范学院教务长。目前主要从事教师专业发展课程研究及开发工作,出版作品《语文课》等,在教育类报刊发表文章百余篇。如果不是对教育的热爱而勇于上下求索,魏老师可能至今还在乡村小学教书。如果不是有幸师从李镇西老师,加盟新教育实验,魏老师可能要经历更多挫折和打击。而今,魏老师成功了,他将在丰台二中打造一个学术上无限开放的共同体。

从魏老师的成长案例中不难看出,在教师的第三个五年计划中,拜一位名师,在校外找到并加入适合自己的团队,对事业的成功促进是必不可少的一步。一个人的力量是有限的,团队的力量是无穷的。加入适合自己的教育团队,学会"借力"和"助力"吧,我们的人生才会因此而丰盈、精彩。

【谨记】无数社会组织就是自我前行中的拐杖,我们要敢于并善于找寻到属于自己的"拐杖"。

第三节　登高望远

——突出卓越

登高望远,是我们成功的佐证。但是,我们用什么来证明成功呢? 也许更多的目光会聚焦在结果上,而不会去思考取得成功的过程。其实,影响成功的因素是多方面的,诸如致使成功的平台、促使成功的后台以及给成功之机的前台等。如若进入第三个五年,学术、人品等得到认可,自身修炼也已经达到某个高度,那么,此时对证明自我卓越成果的思考,可谓是当务之急。

卓越需要理由。本小节中,我们再次回归到第一章节中对环境影响的关注。一是教育核心环境,即学校这一教师安身立命的环境。教师必须对学校充满爱的感情,自然,也必须有爱的理由,如拿什么去爱学校,从而因特殊的贡献获得学校的认可。二是对教育大环境的关注,特别是对教师封闭式交往方式的提醒:如何为社会服务能引起更大范围的生存环境的关注,能因更多的社会贡献获得认可等等。

1. 增光添彩(学校之爱)

> 每一位老师都是学校的一份子,只有学校强大,才会有自己的强大。就像一滴水只有融入大海才不会枯竭一样。
> ——题记

作为一名教师,从走进校门的那一刻起,就成为了学校的一员。同时,为教育作贡献也是时代赋予我们族群的使命。我们原本孤独的生命,原本无隽永意义的人生,将因为这种彼此归属而拥有厚重的意义。是教育给了我们第二次生命,我们的付出也让教育有了生命的活力。事实上,增强对学校的爱,又为自己的工作增添动力,从而做出业绩,得到认可,反过来又推动自己工作的开展,促成了自己的成功。

现实生活中,真还没有游离于工作的学校之外而成为优秀的教师。换言之,一位教师想要优秀,离开了学校这片沃土,就失去了根基,而得不到学校最基本的认定,职业生涯的发展会更艰难。也许有人会说,天下难道只有一个可以立足的环境(即学校)? 事实也是如此。当在一个环境中没有得到认定时,换一个环境是最佳的方法,只不过加入另一个新环境,你依旧要得到学校的认定,方会实现让自我优秀的目标。

原规则:贡献,有时等于因你的成绩卓越而给学校增添光彩。

杜威认为:人类本质里最深远的驱动力就是"希望具有重要性"。这句话对众教师都适用。作为老师,不要满足于只成为学校的一员,而要成为最重要的一员。芸芸众生中的我们,无论从个人的发展需求还是社会对教师的期望来看,教师在第三个五年都必须努力成为学校重要的一员,在成为"最重要一员"的过程中提升自己,真正让自我一生因此而富有精、气、神。

进入第三个五年,对于成功的期盼,往往易让人产生悲情。进入教育生涯的第三个五年,每个人都期盼着有一天能脱颖而出;期盼着在事业上能登高望远,有展示自己的卓越与优秀的辉煌一刻;期待着热烈的掌声和激动的泪花……不过,笔者更多的主张是哪怕真有悲情,也须融入豪迈的色彩。

"今天我因学校而自豪,明天学校因我而骄傲",这将是本节中我们所表述的中心话题。进入第三个五年规划之中的教师,为学校贡献力量的最佳捷径,便是立足学校交代的事,而后做出最优秀的成绩。而最好能让自己的工作成为金字招牌,或为学校的发展独当一面,这才是对学校真正的,最真实的爱。

【现象纪实】

这几乎是一个非常普遍的现象:有的老师起早贪黑,拼命工作,心力交瘁。而年终考评时,学校给的分值并不高。其实,只要细心观察就会发现,什么样的教师更能被学校认可。那些能独撑门面,给学校增添光彩的教师,也更能得到成功的光顾。这一部分教师,更多的是那些专长发展特别突出,并将专长转化成教学成果的人。

一所学校，教学不认真只能与落后为伍，工作认真只能说这是成功的基本条件。往往是，工作认真之后，给学校带来的变化之大小，最终决定着学校对这位教师的认同度。即便是对学校校长或中层干部价值认定时，此法则也同样适用。

在此，还需要强调的是，能给学校争光添彩的教师，他们几乎都有同一特质：对学校几乎表达着超越常人的爱，或在本职岗位上，或在某一领域，都能给予奉献和作出突出的贡献。现实情况是，很多教师因对学校奉献与贡献都很少，就像前面所言，虽然在学校里工作，可并没有成为重要的一员，为此无数教师几乎没有获得学校的认定。

【经典故事】

清道夫布里格姆

30年前，布里格姆怀揣着当一名优秀教师的梦想来到著名的剑桥市。那时的他，刚刚大学毕业，对前途憧憬无限。在学术氛围浓厚的剑桥市当一名教师，是他最大的梦想。

但是，初次求职就让他备受打击，当每一所学校的大门都向他关闭的时候，他这才感到自己和这座城市是那么格格不入。

工作没找到，生活陷入困境，布里格姆不得不开始另谋出路。正好，市政部门需要招一些清洁工，任务是保持剑桥市的干净，给游客留一个好印象。于是，布里格姆去报名并马上被录取，当他扛着大大的扫帚站在剑桥市的大街上时，心情无比沮丧。

可是，很快他就热爱上了自己所从事的职业，他觉得做一名清道夫让他可以更好地了解这个城市。清扫的间隙，他常常倾听街边的老者闲聊，聊城市的历史以及许多闻所未闻的秘闻，这些正是游客们想知道但知之者甚少的。第一次向问路的游客介绍剑桥市的历史时，布里格姆还有些结结巴巴，毕竟他不是专业的导游，而且还举着一把大大的扫帚。但是他的介绍引起了游客的兴趣，游客要求布里格姆带着自己到剑桥市的精髓部分去看看。于是，清道夫布里格姆客串了一把导游。随着越来越多的游客知道这个清道夫可以带他们走进剑桥市的灵魂，布里格姆以清道夫的身份，获得了"蓝章导游"的资格，这是这座城市授予他最优秀导游的荣誉。同时，他成了民俗博物馆主席。不久，他还被剑桥大学授予荣誉文学硕士的殊荣。与他一同获得此项殊荣的，还包括微软创办人比尔·盖茨。

布里格姆用事实告诉我们，当理想与现实脱钩时，我们不应刻意去追逐理想，而应该大胆地身处现实中，做好每一件看得见的事，哪怕需要花费很长时间，相信也会得到可喜的回报。生活并不吝啬，只因我们没有正视现实。

【思考】

保持奋发有为的精神状态，以自己的实际行动为学校增光添彩，需要的是智慧、勇气和行动。清道夫布里格姆成功的秘诀在哪里？是他把剑桥大街打扫得更加干净而获得成功的吗？表面上看好像是这样的，事实上却并非如此。其中蕴涵着一些非常简单的道理，我们的教师朋友却并非真正地理解。在笔者看来，作为一位清道夫，工作的认真只能让他找到安身立命之场所，并非是带给他真正成功的原因（可能会有人批判这一观点）。现实的学校里，这样的人为数不少，他们工作也非常的努力，虽然也作出了一些贡献，也不时因勤奋而获得所谓的"优秀教师"、"优秀班主任"等荣誉，但这仍不值得一提，仍旧处于平凡的行列，还没有什么值得别人提及的。

布里格姆的做法是值得天下教师学习的，他以努力工作获得安身立命之基的同时，还在他的工作中多了一只发现的眼睛和一个善于思考的大脑。在清扫的间隙里,他不只与其他人一样只是听听街边的一些老人闲聊,聊城市的历史以及许多闻所未闻的秘闻,而是多加思考秘闻与剑桥游客的需要,客串导游使他成为了特殊的清道夫。试问,整天只知道走路,而不抬头看天的教师朋友们,何以从普通中独立出来?

现实生活中,成功的教师有很多。他们像布里格姆一样,工作中善于发现先机,而后以更大的热情投身在这一点上,通过量的积累和质的嬗变,最终取得特殊的成就,并以此服务于学校,最终获得更高的荣誉。作为一位已经进入第三个五年的教师,选好自我发展的点是非常重要的。只有这样,才有努力拼搏的切入点,也才会赢得登高望远的时机。

现实的情况是,95%的人因没有意识到该如何去做或者做不到布里格姆那样,最终平平淡淡地度过了自己的一生。只有5%的人像故事中的主人公一样热爱自己的职业,创造性地完成工作,最终获得了成功。很多教师工作时,压根没有想到以己之力为学校做贡献,从而使自己向前发展,结果导致了一生平庸。其实,我们只要坚持一个信念:以把工作当做不断追求专业化成长的态度,实实在在地融入学校,融入工作的每一天。那么,就一定会达到自己想到的高度。一个追求优秀与卓越的老师,只有立足岗位找到生长点,才会有自我成长的支点和释疑解困的钥匙,才有足够的动力源促使自己不断地提升自我,通过不断学习与构建,最终才能达成自己的愿景,使自己在学校更有地位。

【建议】

如果你真的通过努力,为学校的发展作出了贡献,自然而然,你便可成为学校的重要一员。这里必须指出,很多教师没有发展的方向,也没有为学校做贡献的想法而想发展,注定只是一个"美丽的传说"。这小节里,必须指出学校之爱最具体的体现就在于让自我成为学校的一块金字招牌,这是第三个五年的努力方向,是必须牢记于心,落实于行动中的。在此建议:

一是多读书,读好书。成功的教师都是喜爱读书的教师,几乎是嗜书如命。关于读书,可能更多的读者没有笔者这样的认识。世间上任何一位著书者,他们无不囊括大脑中所知而付诸笔端,知无不言,言无不尽。如若我们多读书,读好书,很多前瞻性的知识便会掌握。随着知识的增多,实践中更容易滋生灵感,有助于我们擦亮眼睛,为此而发现自我的生长点。

在这里,我们依然需要明白两个概念,即教学业绩与教学成绩之间的区别,知道自我真正的业绩是什么。如果天天着力于教学成绩而不学习,那么,即便随着时间的延伸,也不会因自我阅历的增加而让教学更有亮点,更多的情况往往是会走下坡路。《吕氏春秋·尽数》有云:"流水不腐,户枢不蠹,动也。"多读书,就像流动的水一样,让自我大脑储备的知识不会变腐朽。我们深信,读书对自我的影响是助跑,最终让我们有更多的激情而投入到一个有生命意义的点上,最终让你我有喜人的业绩。学校也会因你我的影响而有发展,同时,学校也会给你我的人生更多的带动与引领。

二是学会反思,坚持反思。教学反思是教师提高个人业务水平的一种有效手段。大凡教育上有成就的老师,都十分重视教学反思。我们也应该加强重视,可以从自身教育实践中反观自己的得失,通过教育案例、教育故事或教育心得等形式来提高教学反思的质量。2011年12月12日,教育部公布的《小学教师专业标准(试行)》及《中学教师专业标准(试行)》中都提出了,教师的专业能力包括反思与发展。反思出现在条例中还是第一次。由此可见,反思的价值得到了大家的普遍认可。

　　我国著名心理学家林崇德,也提出了"优秀教师＝教学过程＋反思"的成长模式。教学反思有自我回顾性反思、信息提示性反思、同行诊断性反思、榜样对比性反思等形式。可以写成教育叙事、自我评价、经验总结、课堂随感、备课启示等。作为一线教师,有大量的一手资料,可以写翔实的教育叙事,这是我们的优势。可是,我们不能仅仅满足于获得经验、堆积经验而不对经验进行深入地思考,那么即使是有"20 年的教学经验,也许只是一年工作的 20 次重复;除非善于从经验反思中吸取教益,否则就不可能有什么改进"。可见,反思不能仅仅停留在教育叙事上,要上升到理论高度,学会在反思中运用理论,这是快速提高自己的一条捷径。

　　写反思贵在坚持。行为心理学中,人们把一个人的新习惯或理念的形成并得以巩固,至少需要 21 天的现象,称之为 21 效应。这是说,一个人的动作或想法,如果重复 21 天就会变成一个习惯性的动作或想法。写教学反思和其他写作不同,需要坚持,从感性的体验到理性的思索,再到规律的总结,都需要相当长的时间。而一旦有了质的变化,就成为了别人眼中的名师了。正如叶澜教授说:"一个教师写一辈子教案难以成为名师,但如果写三年反思则有可能成为名师。"

　　三是花开花落,宠辱不惊。研究表明,教师至少在积累了十年的教学经验,在教室里讲述 10000 个小时的课,在此之前至少当过 15000 个小时的学生之后才有可能发展到专家水平阶段。达到这一水平的老师,见闻广博,能够成功地鼓舞别人,指导别人,充满生机和活力,教学技能十分娴熟,教学过程中可以让学生在不知不觉、潜移默化中学到很多真知。教师的第三个五年是至关重要的阶段。是不是工作时间上达到 10000 个小时或者更多,就可以达到专家级的水平了呢? 答案是否定的。现实中,许多教师工作了一辈子,甘于重复,不思创新,到退休了还是没有突破自己的原有水平。有的老师短短工作几年内,就获得了省市,甚至国家级优质课大奖,各方面成绩斐然。时间只是成功的一个重要条件,融入个人智慧及不懈的奋斗努力才是必要条件。

　　河南省济源市,有一位老师长期在山区教学。他工作勤奋,作文教学方面有独特的做法,很有成效。虽然教学优秀,但一直默默无闻。一个偶然的机会,他遇到"伯乐",对他十分欣赏和认可。从此,各种奖项接踵而至,一发不可收拾,他也获得了诸多荣誉——市级、省级优秀教师、国家优秀班主任等等。若没有伯乐,他可能会默默地工作。若没有自己的潜心钻研,即使有再多的伯乐又能如何? 在患得患失中,为自己考虑得太多,是难以沉下心来,也不会真正有所得。工作中,还需有一份"宠辱不惊,看庭前花开花落;去留无意,望天上云卷云舒"的超然心境。只有真正的立足岗位,为学生的一生发展而努力,才会成为学生生命中最重要的"他人"、学校里重要的一员。

　　【谨记】对学校之爱,有时更需要具体。如果没有特殊的贡献,只能称作普通。

2. 社会认可(成果之爱)

> 在从教的第三个五年(35—45 岁),心理、生理、技艺等最成熟的时期,奉献于学校,但还应主动走出校园,服务于社会,方才会获得他人无法比拟的东西。
> ——题记

　　人的生存通常有两种方式,一是为成就自己而努力工作,一是为服务他人而努力工作。前面所写,可能我们更多的将笔触落脚到第一种方式,因为教师职业常态化的工作,习惯性的做法就是为学生的成长服务,而最终忘记了自我的发展。基于这样的原因,我们特别强调自我强大的重要性。努力工作的同时,必须想法让自我强大,只有强势才不会被成功抛弃。

在这里,我们依旧需要弄明白——我们到底需要什么。美国学识最渊博的哲学家之一杜威认为,人类本质里最深远的内驱力就是"希望具有重要性"。人到底需要什么呢?应该就是被认可,受到他人或组织的重视。在本小节中,我们最终将第三个五年的第六件大事定格在努力获得对属于自我成果的追求,而更重要的便给自我卓越的证明。

原规则:成绩与成果齐飞,师德与师能相长。

桃三杏四梨五年,春花秋月夏杜鹃。成功的每一步,其实都是非常不易的。第三个五年,是教师应该掌握教学主动权的阶段,也是成为学校教学骨干的关键时期。如同植物,经历了破土的艰辛、幼苗拔节时生长的疼痛、含苞时的等待之后,便到了为自己收获的重要时机。在这个阶段,加强自我的管理是一个非常重要的过程。正如农民种地一样,即便种下的秧苗破土而出,若缺少施肥、灌溉、除草与侍弄等管理手段,依然难有一个好的收成。

在这里,需要再次说明,教学成绩与教育教学成果依旧是第三个五年中的追求,只有两者齐飞,方是自我强大的证明。这种强大便会像我们本章第一小节所谈的那样,教学业绩的增强便促进人品的上升,进入第三个五年之中的六个计划,代表着六个努力的方向,它们不会单独而存在,却会相互影响相互促进。关于如何打造自我的成绩和成果,我们将在第5章中全面地进行论述。

【现象纪实】

考察教师的成绩与成果,可能进行一番对比,更容易让人看个真真切切、明明白白。

普通教师的追求,主要是对教学成绩的追求,这种成绩多会是通过一定区域内的排位,希望处于前列,对于成果的诉求更多的体现于获得优秀教师、优秀班主任,或通过职称考核评为更高一级的教师。

卓越教师的追求,成绩的追求主要渴求于对教学过程的把握,希望能在赛课中胜出,赛课层级越高,满意度越高。除此之外,他们更多的追求在于通过做课题,获得上级组织的认定;通过撰写论文、著作等梳理自己的教育理念。从而,获得价值上的认定,通过公开课题、做讲座和作学术报告等,自我展翅。

教师的专业成长,最终取决于教师自身。我们通过对比不难发现,追求的不同,将直接导致人生收获的不同。离开了个人的主动努力,第三个五年的收获计划就无法实现。只有当发展成为教师自主的选择时,才有丰硕的成果可言。

【经典故事】

不能做与不想做

一个父亲和跛脚的儿子站在一幅绘画前,儿子被画上金字塔的雄伟所震撼,他问父亲这是哪里。父亲淡淡地说:"别问了,这是你永远不能到达的地方。"二十年后,已经年老的父亲收到一张照片,背景是和二十年前同样雄伟的金字塔,拄着拐杖的儿子站在金字塔前,笑容灿烂,照片背后写着一行字:"人生不能被保证。"

跛脚的儿子用自己的行动证明:"我能行!"心动不如行动! 当我们憧憬去做某件事情的时候,只要我们有足够的信心,并努力去践行,就一定会有笑容灿烂的那一天!

约翰·库缇斯先生是一个残疾人,并身患癌症,他没有双腿却能潜水,没有双脚却能驾驶汽车,他是诸多体育项目的冠军得主,获得国家二级教练的荣誉。

约翰·库缇斯虽然没有脚,但他走过了比其他人都要长都要艰辛的道路,甚至更远更稳;约翰·库缇斯虽然没有其他人高,但是他达到了许多平凡人都达不到的事业高峰,甚至更优更棒。许多人被他的坚强和不屈不挠的意志所感动,都忍不住好奇地问:你的业绩令人不可思议,你是怎么成功的呢? 约翰·库缇斯回答说:永远别对自己说不可能,想到就努力去做! 正是这种信念,促使了约翰·库缇斯的成功。

【反思】

跛脚的儿子,做了在父亲看来不能做也永远做不到的事,失去双腿的约翰成为多项世界冠军的得主,的确令人深思。面对教育,很多人几乎处于不想做和不能做的生存状态之中。这一部分人眼中只看到了艰辛,所以他们选择了回避和退缩,安于现状。另一部分人却看到了机会和成功,他们不加犹豫地选择了开始。但是开始并不意味着成功,其间还有很大的距离。不过有了开始,才有成功的可能。

教师的日常生活中,有许多我们应该做的事。不是我们没有想到,而是我们没有努力去做。时间一过,就把它忘了。行动的人改变世界,及时行动的人才容易获得成功。有些事,并不是我们不能做,而是我们不想做。只要肯多付出一份心力和时间,我们就会发现,自己实在有许多未曾使用的潜在。

心态决定一切,"想到了就立刻去做",并不是一件难事。只是需要我们明快、果决、有信心。但是,一件事情既然已经开始,是否能够有始有终,则要靠毅力与恒心。许多时候,我们做事情时,开始时往往是凭着一股冲力,做了一阵就觉得厌倦了。加之,做任何工作难免会遭遇困难或外力的干扰。这时,不但兴趣会消失殆尽,信心也没有了,很多工作因此而在中途停顿下来。只有那些能克服中途的障碍并勇往直前者,才是最后获得成功的人。

我们开始做一项工作,需要的是决心与热忱;我们完成一项工作,需要的是恒心与毅力。缺少热忱,工作就无法开始;只有热忱而无恒心与毅力,工作便不能完成。所以,要成功,只有"想到就立刻去做"是不够的,更重要的是"想到就努力去做"。

最近,长春出版社推出了"名师成长丛书"。这些语文名师大都处于基层,都是从教学一线闯过来的。他们成长的十多年,正是课程改革启动与深化的时期。他们的成败得失和课改的命运息息相关。丛书定位在展现"成长"上,最感人的是这些新生代优秀教师回忆各自成长过程的部分。北大温儒敏教授较为欣赏这些教师,他认为这些名师的经历不同,却又有共通之处,主要有这么几个成功的基点:一是他们都很有朝气,有理想,以教师为"志业"。在当今这个浮躁和势利的时代,年轻人都不怎么喜欢谈理想,愿意把当中小学老师作为毕生追求的人也少了很多。而这批优秀教师,几乎全部都以当老师为骄傲,是一种可以充分张扬自己生命意义的"志业"。因为有理想的导引,又能在"志业"中享受成就感,无论教学的路上有多难,他们都始终保持着高昂的斗志。二是他们在实践中敢于大胆摸索,不断进取。他们很多教学经验都来自于实践,具有很强的可操作性,而且有一定的理论观点,决非博取喝彩的花架子。三是他们有明确的专业发展方向,善于学习,不断"充电",主动提高。

【建议】

表面上看,成功是可以模仿和复制的,但每个人的成功(比如,同是县级优秀教师)却有着不同的内涵，彰显着不同的人生历程。遵循优秀教师成长的轨迹，奉献于学校的同时，我们应主动走出校园，服务于社会。唯有如此，才更会获得他人无法比拟的东西。在此，我们建议：

一是确立目标，不断提高。目标犹如黑夜中的明灯，能给人指引前进的方向。古今中外，但凡获得成就者无不具有远大的理想和目标。当有人问起微软全球副总裁李开复的人生目标时，他是这样回答的："人生只有一次，我认为最重要的就是要有最大的影响力，能够帮助自己，帮助家庭，帮助国家，帮助世界，帮助后人，能够让他们的日子过得好，更有效率，能够为他们带来幸福和快乐。"成功大师也指出：你成为什么样的人比你得到什么东西重要得多。同时，我们的目标应该是具体而清晰的，这样才能让我们时时看着目标前进，才能让它指引着我们不断前进。

曾经有人做过这样一个实验：组织了三组人，让他们分别沿着十千米以外的三个村子步行。

第一组的人，他们不知道村庄的名字，也不知道路程有多远，只是被告知跟着向导走就是了。刚走了两三千米，就有人叫苦喊累；走了一半时有人几乎愤怒了，并且抱怨为何要走这么远，何时才能走到；走到一多半时，有人甚至坐在路边不愿走了，越往后走他们的情绪越低。

第二组的人，知道村庄的名字和路段，但路边没有里程碑，他们只能凭着经验估计行程时间和距离。走到一半的时候，大多数人就想知道他们已经走了多远。比较有经验的人说："大概还要走一半的路程。"于是大家又簇拥着向前走，当走到全程的四分之三时，大家情绪低落，疲惫不堪，觉得路程似乎还很长。当有人说"快到了！"，大家精神振作起来，加快了步伐，终于到达终点。

第三组的人，不仅知道村子的名字、路程，而且公路上每一千米就有一块里程碑，人们边走边看里程碑，每缩短一千米大家便有一小阵的快乐。行程中他们用歌声和笑声来消除疲劳，情绪一直很高涨，所以很快就到达了目的地。

这个故事说明：当人们的行动有明确的目标，并且把自己的行动与目标不断加以对照，清楚地知道自己的进行速度和与目标相距的距离时，行动的动机就会得到维持和加强，人就会自觉地克服一切困难，努力达到目标。

二是把握机遇，奉献社会。在教师的第三个五年中，自身的心理、生理、技艺等基本达到了较为成熟的时期，有的人也成为了学校重要的一员。他们工作优秀，师德高尚，也会被社会所认可。所以，在完成本职工作的同时，我们要主动走出校园，服务社会。在这个过程中，我们自会获取他人无法追逐到的东西。

或许，在很多时候，走向社会并获得认同是一个很艰难的过程。因为，社会对教师的期望值很高，我们在学校得到了认可，走向社会却不一定能得到认可。面对此种情形，我们不要灰心丧气，要拿出十二分的诚心，抓住能走向社会这个机遇，凭借自己的智慧和努力，勇敢地亮出自己。即使遭遇百般的困难，也依旧在总结与反思中前行。在这个过程中，我们会一路收获，一路成长。当我们的发展超越了社会的期望值时，我们也就会得到社会的认可。

所以，请给每一个花蕾开花的时间，请给自己一段成长的时间。把挫折当做促进成长的加油站，把思索的痛苦化作奋进的动力，静待花开、果实累累的丰收时刻。在完成自塑，有了丰富的内涵和外延，一定要抓住机遇，走到社会中，勇敢地奉献社会、成就自己、幸福他人，展现自己的卓越，这是人生中何等快乐的一件事啊。

社会需要的是于发展有利的成果。拥有成果之爱，才是得到社会认可最重要的一环。

【谨记】行动是对不可能的否定。有计划，有行动，方才有成绩与成果可言，也方才会得到社会的认可。

第四讲　　出色规划与适时调整

　　有人曾说过,人的一生中,最重要的决定只有三个:坚持做一件事情;为做好这件事制订详细的计划;在实践中及时调整计划。作为教师,面对的学生是在不断变化着的,教育形势也可谓是"风云变幻"。自然,在执行计划的过程中就会有一些无法预料的因素出现,对计划的实施也会有一定的影响。由此看来,人生这三个重要的决定无疑是正确的。如果真要把全书浓缩成一句话,笔者以为,我们与读者朋友探讨的,就是在第三个五年规划前给人生一个重要的决定。

　　生命是一个不可逆转的过程。成长的过程,构成了一个一个的节点。每一个节点,我们都会不可避免地面临一些事情,做出相应的决定也是自然而然的。但是,决定正确与否,还得取决于我们的能力!

　　立于生命的制高点,我们发现,是浑浑噩噩地度过,还是有声有色地成长,离不开正确的思维和执著的行动。

　　本章节中,我们重点对第三个五年规划的调整进行阐释。前面第二章所指的六个规划,以及第三章所指的六个规划,对于任何人而言,在特定的时间里几乎只有一个,十多个规划,是这一个或几个时段的规划,人不能在同一时段同时拥有几个计划。虽然,我们主张每一位读者朋友在某一时段必须实践和实现全部规划。但是,据笔者观察,这些规划虽然不能同时出现,但几乎是可以穿插进行的。如何穿插才更有效地实施计划、落实计划的各项内容?为此,在本书中,我们特地谈谈如何调整这方面的内容。

(一)

　　本章所言,基于教师人生发展的视角,谈对于教师生涯的统筹与创新,尤其是在第三个五年期间,如何突破职业生涯发展的瓶颈。

　　我们教师工作以来追求的是什么?新教育提倡的,过一种幸福而完整的教育生活。自我实现是人生的最高需要。教师的幸福应当出色,但更关键的出色是把握好人生的每个时段,特别是时效性,并以此为幸福着色和奠基。有了丰厚的根基,就会有丰富的内涵,教育生涯的幸福自然就会如约而至。我们所做的是成就别人的事情,但如果因此而让自己的事业沦为下坡路,那可以说是我们做教师最大的悲哀和失败,也是不应该出现的。

(二)

　　规划就像一串数字前的那个"1",实施的过程中必须加强调整,否则积累再多的零也是白费工夫。

　　人生中有职业发展规划,不断调整规划并且积极实施,过程才是充实的,前景才是光明的。

　　规划实施的过程中,不可避免地会暴露出一些问题,如果我们不及时予以调整,不但导致规划不能如期完成,而且还可能引发一系列的问题。所以,加强调整,不仅是帮助个人实现目标,更重要的是有利于个人真正了解自我、认识真我。规划中的调整,实是打破平衡,或是在不平衡中找到新的平衡,从而不断地走向另外一个新的平台,不让自己在一个圈子里转悠。

(三)

教师的平庸,皆因缺少规划调整。试问,我们教师有多少人最终成为英才?为什么有些人一辈子平凡平庸?很多教师并不缺乏规划,也不缺乏翔实而有可操作性的计划,但就因为缺少规划中的调整——就像身体缺少了维生素,当计划实施时遇到阻碍,却不知道跳出来,应时而生,顺时而变,这才让不少教师的人生缺少有力的计划,至少是方向不明确、思路不清晰。

(四)

教师形成并执行自己职业生涯的过程中,"远见"尤为重要。

职业发展规划是有关实现教师职业目标的一整套行动计划,由于这一计划以实际背景为基础、以科学方法为手段、以发展步骤为内容,它往往具有个性化。实施过程中应该及时进行调整,从而以更创新的步伐开展实践活动,只有这样,目标实现的几率才会大大增加。

现实的情况是,不少教师在教育生活中缺乏职业生涯设计的概念和意识,缺乏对职业发展的远见,最终导致迷失了自我。这些教师工作的共同之处就是听从领导安排,以完成所谓的任务为目标,几乎没有自己的追求,态度比较被动;当工作不满意时,往往归因于外部的环境制约,认为自己已经尽了力,没有办法克服困难,能力有限,听之任之。工作没有灵魂,好心办坏事;工作没有中心,摇摆不定;工作没有深度,浮躁功利。总之,还没有上升到个体的个性化发展的层次。

(五)

自我规划的调整,是教师自主成长的必修课。制订教师职业生涯规划,是时代的需要,也是教师专业发展的需要,更是教师自我实现人生幸福的需要。而最重要的是选择一种始终向上的生命姿态。

本章节中,我们将从以下三个方面展开论述。一是夯实计划,主张计划必须体现先进性,必须立于时代最前沿;二是学会及时监测计划,对心态加以调整,特别是进入高原期能迅速找到解决之道;三是加强对计划的调整,倡导能时时位于首席,可通过一些技术或谋略等,为此而调整好计划。

(六)

规划讲究规约性与超越性的统一。好的规划总留有余地,对可能导致的结果有所预计,在实施过程中随时修正,及时掌控,给执行者留有适度的弹性。

实施规划之际,我们既要严格遵循规划既定的步骤和要求,又要根据不断变化的情况及时调整,有所超越,将规划的规约性与超越性有机地结合起来,真正把自己的职业生涯置于理性的思考之上。

第一节 夯实计划

本小节,我们对打造坚固的发展之基(计划)提出两个要求,一是让计划与时俱进,二是加强时时监管,防止计划的滞后和方向偏离。考察每个处于发展状态的人,我们不难发现:

计划,其实就是发展之基。构建教师伟业,几乎也与构建高楼大厦有很多的相似之处。夯实基础,其建筑牢固;基础浮浅,其楼层不会太高,甚至还有倒塌之虞。

前面的章节中,我们具体地列出了六大规划,从意识上给予引导,希望能为朋友们提供正确的发展方向。本节的论述,实为前面章节论述的延伸。只不过,本小节我们主要从监管的角度来引领进入第三个五年计划的教师朋友,如果真正想要构建自己的千秋之厦,除了智慧地拟定计划,还不能缺少夯实基础的具体措施。

1. 与时俱进

> 有效计划,是新时代所需要的计划,必须禁忌出现落后的计划。
>
> ——题记

人,为什么会出现落后?思想僵化、抱残守缺、固步自封,从而导致其行落后,其言落后,处处不能与时俱进,终会导致自我的落后。在第三个五年之中,我们一共提供了六大参考规划,这些都带有鲜明的时代特征。诸如立足学科发展,差不多需要 3—5 年,就会呈现出一些新理念,如若不加强新的实践与学习,对于教学环节、研修内容、教育艺术等,在大胆探索中继承与创新,随着知识结构的老化,最后就会滑入守旧之列。某种程度上说,与时俱进是一种态度,更是一种可贵的品质。一个与时俱进的教师,会随着时间的推移而让其能力素养不断增长,从而在发展中不断超越。这,便是其典型的特征。

原规则:把自己立于前沿,是趋近成熟的标志。

拥有学科之爱、班级之爱、专长之爱、团队之爱、学校之爱和成果之爱等相关规划的教师,他们多有充足的进取心,对自我的要求很高,也有一种时不我待、不进则退的紧迫感,一种深切的忧患意识,一种昂扬向上、奋发有为的精神状态,一种不甘落后、奋起直追的雄心和魄力。我们的教育生涯规划,带有时代性、开放性和创新性,那么,规划调整的意图就在于要让它与教育的新要求同步,具有前瞻性。这样就会始终位于潮流的前列,否则就会落伍,甚至被淘汰。同时,它也昭示和要求教师朋友们具有发展的战略眼光,在分析问题、解决问题时,既要着眼于现实,也要着眼于未来;能避免认识可能因跟不上事物的发展变化而产生偏差,使自我始终在科学理论的指引下,进行卓有成效的教育实践,不断开创事业的新局面。

在此,需要特别说明的是,进行职业规划就要使自己永立不败之地,以至于能有"任凭风吹雨打,稳坐钓鱼台"的实力和气魄。《孙子兵法》有云:"求其上,得其中;求其中,得其下;求其下,必败。"唯把自己定位于教育思想和实践的前沿,方能实现职业规划的初衷,方能在教师的第三个五年中实现自我的卓越与突出。这也是个人成熟的一个标志。人活一世,草木一秋。每个人要善待自己,善待自己的一个重要标志就是给自己一个合理的定位,让自己的才能得以施展。

【现象纪实】

与时俱进的教师,最大的特征在于,因为诸多追求与进步,能让自我始终站在教育改革的潮头,能坚决地转变固有的教育教学旧观念,改变传统陈旧的教学方法,不断学习,与时俱进,做个永远的"新"教师。这样的教师具备四个方面的特点:

一是他们不仅是知识技能的传授者,而且是学生发展的促进者。

二是他们不仅是学生的管理者,而且是学生发展的引导者。

三是他们不仅是学生学习的促进者,而且是教育教学的研究者。

四是他们不仅是课程的建设者,而且是课程的开发者。

对广大教师而言,"与时俱进"是个很时髦的词汇,观念和行动上的细微差别,可能导致结果上的天壤之别。不少教师,容易因循守旧,很大程度上是由自身缺乏职业生涯的规划,不知道自己要做什么,要达到何种程度,从而浑浑噩噩地过日子,上完自己几节课就算完事,得过且过。正如歌曲《不能这样活》中唱道:"迷迷瞪瞪上山,稀里糊涂过河"。当然,也有外部的因素,如信息闭塞、学习的机会少等等。

现实的教师族群中,因为不少教师不能随着时代的变化加强新知识的学习与应用,已经成为教育战线上的落伍者。那种凭一本教案教书几十年,以不变应万变的行为是行不通的。

【经典案例】

李涛的成长历程

李涛,女,1968 年出生,研究生学历,中学高级教师,现为淄博信息工程学校机电专业教师。曾获得山东省教学能手、山东省中等职业教育"百名杰出教师"等荣誉称号。应邀在全省中等职业学校机电类专业教材培训会上做经验介绍。参编《电工电子技术及应用》等多本国家级规划教材,多次参加山东省对口高职升学大纲的修订和命题工作。

不断学习,终身学习,立于教育教学的最前沿,是李老师成功的法宝。随着时间的推移,课讲得越来越多,教材也越来越娴熟,但面对学生和年轻教师期待的目光,内心深处始终潜存着一份紧迫感、危机感。李老师深感自己的知识结构不断陈旧、僵化。所以,教学之余,她积极参加各类教师继续教育学习培训,不断提高教学水平;参加计算机初级、中级、高级培训并考试合格;参加劳动局组织的技能培训,获《高级维修电工》证书;特别是从 1992 年秋到1995 年夏,从 2005 年秋到 2008 年夏,整整 6 年的时间,先后完成了攻读大学本科和攻读硕士学位的艰苦的求学之路。辛勤的汗水换来的是肩上行囊饱满、胸中气概昂扬,教育理论开阔了视野,专业知识丰富了内涵。李老师的成功源于自己对事业的执著追求和对最新信息的把握,始终让自己走在学术的前沿。让自己成为"学者型教师、研究型教师",是李老师教师永葆活力的妙方,由此也成就了李老师的辉煌。

【反思】

与时俱进,其实就是眼光比较全面而长远,发展计划往往需要和现实结合起来,实施动态管理,否则计划便缺乏灵活性,可能导致规划落空。一个不能更改或者不打算更改的规划,是僵死的,是受局限的,也是无生命的! 但是,规划如果做得过细、过于严格,就会束缚住自己的手脚,可能丧失随时到来的种种机会,又会因为规划不切合实际而丧失可操作性。

做一位与时俱进的教师,这是对进入第三个五年的教师在实现计划的过程中提出的第一要求。可喜的是,像李涛老师一样,全身心投入教育教学,总是让自己立于教育的前沿,努力提高自身素养,身体力行地实践着教育新理念,自我的成长也随着人生计划的逐渐实现,以崭新的面孔出现的教师越来越多。现实也是如此,学生的强大,往往是源自教师的强大;学生的弱小,往往是因教师因循守旧所致。笔者非常赞同"教师第一"的观点。有效计划是新时代所需要的计划,必须禁忌出现落后的计划。比如参与新课程改革,就要有敢于立潮头的打算,如此才会出现真正的与时俱进的计划。

围绕与时俱进的要求,调整自我的计划,是一种智慧的体现。值得注意的是,与时俱进的设定,需要一定的条件和环境限制,具有不确定性。在制定规划时,影响规划的因素很多,有的变化因素是可预测的,有的变化因素则难以预测。最初确定的职业生涯目标往往都是比较模糊或抽象的,有时甚至是错误的。因此,随着实践的深入,当初的规划必定会暴露出一些实际问题,这就需要我们及时审视因外在的情境因素所发生的变化,结合实际对规划进行合理地调整或修改,保证规划与时俱进,使我们的发展方向贴近社会,满足教育对教师的要求,实现自我价值的升华。

当前,广大教师在做计划调整时,很少有教师将视野置于时代的前列。殊不知,有效的规划,是和时代节奏相同或提前一拍的。树木生长,一岁一圈年轮;而人的成长,其印痕常常刻在迎接挑战、超越自我的那些事件中,比如参与课题研究、优质课大赛、教师技能大赛等。在这些事件中如能脱颖而出,就会奠定自己在事业上的领先地位。一旦出现了这些代表性的事件,人生的规划就要顺势调整,个人的发展就要随之加速。

在做计划的调整时,教师必须力争做到个体需求与教育需求相统一。虽然每一个规划的主体是教师自己,是教师的自我设计和安排,但既然与职业相关,就意味着规划不可能只属于个人,个体的职业规划必须符合和适应时代和社会的要求,必须尽可能地与所在地区和学校的整体规划协调一致,必须与学生的成长相结合。因此,教师的规划必定具有社会性,它是个体性与社会性的统一。只有正确处理好"个体性"与"社会性"之间的关系,教师的规划才可能是科学而有效的。

此外,在落实规划的过程中,我们还应讲究发展性与现实性的统一。教师的规划必须立足于现实,从教师个人和时代、社会、学校发展的实际出发,但是基于现实并不是止步于现实,规划必须同时具有发展性,能够有效地促进教师的专业发展。因此,规划必须包含职业理想和职业追求,能够提升教师的专业水平、职业效能和人生境界,它应该是理想与现实的结合体。

教师要在积极投身教育改革的浪潮中实现自我。当前,新一轮课程改革深入推进。尤其随着 2011 版新课程标准的颁布,教育改革之势汹涌,每一个身在其中的教师,只有热情洋溢地投身其中,积极融入课改,方可称作一位与时俱进的教师。

正如一教师曾经发出的感叹:"压力不是看别人比自己强多少,而是看到比自己强很多倍的人还在努力拼命。"每个人都必须时时埋头充实自己,及时充电,不然就会老化不前,落伍于时代。不光是学习,生活也是如此。学无止境!作为一名优秀的教师,必须深入学习和领会当前新课程改革下的教学理念,更新教学思路、教学观念,提升教育思想,不断调整自己的职业规划,时刻以最佳的状态、最快的速度完成职业规划,实现生命的拔节。

【建议】

教师对计划的调整达到与时俱进的要求,这是一项能力。因为,对于进入第三个五年的教师而言,随着新课改的深入实施,教师的年龄在增长,教学要求也在不断变化。教师自身的专业发展,如果没有跟上教育发展的步伐,长此以往,将严重影响教师的成长。在此,我们建议:

一是通过反思不断夯实计划。及时调整规划,是教师在自我更新的专业发展历程中,追寻与时俱进的体现。成功的自我发展设计,需要时时审视内外环境的变化,不断对自己的设计进行评估和修订,并及时调整自己的前进步伐。在这一过程中,教师可以针对实施计划中遇到的问题和不足加以反思,并设法改善与补救。通过对每一个步骤与目标实现状况进行相关而及时地评价,对此过程进行及时地审视,从而不时地加以调整与修正。这样才能使计划更贴近自己的发展,从而获得更适切的成长,使发展目标更能有效达成。

二是所有的计划调整,力求体现共识,描绘共同愿景。我们深知,教师发展规划的生命力在于它的务实性,务实的前提是扎根于集体的土壤,而绝非个人英雄主义的"单打独斗"。因此,在"小我"的规划制定之前,首先必须重视"大我"共同愿景的制定。在共同愿景的制定过程中,虽然学校的领导者形成了一定的思路,但制定的主体是教师,教师拥有充分的发言权,在思维碰撞中产生学校发展的定位,并从中寻找学校发展与个人发展的链接点。在学校大的愿景的统领下,力争使个人获得更大的发展空间。

三是寻求专业人士的帮助,给定发展捷径。俗话说:"计划永远赶不上变化。"在影响职业生涯的许多因素难以预料的情况下,要使规划行之有效,就必须在实践的过程中,不断评估和调整规划,及时做好阶段目标的修正、实施措施与行动计划的变更等等,此时获得专业人士的指导,对新的方向尤为重要。诸如,追求前沿,与第一线的人群交流,与名师对话,请专家指点,回过头来看自己,这样就能够站在自己的实践之外,从广阔的视野中审视自己的思想和行为,并对自我发展的背景进行质询,便能准确把握自我现存优势与不足、能力现状、兴趣爱好、需求等,从而及时调整自主发展目标、发展途径、行动方案等。加入名师工作室,参与网络研修,参与 QQ 群研讨活动等都是很好的学习方式。

总之,规划更加科学,执行起来才会更有效。调整规划,就是要不断超越自我,提高自我,使成长始终保持一种动态、开放、持续发展的状态,实现螺旋式发展。教育改革发展的舞台上,有为的空间无限广阔;而在教育实践的广袤原野上,生命的觉醒与成长将是最美的风景。在对规划不断地修改与调整中,为自己竖起一盏照亮明天的灯柱,让它照耀着我们不断走向属于自己的成功与辉煌!

【谨记】计划没体现与时俱进,不良效果更甚于无计划。

2. 加强适时监管

> 成功人士有成功的原则。想要成功,必须为自我设计原则而后坚守。 ——题记

与进入第三个五年计划的教师谈自我监管,其监管更有适时自律的成分。在笔者看来,监管与自律是有区别的:自律,是指在没人现场监督的情况下,通过自己要求自己,变被动为主动,自觉地遵循法度,拿它来约束自己的一言一行;监管,更多的是一个硬性的规定,完成原定目标时,多处于被动的状态。针对人生的远景规划,实现前面六大项中的任何一项,都不是轻松的事,几乎是自律而无法实现的,如若换成自我对自我的强迫,方才能更快地提升自我能力素养。任何人都需要执行力。笔者赞同加强监管,还在于无数教师曾经忘记自我发展,针对更多需要加强弥补的大项规划,更有动力。

前面一小节,我们对促进人生远大规划的方向和力度进行了探讨,在笔者看来,与时俱进俨然是对"走哪一条道"的追述。本小节,我们将对促成计划的策略进行探讨,加强监管其实就是对"怎样走"的探索,即对处于第三个五年之中这一特别时期的教师的规划实施监管策略的探讨。

原规则:不成功的计划往往只因缺少适合的监管原则。

同处于第三个五年这一阶段的教师,他们之前的发展和现有的发展状态都不是一样的。根据自身素养所体现出的不同精神面貌,可将其成长时段划分为低迷期、平常期、上升期和鼎盛期四个阶段。每一位教师只有找到适合自我的监管原则,而后遵循其原则对自我的成长时段进行调整,才可能取得成功。

行动就是力量。学会管理自己的计划，让计划有效执行，努力为自己的计划服务很重要。实现计划，监管自己，让成长更快捷。值得说明的是，这种监管，更多的是一种激情的燃烧。因为缺乏精神的力量，才需要通过自我监管让自己从此拥有理性力量的支撑，从而产生内在的长久的推动力。

【现象纪实】

打开网络，只要输入"教师生涯规划（计划）"关键词，便会看到无数教师朋友撰写的生涯规划。无数规划在制定之时便已落伍，如果再将视角转到其执行方面，就不难看出无数张规划几乎就是一个"形式"罢了。更多的教师朋友在制定规划之初，几乎不会对自我进行解剖，看不清自我的现状，又怎能真正找到适合自我发展的路子？迷迷糊糊的成长，已经成为那些想让自我强大却又不得其愿者的真实写照。

哥白尼说："人的天职在于探索。"探索包括对自身的审视，对客观规律的考察，可以说，自我监管的过程也是一个探索的过程。自我监管其实不是那么容易做到的，因为要抵制诱惑是很难的。第三个五年是教师成长的关键期，这个特殊阶段成为教师优秀至平庸两级分化的关键阶段，不优秀就会变得平庸。在这里，我们更多地关注真心求上进的这部分教师，那些过于贪恋浮华的教师，通常会使计划流产，不知不觉中忘记了对自我规划的监管而迷失自己。

【经典案例】

卢军的成功窍门

卢军是江苏金湖的一位中学教师。刚工作的时候，被分配在一所乡村中学教书。由于教学上缺乏指导，学生的学习状态也出奇的差，他一度陷入深深的苦恼之中，开始怀疑自己选错了道路。除了应付每天的两节课，他就把自己关在房间里睡觉度日。一段时间后，他开始反思自己，应该在专业发展上做文章、下工夫。于是，他与三个大学同伴结成"专业发展共同体"，谈读书、论文学，比谁的课上得更"好玩儿"，甚至经常私下里互换着上不同学科的课程，进行着最初的"专业发展训练"；他默默进行扎扎实实的教学改革和探索，在"素质教育"与"应试教育"中顺利地游走。他所带的班级高考成绩曾经超过了全市最好的中学，他因此被评为"语文学科教学教研先进个人"和省级骨干教师，并在《语文学习》、《语文教学通讯》等报刊上发表教育教学文章80余篇。后来，卢军老师成为苏州大学的访问学者，师从著名的教育家朱永新先生。

面对事业上的低迷期，卢军老师也曾迷茫过，但很快就做了调整，通过不断地积累为以后的发展提供力量的源泉。面对恶劣的工作环境和生活条件，他仍然积蓄着对教育理想的激情，和同事结成"专业发展共同体"。不间断地写作，为他以后拥有美丽的文字奠定了基础，最终成为"朱门弟子"，迎来了事业上的春天。

【反思】

卢军为什么能够成功？源于他处于低迷期，能及时对自己发展的方向进行调整和监管，依旧对自我的人生规划不放弃、不抛弃，最终才展示昂扬的锐气。苏东坡曰："古之成大事者，不唯有超世之才，亦必有坚韧不拔之志。"值得指出的是，在监管的阶段，我们必须以正确的方式对自我的低迷期、平常期、上升期和鼎盛期实施有效地监管，每一个时期，其实都存在特有的管理法则,只有遵守,才可能真正对自我监管成功。

处于低迷期的监管法则,在于积蓄激情迸发的力量。反映在事业状态上,低迷期的教师会感觉工作不顺心,性情烦躁,学习效果不佳,教育教学的成果一般,虽然经过有意识地调整,但是成效不大。处于低迷期其实并不可怕。首先我们必须承认,很多人在事业的发展阶段,都有低迷的精神状态存在。不过,真正的胜利者,都会认真地面对这种低迷的状态,并及时进行监管和调整,让自己能从低迷的状态中很好地走出来。在低迷期积蓄激情迸发的力量,需要教师对待教育有一颗赤子之心。它体现在教师的纯洁、真诚、善良等方面。我们常说,一个人的理想越崇高,生活就越纯粹。身处低迷期,教师要保证理想的单纯崇高,不让它沾染哪怕是一丁点儿的尘埃。赤子之心还需要教师对教育科学保持好奇心,需要教师用求索的心态追求真理。教师的专业化之路,绝非能够轻而易举;伟大的理想,只有经过忘我的斗争和牺牲才能胜利实现。套用马克思的一句话,教育人生就像海洋,只有意志坚强的人,才能到达理想的彼岸。

处于平常期的监管法则,在于适时迸发激情的幅度。这时期的教师朋友,很多时间都是风平浪静,甚至会让人感觉到单调和稍显无聊。在这每一个看似平常的日子里,在每一个"家庭—学校"两点一线的环节中,教师应该调整好激情的幅度,以避免自己变得庸常,或者是激情透支,大起大落。调整教育激情的幅度,是平常期教师的"规定动作",这种动作需要掌握基本的操作要领。首先,教师要分阶段地进行调整。这种调整要结合学情状况、教材系统、教师心理等特点。在某个特定阶段,教师当进退有度,拿捏到位。其次,教师要分类别地去调整。比如,当教师对教学研究兴趣不多时,教师就应当把重心适当地放到教学研究上来,通过研究课堂、研究教学教法、研究授课艺术、管理教育不同的学生,来提高教学效率。当教师在教学研究上激情高昂,把目光放在教学实践上面时,他就应该适当多增加教育理论的滋养,让自己的实践研究更有高度和深度。这样的控制,是对自己激情的保护,也是为上升期的腾飞做各方面的贮备。"高山仰止,景行行止,虽不能至,心向往之。"在平常期,我们常存一颗对教育理想的向往之心,坚信通过自己的努力,一定会达到人生的又一高度。调整激情幅度,我们的教育激情就会像不绝的地火熊熊燃烧,我们也就会活得充实而自得,悠闲而惬意。

牛顿说:"我之所以能看得更远,是因为我站在巨人的肩上。"对于处于上升期的教师而言,自我的监管往往会容易很多,其法则在于提升自己的激情质量。比如,著名特级教师王君,从重庆山村走进重庆外国语学校,事业开始进入上升期,她多次在全国性课堂教学大赛上获奖,但她并没有因此而满足。她每年发表论文几十篇,至今有数十篇被人大复印资料《中学语文教与学》转载,她创立的"青春之语文"教学风格,给语文课堂吹来了清新之风。她依旧没有满足。最近她从几千名竞争者中脱颖而出,进而走进人大附中,开始新的教育征途。不知足,为她提升激情质量提供了动力。

处于鼎盛期的监管,需要注重的法则在于还原生命的内蕴,还原到教育的起点。这个起点就是生命,它包含对生命的尊重,对成长的理解,对人格的提升和对个性的追求。正是在这些丰富内蕴的吸引下,教师的教育激情之花才会永不凋谢,永远绽放!教师的人格尊严才会高高树立,令人敬仰。

【建议】

我们每个教师都可以从休眠状态中醒来,在平常期所进行的调整必须张弛有度;在上升期提升质量,通融便能从容。路漫漫其修远兮,不断探索可以明志,深入探索可以明理。为

此,我们建议:

一是立足自主。人之生活,美好与否,在于自身的努力。想堕落就能很快沉沦下去,想努力上进也能通过奋斗达成。生活中因为有美好事物的诱惑,才激励我们去努力追寻。生活中也有许多诱惑干扰我们成功、影响我们的幸福生活甚至危害我们生命健康,这更需要我们认清其实质,果断地对它们说"不",从而提高自己的控制力,在自己心中筑起一道抵制不良诱惑的坚固长城。不管是正面的因素,还是反面的因素,都需要教师自主把握。教师拥有自我发展规划的主动权,在于全力进行以自我执行、自我督评、自我调节为主的科学规划。在执行规划的过程中,务必保持着修行的决心。倘若一天刚好遇到许多杂事,要确保第二天补回来,要有齐白石老人"不教一日之过"的决心。其实只要有心,可以分分秒秒保持用功。勤奋者纵然琐事再多也会有学习的时间。我们踏踏实实,一步一个脚印,何愁不进步?规划的实施与调整,重要的不是外力的加入,而是自我进行主动地监管,从而保障实施的顺畅和有效。

二是立足高标。高尚的教育信仰,为教师提供强大的力量支持,引导教师在万花筒般的世界中拒绝各种不良诱惑,从而把自己所有的力量集中在教育理想的追求之中,并能从中体验到生命的意义和价值,体验到人生的幸福。在制定和调整规划的过程中,教师要始终做到眼界开阔,境界澄明,自觉借助于教师发展规划为自己加压,以压力促活力,形成更大的专业成长动力。

其实为自己制订计划与原则并不难,难的是在制订计划后缺少强有力的执行保证。教师对自我教育生涯的发展做出适切设计,能使自己不断坚定选择,但如果缺少后期的执行,计划可能只是美丽的泡沫,发展也只能是纸上谈兵,所有的设想最终也只能是过眼烟云。信息瞬息万变、课程改革有序推进,个人的困惑便随之而来。这就要求我们有一个高远而强有力的职业方向,依此来指引我们在艰难的环境里奋起,跟上时代的步伐。若无高远的计划,你我就像一艘没有桨橹的船;即使有了划桨的工具,也是无力地摇橹,决定不了人生的航向。如果没有自我发展设计,最轻柔的风都会把你吹往不正确的方向。教师人格魅力的第一个要素是主动精神。主动精神首先意味着创造性地执行。

三是适时调整。教师有了职业发展规划的监管与指导,在面对各种资源时,可以主动甄别其是否符合自身的发展需要。要及时抓住适合自己发展的资源,充分挖掘资源所带来的发展动力,使潜在的发展可能变为现实的发展成果;大胆放弃不适合的资源,不患得患失,要清醒认识到放弃的价值。从某种意义上讲,这样避免了不必要的浪费,同时也是获得发展机会的一种形式。

中小学教师的发展,要特别注意规划和把握好生活中的每一天。我们要相信:生命的每一个环节都有它的意义和价值。"放弃是一个念头,而永不放弃是一个信念!调整计划是为了更好地落实计划!"从事教育教学工作十多年,虽然我们曾一路抱怨,曾一度怀疑、恐惧,自问为何还要坚持,可最终我都一步一步地走过来,这需要很大的勇气。每天雄心勃勃,对未来充满期待,对生活的失利不沉沦、不气馁,总结之后选择新的行走方式继续前进。不管将来的命运如何,我用行动书写一个事实:我始终没有放弃追逐和探索!

真诚地付出,每一种经历最终都会转化为一笔难能可贵的财富。所以,我们必须坚持原则,坚持计划的完善变通。这种变通和完善也就是要真正做到与时俱进,与时偕行。那么,这种坚持便是灵活的,是活泼的,是有生命的,是可持续的,是趋于完美的!

【谨记】教师监管的关键在于找到自己的"行走方式"。

第二节　监测计划

所谓监测计划,是指对做一个出色的教师这一人生规划实施的过程中进行实时监视,分析实施过程中所产生的现象和状态,采取不断审视的方式来改变前行的轨迹,从而使自己的人生规划得以有效实现,达到理想的目的。

成长过程中,尽管人为因素很重要,但成长更为重要的因素在于拥有自我。强大者,最终都战胜了自我;一些只会呻吟而没有实质行动的人,最终都会碌碌无为。我们立足现实写作此书,期望通过我们的言语,为你在实施生涯规划时从何处监测,监测的方式,以给予更充足的成长勇气和动力。

教育的生命力在于教师的不断成长。一个人只有内心深度地觉醒,才会明白自己身居何处,该向何方,以何种方式前进。唯有如此,才能真正得以成长。生命的成长,在于有理想,有规划,有执行力。教师的内心觉醒,意味着我们永远不能丧失内在的追求,不能丢失生命的活力,任何时候都不要盲目,更不要麻木。教师职业幸福的最终获得,要力戒对外部力量驱使的听之任之,而要深入到个体心灵层面,形成属于自我的幸福尺度和自主的创造、感受、享用幸福的心理图式。

有语曾云:"穷则变,变则通,通则久。"人,有一种比较可怕的状态:就是一直重复,看不到变化。没有变化,就意味着没有希望。日子就会过得没有希望,因而会深陷痛苦、不安中。本小节当中,我们将对失去进取心的教师给予理性批判,希望能适时强化朋友们对自我的监测,让自己朝向正确的方向前行,果断驱除一些负面因素,及时有效地增强计划执行时的动力,走出职业高原期。

1. 死亡的进取心

> 无计划对教育生涯的影响,会导致教师一生无幸福。面对纷纷乱乱的计划,我们更加关注那些促成目的的计划。纵观教师人生受阻的众多因素,但注意力的转移,似乎是影响自我成长的最大症结,从而导致进取心的死亡。
>
> ——题记

在我们的职业生涯里,我们为何有时会像灯烛一样因油尽而陷于黑暗?灯熄灭了,其实是心没有死,只不过是因为油燃尽罢了,并非是濒临苦海,面对绝望。

成长的过程中,尤其是进入第三个五年,我们不可避免地会遭遇到这样那样的问题,但我们不能逃避,只能坚强面对。有副对联说得好:"人间有险皆能越,世上无高不可攀。"面对问题,首要的是我们需调整好精神状态,立足长远,不被一时一事所牵制,不被一时的窘境和麻烦而吓倒,要有"兵来将挡,水来土掩"的勇气和大气。困难就像弹簧,你弱它就强,你强它就弱。我们必须使自己的内心强大起来,充满自信,才有勇气战胜困难,然后思考如何去迎接挑战。正所谓,冰天雪地,方知梅花俊俏;暴风骤雨,更显青松刚毅!

在笔者看来,解决的办法非常简单。进入第三个五年,对计划的调整就如对燃烧的灯盏时时监管一样,在灯油燃尽之前就做好及时添加燃油的准备,使本来会熄灭的灯继续发出耀眼的光芒。对于进入第三个五年的教师而言,有计划也罢,无计划也罢,在笔者看来,只要我们这盏灯依旧存在,依旧具有重新点燃的特质条件,希望就会存在。

原规则：十年教育弃而不开发，是最大的忘本。

即便是希望的火熄灭了，我们及时地重新点燃，其实并非是一件麻烦的事。历经十年的职业生涯后，许多的教师不再有进取之心，以前的教育规划也成了一纸空文。其实，教师十载辛劳的背后，肯定积累了大量的教育资源。只是，长期重复着同样的工作，没有一点儿创新，也就给了自己一个得过且过的借口。这十年，自己虽然无大的作为，但能够坚持、坚守十年，就足以说明其中还有值得自己坚守下去的理由。或许，回首之间，我们总习惯以俯视的姿态来看待自己的过去，感觉那是一个极为渺小的过程，于是便责备自己，轻视自己。

一句话，十年的教育生涯似乎让我们的教育热情的灯油燃尽，如若不再加油，不再将其点燃，真可以说是对自我的极端不负责。加强对自我的监管，哪怕是重新点燃新的计划，从中寻找新的生长点，整理好教育的行囊，再次出发，仍是非常有价值有希望的。所以，在这里，我们便以更昂扬的状态深入探讨现有规划的调整。虽然如此，却不是将一切推倒后重起炉灶，也并非全盘否定地重新开始，而是平稳地过渡，是以前面十年的发展资源为跳板，获得一种新的成长方式。诸如，首先进一步了解自己，人生的发展愿景与实际情况的差别在哪里，这些差别会有什么样的后续影响等等。其次，我们应该分析这种差别产生的原因，然后再决定是否对规划书进行调整。还有，规划的调整应符合我们自身情况，不能人云亦云，更不能看别人如何改我们就怎样改，盲目跟着别人走，或跟着没有成型的懵懂感觉走。规划的调整和规划的制定一样，都具有个性化，只适合本人私有，不是放之四海而皆准的。如果我们不进行属于自己的调整，那不但不能进步和提高，也不会带来成长和发展。这样的规划书，只能成为一纸空文。

【现象纪实】

一个人的失败，所涉及的原因并非是单一的。当然，计划是其中最重要的因素，但除此之外，还有生存环境、个性、秉性、修为、调整等。其实，一切都因自我的人生计划，才决定着人生努力的方向，从而最终使自我的命运发生转变。比如，我们前面读到特级教师王君所写的由乡村走向北京大都市，在工作调动方面苦楚的文章。无独有偶，近来笔者曾在乡下工作的一同事，终于以第一名的成绩实现多年梦想进城工作的夙愿；还有多名大学同学，毕业被分配到了矿区学校，凭着踏实的教学和勤奋的修为创造了可惜的成绩，均被沿海的几所学校高薪聘走。我们与其感叹人生的不公，不如感叹自我的定位不准，甚至曾经判断的失策。

实际的情况是，许多教师朋友刚刚踏入教育行业时定下的职业规划，到进入第三个五年后便逐步消失，一切似乎都已不再按计划进行。加上十年磨一剑未能如愿，心中难免多少有些失落。尤其如今职称评定制度不大完善和合理，不少教师在学校尽管努力教学，可一次次远离晋级的指标，终于无奈地放弃晋级的希望。因此，当经历了十年的教育生涯之后，这些老师就再也没心思钻研业务了，以一种消极的态度来对待工作，他们开始满足于现状，得过且过。

其实，这些教师大多缺乏反省的精神和意识，不管在心态上还是行动上，普遍暴露出浮躁的心态，只因他们不会从自身去找原因。而这原因多在于部分教师的基础不够扎实，尽管工作勤勤恳恳兢兢业业，但因为缺乏钻研精神和创新能力，当然在工作上就不可能取得显著的成绩。也有部分教师确实感到负担重、压力大，被生活磨掉了棱角，被琐事消减了进取的激情。还有一部分教师眼高手低，只会看到同行的评职晋级，而看不到同行的付出和相对自身较多的优点，心理就显得激进和浮躁。同时，专业成长是一个漫长的过程，不可能收到立竿见影的效果，寄希望于在教学中一蹴而就是不可能的。我们要相信，不少名师的成长有着与众不同的天时地利人和，具有不可复制性；我们更要相信，我们的进取之灯不灭，经过岁月的历练，终会等到云开见日出的那一天。

【经典案例】

韩丹学经商

韩丹跟希尔博士学经商。

希尔博士觉得韩丹学得很辛苦。他便告诉韩丹：你呀，这样下去是不行的。韩丹哭丧着脸问：那您说咋办，是我天性愚鲁，还是对你的"绝学"水土不服？

博士叹道：也许是缺乏进取心的缘故。对有些人来说，他们不需要任何东西，仅仅拥有进取心，就会让他们脱颖而出。今天，我就给你传授进取心的心法。

韩丹不明：我如此求成心切，难道还不算有进取心吗？

希尔以智者的口吻对韩丹说：真正的进取心是指主动去做应该做的事情。我们的周围充斥着这种更次等的人。他们不乏有才干者，仅仅因为他们没有进取心，他们便注定被打入次等行列。他们在等人吩咐、安排，直等到打瞌睡，而身边的油瓶倒地，他们也不懂得"主动"起身扶起来。他们整日幻想，幻想有个伯乐降临，或某个亲朋掌权"路过"这里，突然眼睛一亮，大喊一声，说：你怎么被埋没在这里，快来我那里有一个高薪职位在等着你。他们便从此时来运转，快意人生。只是醒来一看，却是黄粱一梦！

——摘自陈近之的《瞧，这个中国人！》

【反思】

人生百态，每个生命都是具体的，又都是各具个性特点的。但，任何人的专业成长都依赖于自身的综合素养，而进取心则是其中最重要的因素之一。韩丹在学习经商之道上非常刻苦，却总提升不了，使得自己始终徘徊在成功的边缘。其实他已经非常努力了，耗费了大量的时间和精力，收效甚微，究其原因，就是因为缺乏持久的进取心，而最终让其灯油燃烧尽了；更重要的是，他更缺少重新点燃希望的举动。

什么叫进取心的死亡，就是不让自我再燃烧希望。我们已有不少教师在三尺讲台上历经了十年的风雨，似乎已经懈怠，自然难以再次拥有那份一往无前、不断创新的进取精神了，这是不争的现实。因此，在个人的专业成长中不再愿意接受新的东西，不再愿意承受风险，他们拥有的只是没有活水注入的一潭水。天长日久，结果教学水平止步不前甚至倒退。跟不上时代的步伐，在教育上乱了节奏。一旦"当一天和尚撞一天钟"的心理状态占据上风时，也就把提高自己的机会拒在了门外。教师唯有再次点燃自己的激情，不断获取新的东西，才能真正地走出困境，走向新生，走向出色。

当前情况下，教师的职业发展不理想的问题，已经引起心理健康界和教育界的共同关注。职业倦怠指的是个体无法应付外界超出个人能量和资源的过度要求，而产生的身心耗竭状态。教师职业倦怠是教师不能顺利应对工作压力时的一种极端反应，是教师在长期压力体验下所产生的情绪、态度和行为的衰竭状态，典型症状是工作满意度低、工作热情和兴趣的丧失以及情感的疏离和冷漠，由此产生了力不从心的感觉。教师体验到职业倦怠之后，容易对学生失去耐心和爱心，对课程准备的充分性降低，对工作的控制感和成就感下降，它侵害教师的职业情感，弱化教师的职业美感，动摇教师的职业信念，对教师自身和学生的发展都会产生显著的消极影响。研究表明，期望值高的教师，成就动机高的教师，比其他人更容易产生职业倦怠;比较敏感的感觉型教师相对于比较冷静的思考型教师,更容易体验到职业倦怠感。

进入第三个五年之后,能否对自我的行为进行有效地监管,是考验自我能否取得成功的标志。问题降临,我们不能逃避,只能选择面对,选择用合适的方式解决。这其中,首要的是保持良好的精神状态。要求我们立足长远,不被一时一事所牵制,不被一时的窘境和麻烦吓倒,而是有"兵来将挡,水来土掩"的勇气。困难就像纸老虎,我们没有理由惧怕它。只有建立强大的内心世界,拥有超强的自信,我们才能有勇气战胜困难。其次是思考如何迎战,思考以一种怎样的姿态去战胜困难。只要做好应对困难的思想准备,来者不拒,何愁会措手不及?

自我的成长是直面生命的事业。生命是用来振作的,成长容不得懈怠,所以,不要空自抱怨,不要借口消极,不要止步不前——曾经的规划已然远逝,一切重新开始都还来得及。其实走过的十年教育人生,即使平淡无奇,也会留下许多精彩。哪怕每天只有极其微小的收获,有了十年的积淀,也会汇聚成河。站在前面十年的路基上,我们肯定会走得更加稳健,我们也一定会重新点燃那盏熄灭的进取之灯。

人宁可为了梦想而忙碌,但不可因为忙碌而遗弃梦想。十年之后,工作学习之余要进行科学的时间管理,转化原来的心境,善于用脑子去工作,不要用身体去工作。即使十年无大的作为,但能坚持十年,就一定拥有许多原始资源。如若依旧忘本而不醒悟,就真的无药可救了。业务熟悉甚至精通之后,不要让自己陷入进去,一定要及时补充新的理念,新的营养,时时进行自我更新。另外,不要在一个圈子里长久地、默默无闻地、机械重复地待下去,否则会陷入泥潭而无法自拔。我们必须调整方向,改变方法,转换心态。一个人也许一辈子都待在一个学校,但是,精神却应该不断更新、生长。这才是我们在成长中真正要做好的事情。

【建议】

在竞争日趋激烈的今天,在发展不断升级的当下,教师要想成为优秀的人才,从教育行业中脱颖而出,赢得一片属于自己的发展天空,就应该拥有前瞻意识,具有危机意识,就应该有不断认识自己、不断挑战自己、不断提高自己的信念。

苏霍姆林斯基说过:"如果你想让教师的劳动能够给教师带来乐趣,使天天上课不至于变成一种单调乏味的义务,那你就应当引导每一位教师走上从事研究的这条幸福的道路上来。"这说明保持进取心的重要性。只有注入油料,重新点燃熄灭的进取之灯,你才可能真正地做一个出色的教师。笔者以为,要在回顾自己走过的教育之路后,再次点燃理想之火炬,必然要认真监测自己将要走过的每一步计划,为自己做一个出色的教师而努力。

一是给燃烧的计划适时添加灯油。监测计划必须先有计划。在教育人生的第三个五年规划里,如何做一个出色的教师便成为监测的内容,这一内容是系统性的、综合性的,这就导致了监测的难度增加。"万丈高楼平地起",只要把握基础,从基础起步,在夯实计划的前提下,拥有独立的精神、细致的工作态度,必将能有效地修正计划,在向着出色教师迈进的路上走得更顺。

教师自我发展设计中,进行自我诊断十分重要。过程监督是必不可少的,因为监督可以发现职业生涯规划中存在的问题,可以考察计划的落实情况,可以有针对性地提出解决方案。只有从监督中诊断出问题,才能找到新的发展支点。作为老师,最可怕的是看不到希望,不断浑浑噩噩的重复着老路,对自己的未来没有控制感。成长必须要有自我设计,且必须经常反思,反思过往,反思现状,因为这本身便是一种自我发展诊断。自我发展诊断,是指教师对自己的发展过程和阶段结果作正反两方面的总结，以寻找发展中的问题。自我诊断能力是教师专业化成长的重要成分，它是教师以预定的职责、素质和效能标准进行内省，检查自己的实际表现和行为，并判定自身症结所在及其发展情况的自我控制、自我管理历程。自我诊断实质上是一种内在激励，教师如果具有较强的自我诊断能力，能自觉地进行自我诊断，将有助于其专业发展，提高其成熟度和内驱力，提高自己的魅力素质和专业形象。

当我们在教育的征途中坚守了十年之后，不论自己现在的成绩怎样，都已经拥有了相应的基础。也许是滥竽充数，但因看得多，感受多，实践多，或多或少会积蓄相应的成长财富。只要你在第三个五年中，不让灯火熄灭，可以说你依然能将自我的计划握于股掌之间，尤其是发掘并利用好人脉资源，借助他人之智或他人之力，为自己的职业生涯赢取成功的砝码。

二是让熄灭的灯火重新点燃。累了，烦了，暂时选择放弃是正常的事，但不是永远放弃。歇一歇，静一下心，重新扬起事业的风帆！当我们的计划执行遭受挫折时，当我们发展的脚步暂时趋于平缓时，我们该反思什么，作哪些调整？想一想当年工作之初的激情，而今怎会荡然无存？发现自己的问题是为了改变现状，这就要求我们以饱满的激情去克服瓶颈，并以此为出发点，进行必要地规划调整。重要的是为自己找出路，为自己找到努力的方向。

教师职业充满创造性，教师的主观幸福感更多地来自于最高层次的需要，属于马斯洛的层次需要理论中的自我实现的需要。古今中外，多少成功的教育家，他们不仅有着自己的教育理想，更有坚持行走的姿态。不管身后的脚印是深是浅，他们会持之以恒地一步步走出生命的新高度，散发出日益灿烂的光辉，辐射那些走近他们的人，更给学生带去光亮和温暖。这种孜孜以求的精神，是值得我们学习和借鉴的。

能够改变我们命运的，只有我们自己！当职业发展之灯熄灭时，是安于现状，原地打转，还是重新点燃，选择成长，以饱满的热情行走在专业发展的道路上？这是每个人必须面对的问题。有的人一直在为他的未来谋划，在生涯设计中不断更新他的生活，终身学习，随时进步。有的人没有设计，不加追求，他永远落于别人背后或盲目从众或原地踏步，最终都会因为倒退被时代之浪所淘汰。对于发展的追问，必须来自于教师的灵魂深处，来自于对教师立身之本的审视与思考，而更重要的是要为自己找出路，为自己找到努力的方向。只有唤起教师的自我生命意识、提升教师的自我思考意识、激发教师的自我发展意识，才能使教师的职业生命发展拥有不竭的内驱力。点燃熄灭的灯火，点燃发展的激情。

三是给自我计划执行以更多的条件。进取之心不是一朝一夕可以铸就的，在我们坚守的岁月中，不可避免地会遇到许多精彩瞬间，也不可避免地会遇到很多困难。那么，在我们的进取心逐渐消失时，我们一定要咬牙坚持。即使进入了人生的高原期，也要挺一挺，因为教育人生中，坚持就是胜利，唯有走出山重水复之路，才能进入柳暗花明之境。

当我们进入教育人生的第三个五年计划时，不管境况如何，一切都可以重新开始。因为我们锁定了前面十年的发展资源，有了相应的基础，成功就多了些胜算。教师生命的发展，既需要外在条件的支持，更需要内在自我意识的唤醒。成就事业的根本是人的理想信念，形成什么样的理想信念，就会形成什么样的事业。理想是火，能点燃进取之心，点燃内心的生命之火，为着理想而努力，实现自我的生命意义和价值，这才是教师发展的内源。每一个具有信仰的人，一定是个内心自由、心灵幸福、生命丰富的人。教育可以唤醒、激发、发展和成就的，不仅是学生的生命，同时也可以是教师自身的生命！教师应该能够充分感受到，教育并非牺牲，而是享受；教育并非重复，而是创造；教育并非谋生手段，而是生活本身。不懈的工作态度，取决于尽职尽责、勤勤恳恳、永不放弃。发展中还有一个必不可少的条件是拥有强烈的使命感。因为使命感能促使我们树立远大的理想和信念，让我们满怀热情地投入工作,努力进取,抛却一切懈怠与抱怨,淡泊一切名利,远离纷争与浮躁,精心地对待工作的每一天、每一个细节,从而充分享受到工作的快乐!

【谨记】教师的进取,需要激发内在的生命价值和生命的活力,这是动力之源。因为内在动力有了,我们才会激情四溢,才会乐此不疲,才会感受快乐,才会享受专业成长的幸福,成就自我角色的丰满与充盈。

2. 遇见高原期

> 如果你隐藏困惑,那你隐藏的不单单是困惑,还有你的发展,你的计划,你的创新,以及你的突破。
>
> ——题记

何谓高原期?有人形象打了一个比方:高原期就是练习曲线中出现的某一时期练习成绩不随练习次数提高的停滞现象。对于我们教师而言,也许大家并没有在意这一词语,现实情况是,如此的现象早已在我们身上发生过,如此的感觉大家几乎都不陌生。有关专业人士研究发现,工龄在五年之内的新教师,其教龄与教学效果往往是成正比的,并且曲线呈上升趋势;在随后的第二个五年间,其教学效果呈停滞状态,特别是教学十年之后,甚至是下降状态。这就是教师的高原期反应。

教师处于"高原期",就像庄稼差最后一茬肥料,需要再努力一把。关于高原期,笔者更直接的感受便是,就像爬楼梯一样,虽然努力,总感觉因力度不够,难以再登上更高的另一个台阶。我们曾在另一本书中专门论述"高原期就是困局",再次提及的一个更大原因在于,我们担心进入第三个五年中的教师难以有效地执行计划。在此,我们所指向的更多的是对突破高原期的探讨。我们将结合本书论述的计划,给朋友们一针见血地指出,高原期有时是一种假象,就像浓雾笼罩下的高山,浓雾散去,高山自会显露。高原期相对于某人来说可能时间较长,但只要进取心不灭,坚持不懈,努力攻克难关,不日就会迎来另一番新天地。当然,倘若有人真是感觉自我的教育心智已死,或进取心已死而一味地苟且偷安,谁也拯救不了他。我们也只能替他感到深深的遗憾而爱莫能助!

原规则:高原期是缺乏竞争的体现。

专业发展的成长期和成熟期内,教师会不同程度地出现"高原现象"。在教师理论与实践相结合的过程中和突破自我形成教育智慧及教育艺术的过程中,都会出现"高原现象"。高原期的特征在于,它是人生旅途中最感到不适的"高原反应",是事业巅峰时期的"停车转向",也是人的主观愿望和客观现实不符所产生的严重"时差"。

进入第三个五年,我们所执行的生涯计划(包括前面第三章中我们指出的六个规划),其实最终都归为一个点,即自我的专业素养是否强大。笔者曾经翻阅过无数有关高原期的资料,其中很多的建议和意见,都没让笔者感动,因为它不能真正给解决问题助力。写作本小节,笔者结合人生经历反复斟酌,终于大彻大悟,得出了结论——走不出高原期的真正原因就在于:我们丢失了自己,没有对自己进行合理地规划。

【现象纪实】

在教师队伍中,有这样一个重要的群体,这些教师往往是中小学的教学、管理、教育科研的中坚力量,他们都承担着学校重要的工作任务,用老师们自己的比喻是"顶梁柱"、"脸面"、"招牌",抑或是"苦力骨干"。这些教师中可能有大部分从未参加过任何级别的骨干教师培训,也大多无缘于各种资格认定,但确实在自己的学校中兢兢业业地工作着,发挥着不可忽视的支架作用。但进入教师发展的第三个五年后,这些教师中很多人成长相对平寂、止步不前,甚至出现倒退,于是领导便抱怨:"学校有很多教师原来都是很不错的,为什么这些教师现在不但没有进步,反而后退了呢?"其实,是这些教师职业发展进入了"高原期"。

【经典案例】

新龟兔赛跑

话说龟兔经过第一轮赛跑后,兔子大为恼火——"我堂堂一个赛跑高手,竟然输给那个爬行慢得跟蜗牛似的乌龟!"于是,他和乌龟联系,决定重新比赛一次。经过刻苦训练,比赛过程中兔子远远地把乌龟甩在身后。遇到大树再也没敢睡觉,它以绝对的优势赢得了这场比赛。

赛后,乌龟纳闷,为什么路线都是由兔子决定?于是他决定让老牛伯伯重新组织一场比赛,这次既有水路,又有陆路。乌龟开始了科学的训练,可兔子想"我的速度已经达到极限,只要中途不睡觉还怕赢不了乌龟?"于是它便悠闲自得,放弃了水路的训练。比赛开始了,陆路上兔子遥遥领先,可水路大犯难了。只见乌龟一步一个脚印,爬完陆路"扑通"一声下水,欢快地游到了对岸,这次乌龟又赢了。

【反思】

乌龟和兔子赛跑,在很多人看来根本没有可比性。但乌龟为什么连续两次赢了自称短跑冠军的兔子呢?新龟兔赛跑的故事,其实进一步让我们看到了计划的可监测——我们为什么总是失败,只因为缺少对计划的把控,缺少对成功的监测,缺少对监测后的实质性的行动。

兔子具有极强的赛跑天赋,为何接连失败?从故事中我们不难发现,对于陆上赛跑,兔子经过训练已经达到了不管怎样训练成绩都没有突破的事实,心理学上称之为"高原现象"。教师的教学工作作为一项长期复杂的活动,同样存在着某一个阶段内停滞不前的现象,我们称之为"教师职业的高原期"。

"高原期"的实质是,教师朋友们没有充分认识到计划的竞争性,虽然希望成功,但是让成功的条件总是游离不定。处在"高原期"的教师,似乎专业发展的思路已经不复存在,专业发展停滞不前,就像登高,很难再上一个台阶,找不到前进的动力,极大地影响着教师专业发展。对"高原期"现象的认识不足,应对和处理策略不当,这是造成教师工作难以取得突破的主要原因。我们要及时地围绕计划的竞争特性,适当调整规划,以尽快摆脱高原期的束缚。

首先,我们应分析高原现象出现的内因。外界社会环境和同事间的相互竞争,这些客观因素是我们凭靠一己之力无法改变的。唯一能够改变的只是我们自己,教师专业成长的内部动机是任何外部因素都无法取代的。内部动因改良了,外部不良的因素就能够克服或转化。

教师自身的人格缺陷,是教师产生"高原现象"的内因。这就是为何有的教师在成长中很少出现"高原现象",而有的教师却频繁出现"高原现象"的原因所在。这与教师的人格特征结构有关,有些教师存在着怯懦、自卑、优柔寡断、疏于开拓、钻牛角尖等不良人格特征,当他们面临压力、困难和挫折时,往往不能以正确的心态和方法去应对,最终导致心理障碍和"高原现象"的出现。

随着时间的推移，教师往往自认为已熟练掌握了一些基本原理，形成了一套较为成熟的解决问题的基本技能，产生了自我满足的思想，不愿再花更多的精力去进行新知识和新方法的思考与探索，缺乏进一步提高的内在需求和动力。另外，取得一定成绩后，滋生自满情绪，导致刻苦程度的降低，也会造成学习的停滞现象。所以，消极的情绪、兴趣、意志等心理是产生"高原现象"的重要原因。

归因内容的不同，决定了解决问题方法的不同。如果教师把原因归结为缺乏努力，为了改变现状，就会积极寻求解决问题的途径，乐于付出更多的努力，通过学习、反思和参观、考察，消除障碍，就会突破"高原现象"。如果教师把产生"高原现象"的原因归结为自己不具备成为名师的能力，就会产生强烈的自卑情结，对工作和学生就会表现出前所未有的冷漠，进而失去发展的信心和动力，"高原现象"就会持续较长时间，甚至被"高原现象"永远禁锢，从此消沉下去。

因此，要突破高原期的束缚，最重要的是教师要有竞争意识，逆水行舟，不进则退。要有追求卓越的强烈愿望和自我成长的自觉意识。而拥有这样的意识，教师就必须做自己进步与发展的主人和创造者，其中最根本的因素是教师进行自主实践和调适活动。只有具备追求卓越的强烈愿望，教师才会把终身学习当成一种生存理念，从而自觉充实知识，提高技能；才会直面挫折，战胜困难。追求自我成长的教师，会对自己的生命状态有清醒地认识，理性对待自己所处的发展阶段，自觉观察自己、分析自己和学生，从而主动地适应课程的安排，有效地传递知识和能动地提高学生的素养。同时，还会在工作中实现文化的融合和精神的建构。更重要的是，能在实践中检验和发展教育理论，享受教学研究的成功和乐趣，在创造中体验教师的职业尊严。这些内部动机，无疑会为教师突破"高原现象"提供强大的内驱力。

【建议】

一是理性内化心志。教师首先必须清楚地认识到："高原现象"是教师专业发展过程中普遍存在的一种现象，是无法回避的，只有富有竞争意识，才能有新的突破，也才能减少"高原现象"出现的频率。一个人所掌握的各种技能，不可能达到绝对的极限，因此，进一步提高的潜力和升值的空间是很大的。之所以存在很多教师专业发展在某一时刻停滞不前的现象，主要是由于研究方向和研究方法出现了偏差。当教师职业发展进入"高原期"，我们必须进一步激发自我发展的热情和信心，调整自我发展动机，努力克服"高原现象"带来的挫折感、自卑感。在困难和挫折面前，唯有不气馁，不退缩，知难而进，才能攻克前进中的"高原"堡垒。

高原期，实为耕耘期。高原期的到来，说明我们是在走上坡路。教师要想突破这种"高原现象"，就要加快专业成长的步伐，尽快找到理论与实践的结合点，实现其有效融合。这时，反思性教学与教师的继续教育就显得尤为重要。这是两条最有效的教师自我发展策略。只有通过系统的反思和持续的学习，才能抓住薄弱点，把握关键，突破"高原现象"，实现理论与实践的融合，使自己逐渐成熟起来，成为准专家型教师，为进一步成为专家型教师打下基础。"高原现象"就是这个过程中的提升和升华，是由量变到质变之前的一个过程。

二是对症下药。竞争中取胜，这是现代社会生涯规划的集中体现，而对症下药最好的办法就是找到取胜的法宝。造成"高原现象"的原因千差万别，唯有找到正确的原因，才能有效地应对。有的教师可能是因为知识不足、知识结构不合理、理论与实际联系不够充分；有的教师可能是因为付出的努力不够；有的可能是因为缺乏敬业精神；有的可能是因为缺乏对教育、教学的实践性反思；有的可能是因为压力过大。当专业发展过程中出现"高原现象"，教师应保持清醒的头脑,根据自身情况,找到产生"高原现象"的原因和症结,并作出针对性地调整。这就好比龟兔赛跑中兔子也需要培养在水路行进的技能一样,只有多一条腿走路,教师的发展才不会像沉寂的死水一样毫无生机。

学会走出"高原期",是做人做事的一门必修课。"高原现象"不能及时消除,就会加剧教师浮躁心理的发生、发展,甚至会动摇教师的职业信念,影响到教师的终身发展。站在系统的高度来看问题,是防止出现"高原现象"的根本方法。在自我设计各个阶段的专业发展计划时,教师要预见到"高原现象"的发生,有具体的应对措施和心理准备。至于第三个五年规划,我们必须善于另辟人生蹊径,再度拓展事业空间,例如把专业发展的过程尽可能设计得丰富多彩,避免出现疲劳现象,尤其是要设计一些发表论文、撰写专著、成果获奖等富有激励性的阶段性目标,为自己注入新的前进动力。

三是善于扬长避短。一些处于停滞和退缩阶段的教师,常常陷入自己的狭隘经验和习惯行为中不能自拔,对他人的思想和观点也会视而不见。久而久之,就会对教学生活厌倦,教师职业生命发展趋于缓慢和停顿,业务上会出现停滞不前的现象,仿佛水平已到极限,再努力也无济于事,怎么也达不到预期的目标,如同登山时的高原缺氧反应一样疲惫不堪,心理上产生一种极度厌倦的烦躁。只有突破"高原现象"后,前面才会是一片广阔的天地!

凸显监管的效能,在竞争中取胜最重要的体现,就在于对整个环境的全面分析与掌控。教师在专业发展的策略上,始终需要注意两点:一是在每个阶段的初期要坚持"扬长"原则,只有通过自己在优势领域的扬长性的差异发展,才能在尽可能短的时间内脱颖而出;只有脱颖而出之后,我们才有更多的发展时间、空间、机会和条件。二是在每个发展阶段的后期要坚持"补短"原则,此时能否突破"高原期",是影响教师专业发展的"瓶颈"。正如"木桶理论"所讲的,木桶装水的容量不是取决于最长的那块桶板,而是受制于最短的那块桶板。因此,在这一阶段,最为重要的是坚持以补短为重点的全面和谐发展的策略。只有全面和谐地发展,才具有可持续发展的潜力和后劲,才能实现后来者居上。

【谨记】竞争中突破"高原现象",是成长与发展最直接的方式。

第三节　调整计划

认识计划的特性,并对第三个五年规划实施中出现的问题进行调整的策略探讨,是第四章写作的全部目的。即强化关于有序性、竞争性、前瞻性等认识,我们方能真正地调整好自我的计划,从而更好地实施和实现计划,顺利达成人生目标。

调整计划,实是对行动策略的探讨。教师制定自己个人的发展目标以后,就应制定行动策略。一项目标的达成,也可以通过许多不同的途径加以实现。多为教育而积极谋划,系统思维方是正道。一个好的行动策略,不只是一个活动项目而已,还应该包含许多活动的组合与统一。因此,在制定行动策略时,应注意整体的配合与灵活应用。在选择行动的策略时,应多多参考那些"过来人"的意见,选择最适合自己的方法加以执行。

调整计划的目的是非常明确的,一是精神层面上让自己变得饱满,有明确做首席教师的强烈意愿;二是掌握自我强大的战术,通过有效充电促使自我长足地发展。

教学中,需要我们随着新课程改革的进程有序推进教学理念。然而,实际工作中,教学内容、教学对象在不断发生着变化,这就要求教师要不断学习新的知识、新的理念、新的教学方法。一位教育家说过,教育过程是一个瞬息万变的过程,一成不变的东西是不存在的,优秀和平庸的区别就在于是否认识到了这一点,是否根据这个变化过程及时充实和调整自己,让自己的教育智慧随着教育对象的变化而变化。正可谓唯有好计划,严格执行计划,适时调整计划,才会在专业发展道路上走得更远。

1. 争做首席

> 首席,不是授予的,是能力与素养的体现。如若不进步,首席也会落伍。 ——题记

"首席"绝对不是一个虚无飘渺的称号,不是浪得虚名、自欺欺人。计划,更多的是抛开眼前的功利,而能踏踏实实地做点什么。倘若浮躁,可能我们最终会被抛弃——自己将自己抛弃。

调整规划,超越自我做首席教师,需要塑造崇高的教师人格。思想是行动的先驱,是一个人的灵魂所在。如果没有正确的教育思想指导,一个人的行为就是盲目而随意的,甚至是错误的,他的教育活动产生的效果就有可能是低效的、无效的,甚至是有害的。

我们所谈的计划,秩序性的论述,正是整本书的主线。除秩序性之外,对计划的目的性的认识,也是不可缺乏的。争做首席教师的主张,其实就带有非常强的目的性。需要指出的是,争做首席教师,不只是某一时段的主张,而应相伴整个教师人生的全程,在每一个时段都应有做首席教师的追求与实际行动。

原规则:计划有时等于谋略,有谋略才可征服和超越教育。

做首席教师,即提升教师自我的品牌效应,是教育生涯的标高。在规划实施中需要进行调整,则须注意提升自己的格局。许多学者和匠人,手艺虽然娴熟,影响力也不小,却始终成不了大师,就是因为格局不够,没有谋略而导致人生失败。

现实的情况是,当教师把个人的前途命运与群体命运紧密联系在一起时,人就会站在较高的位置指出思考问题,且心中总有一团火,能有旺盛的经久不衰的内驱力。我们主张努力朝着有底气、有底蕴的目标行进,努力做一个思想者,形成自己独特的教育理念,彰显"就是不一样"的品牌意识。

【现象纪实】

什么是首席教师? 一个不恰当的比喻,大家也许都看过环法自行车大赛或田径项目中的竞走比赛,对其中领跑者一定印象颇深。教师这一团队中,是以族群的方式存在着,但是竞争从来都没有停止过(只是不像竞技体育比赛那么明显和短暂)。每一个时段,细心者都能发现,总有少数教师处于领跑者的位置,这个领跑者,其实就是我们队伍的首席。

一个教师,在教育战线上处于首席地位的时间长短,决定着他在一所学校或一个区域内的地位。每一所学校、每一个区域,都应该有首席教师。现实情况是,有的教师一生从没有处于过首席地位,或者只是短暂的像竞技体育比赛那样,曾经短暂地处于首席地位。

我们在本书中,从来不否认成功的教师人生中,更多的层面具有人性体现的一面,而对于追求成功策略的探讨,与"物竞天择,适者生存"的主张有更多的一致性。只是,我们有针对性地提出了一些值得探讨的方法。诸如,近年笔者不完全统计发现,近80%的教师因缺乏做首席教师的意识,总是落伍于教育奔跑族群,被远远的抛在后面,望尘莫及。

【经典案例】

其一：管建刚给P老师的建议

而立之年的P老师，女，热情、聪明、反应快，工作踏实、勤勉、有干劲。P老师教语文，她在市级评优课获了奖，进了市骨干教师培训班、语文学科中心组，还被评上了学科带头人。

5年过去了，P老师怎样了呢？P老师停滞在5年前的状态。进入"发展高原期"了吗？不是。P老师主持能力好，精彩的脱口秀常把现场气氛推向高潮，她的不少时间花在了主持上。P老师对"心理咨询"有兴趣，会同几个伙伴，报了心理咨询师培训班，几年时间，也算考到了证，只是有证无岗。学校请她负责少先队工作。P老师一头扎了进去，播音人员、礼仪人员、大队委员、查岗人员，做得风生水起，有声有色。少先队工作上，P老师培养了L老师，将工作交给了L老师，她呢，又干起了"教科工作"。P老师有点胖，又爱上了瑜伽，练得也不错，恰好，学校倡议组建"教师社团"，P老师又成了"瑜伽社团"的团长。教语文也好，做主持也好，管少先队工作也罢，干教科工作也罢，P老师都能做得风生水起，但没有"冒"出来。

管建刚老师了解了情况，建议P老师："你很有才华，只是不要什么都干，你要把一个东西做好。"P老师却说："这些是我喜欢的呀，主持啊，瑜伽啊，少先队啊，我哪个都割舍不下，都挺喜欢的，难啊！"

其二：最年轻的首席教师

王老师，男，36岁，大学本科毕业就分配在一所市级示范高中任教。善于钻研的他，很快就在学校里崭露头角，参加市级教学竞赛连连获奖，35岁时就顺利地获得高级职称，并且被评为市级骨干教师，学校提拔他担任学校的办公室副主任。王老师想把特级教师作为自己的奋斗目标，可是打听了一下，知道自己所在的学校名额很少，他所教的地理这种小学科就更难指望评上。但是好学上进的他还是报考了教育硕士，学习期间他博览群书，自己的教育理念也发生了巨大变化。他意识到，如果把自己的发展定位在所谓的职评上，无疑是狭隘的，也就把自己的发展逼进了死胡同。阅读了陶行知、苏霍姆林斯基、朱永新的著作，他对教育充满了希望，教育其实是一种乌托邦式的理想王国，只有发展学生、成就学生、带动更多教师积极投身教育实践，才会使自己的专业发展道路走得更远，自己才会过上一种幸福完整的教育生活。

硕士毕业后，王老师申请担任一年级班主任，积极申报研究课题、参与网络研讨，还组建了市级名师工作室，以期在自己专业发展领域取得优异的成绩。担任三年班主任期间，他坚持写作教育案例100多万字，发表论文50余篇，名师工作室受到省教科所的认可和支持，他的事迹被多家媒体的报道。他被评为市、省级课改标兵，当之无愧被评为最年轻的首席教师。他的特级教师梦的实现也为期不远了！

【反思】

在学校，只要有实力，一些人不需要评选就可以成为首席，成为标杆，成为他人学习的榜样和努力的目标。虽说这个首席不是一种荣誉，不能提高待遇，但却有很强的引领作用。然而，可惜的是，更多的教师一辈子都没有做首席的梦想。

故事一的P老师，为什么最终没有站在高高的领奖台上？故事二的王老师，又为何最终成为最年轻的首席教师？两者对比，我们便能发现对成长计划进行有效调整的重要性。虽然，第二小节我们更多地论述意识层面里涉及的监管的一些东西，本小节中更多地探讨了调整计划的策略,但却不能分开而论,需要二者的有机结合。谈论如何做首席教师,笔者非常赞同管建刚老师的主张,为此而提及论述。

需要指出的是,处于极左和极右位置的都不能成为首席教师:一则,因为一些处于停滞和退缩阶段的教师,常常局限于自己的狭隘经验和习惯行为中不能自拔,对他人的思想和观点视而不见;二则,一些教师总是希望过多,像猴子掰玉米一样,什么都要得到,什么也都不愿错过,最终却一无所获。

做首席教师,我们必须清楚,人不可能在方方面面都成为首席。如果像 P 老师那样过多地分散精力于多处,只能是无果而终。干一行爱一行是个准则。然而,这个喜欢,那个也喜欢,这个工作干一会儿,那个工作也干一会儿,就很难将你的专业做到极致,做到别人难以企及的高度。术业有专攻。这一点上,笔者特别钦佩微软和吉列。微软只做软件,吉列只做刀片,却都做到了别人无法超越的地步,让同行望而却步,心甘情愿地仰视。

那么,如何做一位首席教师呢?我们主张,一个成功的教师,必须要有长远的发展眼光,时刻明白自己平凡的工作关乎孩子们的未来,只有把学生的发展放在第一位,让学生的发展和自己发展同步才会走得更稳更远。如果王老师一直热衷于特级教师的评选,那么必然不会静下心去带班、搞科研、组建名师工作室。正是由于自己后期的及时调整和准确定位,才使他在专业发展上又上了一个新台阶,成为了"首席"。而不再苛求的特级教师,也会幸运地降临到他的头上。正所谓,"有心栽花花不发,无心插柳柳成荫!"

一个成功的教师,必定具有鲜明的个性特色,富有创造性。这需要教师注重更新知识结构,具有获取新知识的敏感性和求知欲,不断学习和吸收新知识、新概念、新技术,学习使用现代教育技术,更新教学方法和手段,丰富教学内容,整合新知识,运用新知识,发挥自身思维的主动性和创造性,对知识具有敏感性和想象力,注重培养自身克服各种困难挫折,处理各种矛盾以及与他人合作的能力。在此过程中,不断扬长避短,进行自我反思,调整自身的发展坐标,从而不断地强化和发展自身的个性特色。

一个成功的教师,必定要形成独特的教学风格,充分发挥自己的特长、个性,大胆地进行思考、探索,只要有利于提高教育教学质量的办法都可以去尝试;别人的方法和经验,只有和自己的实际相结合,才能形成自己的风格。

成为一名真正的"首席"教师,只有立足实际,勇于创新,与时俱进,通过不断学习、思考、实践,让自己变得更强大,才能在教育天地里独挡一面。

【建议】

无数教师的落伍,主要表现在以下六大心理特征方面的不成熟:立刻要回报,有穷人心态;不自律,太散漫;经常被情绪所左右;不愿学习、自以为是,没有归零的心态;判断事物靠直觉,而不是以事实为依据;做事不靠信念、靠人言。如何做"首席"教师,在此我们建议:

一是曾经的首席,依旧需要的是坚持。不可否认,成为曾经的首席后,推动过整个团队的进步;曾经的首席,也推动了学校教学和科研工作的深化。但是,"曾经的首席"并不等于永久的首席。如今,丢失首席地位的教师也不少,曾经因课堂驾驭能力强,教育、教学、科研成绩出众最终因没有长期坚持而失去首席位置的教师比比皆是。

实际上,首席是一个能上能下的席位,落伍者必将被淘汰。笔者对这样的朋友提出三点建议:

首先,不能离开课堂,特别是不能长久地离开课堂。只有深入课堂,才能及时获取教学一线的最鲜活的信息,才能与新课程共同成长。不少教学能手很可能因首席跻身学校领导,虽说没时间天天站讲台,但一定要挤出点时间准备几节公开课、研究课、观摩课。

其次,不能不读书。做领导也好,做首席也罢,传递给他人的信息必须是最先进、最前沿的,否则不会被广大教师所信服。为了使自己的思想永不落伍,首席领导必须坚持学习,阅读教育报刊和教育著述,吸收先进的教育理念。

最后,要养成反思与写作的习惯。长期读书、思考与写作,可以使教师养成研究的习惯,保持对教育热点问题的敏感。同时,也可以呈现自己对教育、教学、科研的理解,不断更新自我。

二是普通教师必须加强三方面的修炼,方可向首席靠近。普通教师想成为首席,调整好自我计划,并融入一生的成长中,成功的机率才会增大。首先,拥有多元的对话形式。与文本对话;与大师对话;汲取文字的力量,丰富自己思想;了解一线名师成长之路,体会他们成长过程中的经验与教训,甚至可以去模仿其成长。其次,多元的展示方式。首先要创造自我展示的平台,把自己最优秀的一面展示给大家。另外,要积极参与业务进修,学习最新的教育理论,积极参与相关的网络研讨、研讨沙龙和学术会议,并在各种活动中敢于组织,敢于承担主要角色,敢于直面大师,通过不断尝试积累能量。最后,多元的激励。把自己的研究置身于学校教研之中,确立"学校的问题就是教科研的课题"的科研理念。通过自己的研究服务于学校,得到学校的认可以增加自己的成就感,从而获得更多的支持和发展空间。同时,要加强自我激励,在不同阶段给予自己鼓励,让这种激情得到持续。

【谨记】首席就是让自我有力量跑在最前面。没力量时,重在给自我增添能量。

2. 选择充电

> 要想强大,必须选出需要做的事情,摆脱急功近利,持续发展。　　　——题记

计划的解读力与执行力,最终都会落脚于教师能量储备的大小。教师储备能量,虽然是一个无形概念,但充电却是更形象地表现,给定相应的能源以及转化方式,转化成有利于完成目标的新能源。

教师的成长,离不开自我"充电"。每一个成功教师的背后,自有其成功的秘诀和法宝。不过,有一点应该是相同的,也是不容质疑的——那就是他们都重视职后计划,能围绕计划进行自我"充电"和自我教育。关于争做首席教师系列计划的调整,本小节中,我们将重点对充电策略进行探讨,以求获得学习过程的高效。

原规则:计划有时是战术,用战术是投身教育的原动力。

让自我强大,是走出"高原期"和成为首席教师的重要保障。对于更多充满激情与拼搏精神的教师而言,充电的锦囊是找到自我强大的平台。在笔者看来,围绕前面第三章所谈的每一个计划的进行,就像进入临战状态,通过合理布局,便能给自我以原动力,达到攻无不克的效果。

【现象纪实】

近年来,很多学校在教师充电上投入了很多的精力和财力:请专家来校讲课,送教师外出培训,为教师订阅各种教学报刊,组织教师参加各种教研活动。但是每每谈到效果,大家似有共识:投入并没有得到预想的产出。到底是哪个环节上出问题了呢?

在笔者看来,实质就在于充电缺乏目的性与计划性。过分强调外力的作用,最终缺乏能量转化的过程,结果只能是没有实现能量的转化。

　　现在,面对一系列的培训,需要我们做更深层次地思考——我们能否换个思路:"电"是不可缺的,既然充电困难,是否可以引导教师自己"发电"? 在教师专业化发展的过程中,学校领导如果能引导教师进入一种自觉的研究状态,宛如在教师的身上装上了一个小型发电机,从而源源不断地产生电能。

　　试问,真能自我"发电"的有几人?

【经典案例】

变充电为自我发电

　　这是一位教师所写的一篇成长叙事:

　　上海著名语文特级教师于漪老师,成功的一个重要原因就在于自己"一课三备"的方法。于是乎,我大胆地借鉴了于漪老师的"一课三备":

　　第一次备课——摆进自我,不看任何教学参考书与文献,全按个人对课文的见解准备教案。

　　第二次备课——广泛涉猎,分类处理各种文献的不同见解,仔细对照后修改教案。"看哪些东西我想到了,人家也想到了",自己想的和教参等其他书上写得一样,这些内容自然在心中。"哪些东西我没有想到,但人家想到了,学习理解后补进自己的教案。哪些东西我想到了,但人家没想到,我要到课堂上去用一用,是否我想的真有道理,这些可能会成为我以后的特色"。

　　第三次备课——边教边改,在设想与上课的不同细节中,区别顺利与困难之处,课后再次"备课",修改教案。一课四备,即:第一次备课时按个人的理解备;第二次备课时我找来参考资料备其精华;第三次备课时请教老教师在以往教学过程中学生感到的学困之处,重点备如何让学生将这部分知识吃透、消化;第四次备课即课后备课,也就是我们现在倡导的课后反思,及时修改教案。

【反思】

　　苏霍姆林斯基说过:"如果你想让教师的劳动能够给教师带来乐趣,使天天上课不至于变成一种单调乏味的义务,那你就应当引导每一位教师走上从事研究的这条幸福的道路上来。"这说明保持进取心的重要性。只有注入油料,重新点燃熄灭的进取之灯,你才可能真正地做一名出色的教师。

　　教师教育教学水平的提高,是一个非常复杂的过程:听专家讲座、学习相关理论固不可少,但听了学了未必就能接受。退一步说,即使他接受了,还存在一个是否灵活运用的问题,因为教学经验很多是一些"可以意会、不可言传"的镶嵌于情境之中的实践智慧。具有真实情境的案例学习和听课教研,似乎能解决以上问题。事实是,教案和教学实录不能复制。否则,一批特级教师的教案和课堂,就能轻易地解决全国教师教育教学水平亟待提高的问题,那当然只是个神话。

　　笔者认为,进入第三个五年的教师,自我"充电"时,应注意以下几个问题:

　　更新教育培训理念。执行任何一项计划前,一定要更新教育培训理念,实现由传统型向现代型的转变。现代教育改革的一个基本方向是教师专业化。这就使得我们的学习活动必须努力与这一方向所要求的知识结构相一致。国外学者巴农等在《教师教育研究手册》中指出,"未来的教育教学应该主要从五个方面着手:建构一种解释性课程的教育理念;掌握教学方法;理解一般的教育学基础；对多元化文化学生群体的敏感；理解信息技术。"这种新的教育理念，是一种在全球化背景之下来理解未来的教育教学的，既为我国的教师继续教育工作开阔了新思路，也带来了新的压力。考虑到区域之间的不平衡和教育经费不足等问题，及目前教师继续教育还不能普遍照顾到每个教师的情况下，自我"充电"不失为一条便捷有效的途径。

科学规划，合理定位。每一个教师必须充分地认识自我，能明确自我"充电"的目的，正确处理好"主业"与"辅业"之间的关系，既要结合自己的专业和教学科目，选择主攻方向，又不能局限于此，应该兼容并蓄，广泛涉猎，不断开阔视野。要在业务素养上不断查找，瞄准自己的薄弱环节，特别在教育理论与专业知识、专业技能与现代化信息技术、综合素质等方面存在的薄弱处下工夫。当前，教师自我"充电"应该与以新观念、新课程、新教材、新方法为主要内容的新一轮教育培训结合起来。

长期的自觉执行计划。我们强调的执行计划，是带有秩序性的，即带有连续性，不但要求自我"充电"贵在自觉，更在于长期的自觉。除了整合传统的自学方式与继续教育资源外，还要科学利用不断开发出来的虚拟课堂、网络培训等"在线学习"的方式和资源。要将自我"充电"与教学科研融合起来，以教学科研校准自我"充电"的方向，以自我"充电"解决教学科研中产生的问题，使两者相辅相成，相得益彰。此外，自我"充电"要注意循序渐进，有计划、有步骤地进行，不能三天打鱼两天晒网，更不能一曝十寒，或梦想一劳永逸。

适时反省，逐步改进。在国外，对自我"充电"比较强调市场的作用和个人的责任，但这与我们认为抓好自我"充电"工作要注意政策引导并不矛盾。具体来说，教师要把自我"充电"融入到常规的教育教学工作之中，适时反省，逐步改进。同时，要及时建立个人学习档案，把自我"充电"的全过程充分展示出来，以期更好地改进。

【建议】

"工欲善其事，必先利其器"。若想在互联网时代的浪潮中站立不倒，实施计划犹如登梯子，需要的是能一步一步地向上攀爬。一个字——"稳"，最为关键。在此，我们建议：

一是注意学习方法的有效性。教师学习能力的欠缺，是一个不争的事实。因此，我们要多参加有影响的充电培训。通过培训，更快地学习到他们的技术与技能，特别是对我们大脑的洗礼，更快地改变我们一些守旧的方法，让自我处于开放的状态之中，迎接新挑战，接受新事物和新方法。总之，一个不断成长的好老师，一定是一个与时俱进的老师。

二是要勇敢走出去，跟同行、成功的教师交流，到现场去参观、学习。包括业内的各种年终大会。同时要注重案例分析，这是最快的一种学习方法，即管理上的标杆学习法。值得提示的是，每一位教师在执行人生计划时，必须清醒自我处于什么阶段，而后必须给自我勇气，方才能找到标杆。正如笔者多次提及的一样，给自我一个合适的师傅。

三是要请进来，将外面理念请进来，且富有针对性。目前，很多教师喜欢赶时髦，盲目跟进，到处学习和效仿，陷入了激进战、疲劳战的误区。应该是缺什么补什么，而且要针对发展的特点、阶段的特点、自身内部的特点来进行选择与组织。

最后，进行必要的自我沉淀。每个教师在发展过程中，都有很多成功的经验与独特的方法。因此，在充电计划中要把个人、学校的这些成功经验转到自我教育管理的能力上去，转到课堂的流程上去，这样的充电才会非常有效。切忌为了特色而特色，不仅没有学到实用的知识，最后把自己的本色也弄丢了，犹如邯郸学步，得不偿失。

【谨记】充电是让教师智慧之源不枯竭的保证。

第五讲　出色教师与四条标准

人生的成长与发展,在进入某个阶段后,似乎就像世俗划定的一样,不得不去琢磨该完成什么事,应该怎样做才能完成得更好。否则,便会成为"另类"。

锁定十五年,怎样才可称得上是一位出色教师呢? 前面第三章给出了六大计划,第四章论述了如何调整计划,本章将进一步探讨完成六大计划后,对其进行检验的四条标准。衡量教师成长得出色与否,是需要评判标准的。本章中指出的四条标准,应该说对处于每一个时段的教师都适用。我们引出标准,其最大的目的还在于将这些交给身为教师的你,让自我掌握衡量的砝码,在明理的基础上进一步迈开奋进的步伐,从而让自我卓越,凸显出色。

(一)

执行计划的过程,其实也是让教育理想变为现实的过程。其外在的体现,便是教师自我的出色,以及自我幸福指数的不断提升。

进入第三个五年,其计划沿着四条标准努力,这是我们全部的主张。尽管人生总存在着遗憾,但是守住出色教师的本色,生命的价值便不会被他人左右,恰如金子在哪都发光一样。只是,我们的出色不应当被埋没,所发出的光也应惠及他人,给更多的人带来福祉。

(二)

教师的个人能力,无疑是走向成功最重要的因素,完全可以通过自我完善来不断提升,其高低将直接影响到学生的成长。法国的萨特曾说:"如果想试图改变一些东西,首先应该接受许多东西。"接受的过程即是学习的过程。值得提醒的是,我们在此章节所论述的超常的读写力、强大的表达力、精湛的艺术力和卓绝的科研力等观点,不是我们的创新,只是作者的切身体验,希望读者朋友们采用扬弃的办法,从中找到自我需要的东西。

(三)

打造出色教师,是一项系统工程。本章论述的内容,即是按照四大标准建构的形象工程,其实也像建造一幢属于自我的大厦一样。基础决定高度,设计决定形象。所以,有一个可参照的标准,就显得尤为重要。我们在这里所谈的东西,有些属于策略层面,有些属于哲学层面。如果你在阅读之后,能收获到属于自己的东西,而后能将此融入自己的行动中,能够认真实践、翔实修正,那么笔者即便付出再多的苦累,也会深感欣慰,毫无怨言。

(四)

在本章中,笔者将与各位同仁一起讨论,一起反思,理清做一名出色教师的标准,让每一位读者朋友都能重新认识自我,感受自己所从事的教育教学工作所带来的乐趣,从而激励自己不断向前迈进。每一个拥有可操作性规划的教师,通过第一个五年的寻觅与第二个五年的立足,已经厚实了成长的底蕴。如今,再着眼于一个优秀的教师标准,就定能提升专业成长的价值。

（五）

着眼于改变自我，提升自身的素质，跳出自设的樊笼，自救是打造出色自我的有效途径。不管身处何种境地，"成长"才是我们共同的走向。如何走出"山重水复"之境？相信我们推出的四大标准，会是一剂高效的良方。

亲爱的朋友，我们坚信，只要你把握出色教师的标准，践行教育工作者的人生信条，就能让自信的花朵在杏坛常开不败，幻化出万紫千红的教育之春。

第一节 超常的读写力

对写作力的认识，近来，笔者不时便将其与个人的命运联系起来。我们经常会发现，有不少人因有较强的写作力，而改变了自己的命运。我们在全书中大谈的计划，所指向的就是教师理想的实现，其中读写力的影响真还不可低估。正如在一网站上看到李镇西在报告中指出：与其他教师相比，不少教师对教育的付出并不少，甚至比李老师还要多，最终致使差距之大的根源，其实在于李老师总是习惯于将自己的教育实践活动记录下来。

出色的教师，需要有超常的读写能力；这是教师走向出色的必经之路，是教育职业生涯中最重要的一种能力。平凡的教师，在读写力上求发展，依旧可以做出惊天动地的伟业。只需在第三个五年计划中进行海量阅读，深入思考，比较对照，同时多写多练，或是铁钩银划，或者倚马可待，日积月累，终会脱颖而出。

读写力，将是走向卓越的一条通途。何谓读写力？这是众教师朋友都已经熟知的概念，本小节中，我们的论述，更多的关注是教师读写力品质的好与坏，读写力对教师教育生活产生的影响，以及读写力的提升办法。

1. 教育阅读

> 阅读和写作能力的培养，几乎可以当成做一个出色教师的支点，以撬动自己的教育事业向着最光辉的方向发展。
> ——题记

教师阅读力的低下，无不让人堪忧。评判阅读能力，更看重教师对同一内容的理解所达到的层级。如，对于小学一年级的教材，有人只能借用汉字和插图加以理解，普通教师多只能借助教参等资料加以理解与指导，专家级教师却能从文化的角度展开研读，这就是阅读能力的高低之所在。指出教师阅读力低下，可能会有不少教师朋友奋起反击。其实，现实情况就是这样，教师不读书已成为了最常见的现象；一些书教师读不懂，也成为最常见的现象。提及教育阅读，以及有关教育方面的书籍，似乎已成为一块巨石，让不少势单力薄的教师成为被压垮的一族。

原规则：阅读能力往往折射出教师的学识。

我们毫不回避地指责，目的并非是对教师的贬低，只想给教师朋友以明确提示，让大家清醒思考如何提高自我的阅读能力。实际上，阅读的范围，往往决定着实现计划的速度和高度。一句话，阅读吸纳能力的高低，无不影响着教师人生的转变。

阅读能力在众能力中几乎处于首要位置，往往影响着写作力、课堂表达力、发表力，甚至是科研力。培养阅读能力，应让读书意识渗透到骨子里，阅读才会因量的积累而最终达到质的变化。阅读能力的体现就在于涵养的显露,甚至是人们文化差距的体现。我们必须明确或者构建一种意识,执行所有的计划,且须从提升阅读力开始。

前瞻著述,指对某一行业或系统具有预测性、展望或规划作用的著述。本小节,我们倡导开展前瞻性著述的阅读,从多读和读懂上痛下工夫,从而有效提升我们的阅读力。那么,如何有效提升阅读力,便是我们写作此小节的目的之所在。

【现象纪实】

教师不读书,已经成为一部分教师的习惯。这似乎还不在笔者的批判之列,因为这类教师已经不值得再去批判。河南省济源市教育局名师培养工程办公室,2009年曾对全市半数以上的乡镇进行了教师专业阅读调查。结果发现,85%以上的教师自入职以来,几乎没有自掏腰包购买过教育理论方面的书籍;60%左右的教师,只是被动地按照学校的要求,阅读一些统一征订的报纸杂志,而对那些教育经典著作则极少接触和翻阅。

在此,我们尤为关注那些阅读无效果的教师。通过大量观察,我们发现,虽读而阅读力不高的症结主要体现在以下方面:

一是功利性阅读太强。很多教师阅读可以说是非常的急功近利,往往是为了应付上级的检查,或者工作的需要,读书范围限定在教参这类读物之中。二是娱乐性阅读太盛。这些被关注的诸如时尚杂志、漫画彩页、淘宝休闲等读物,占据了阅读的大部分空间,使得对本就有限的教育书籍产生不了更多的兴趣。这部分教师能够玩转时尚,但却忽视了专业,本末倒置,阅读当然没效果。三是纯粹式阅读太多。阅读本身应该读而有感,读而有思。不少老师却是纯粹地"悦"读,缺少了思考和感悟,没有精读与研讨,走马观花式的读了不少,读后就忘,也不会促进自己阅读力的提高。

【经典案例】

一个绘制"教师阅读地图"的人

魏智渊,网名铁皮鼓,男,1973年生,陕西乾县人。1991年起分别在农村小学、初中、高中教过多门学科,1998年开始执教高中语文。2002年接触互联网,涉足众多知名网站并在多家教育媒体发表文章并开辟专栏。2004年师从著名教师李镇西。2006年加盟新教育实验,现为新教育实验教师专业发展项目主持人,新教育实验网络师范学院教务长。在教育类报刊发表文章百余篇,出版《冬去春又来》、《应试时代的教师责任》、《语文课》、《教师阅读地图》等多部著作。

魏智源老师第一学历为中师,毕业当年被分配至偏远的农村中学任教,面对艰苦的自然条件他没有抱怨,读书成为他最大的嗜好。在魏老师的个人阅读史上,罗列出来的书籍多达千余种。2002年他自己购买了15000元的书籍,其中教育学、心理学、课程理论、德育理论等方面的书籍占多数。他在"作为老师如何阅读"的报告中指出,教师阅读没有极限,但有底线,就是每年至少保持100万字的阅读量。这100万字的阅读,我们希望能够具有一种品质,这种品质就是通过精读与研讨,使我们的阅读力真正得到提高。更重要的品质是,我们希望这种专业阅读,能够以丰富的教育教学实践作为背景。

在大量阅读和实践的基础上,魏老师的《构筑合宜的大脑》正式出版,再版时更名为《教师阅读地图》。该书系新教育实验教师专业发展项目用书,是教育部重点课题,是专业阅读子项目指导手册,可供中小学老师专业发展使用,也可供相关研究者参考。主要提供了专业阅读书目及对部分书籍的评述,也介绍了书目的使用方法,是融结构、路径、书目及评介、阅读方法、使用案例等于一体的,永远处于开放之中的全息阅读地图。通过这张地图,你会找到属于自己的合理阅读路径和最适合你自己阅读的书。

【思考】

教育家苏霍姆林斯基说:"教师进行劳动和创造的时间好比一条大河,要靠许多小的溪流来滋养它。教师时常要读书,平时积累的知识越多,上课就越轻松。"作为老师,要想提升自己的专业素养,走专业发展之路,当下首要的任务便是读书。魏智源,一个农村语文老师为何能成为新教育研究院的领头人?从以上案例我们不难看出,是阅读成就了他。李镇西老师写文章描述曾在农村中学的魏老师——20几平米的办公室里,除了一张床和一张办公桌,其他地方堆积的全是书,一个年轻人伏在桌上津津有味地读着,全然不知有人进来。

魏老师曾为研究鲁迅及其作品阅读了大量著作,仅整理的读书笔记摞起来就达一米多高。初期,他讲授古诗词,曾一度束手无策。于是便开始深读叶嘉莹的《唐宋词十七讲》、《文史知识》、《先秦汉魏六朝诗歌鉴赏辞典》、《唐诗鉴赏辞典》、《宋词鉴赏辞典》以及周振甫的《诗词例话》等书籍,最终把诗词教学练就成他的强项。笔者也有这样的感受,真正促使笔者阅读力提升的,绝不是那些快餐文字。

有人说,教育是慢的艺术,笔者更赞同阅读力的提升也是一个慢的艺术。因为提高所读内容的层级,而后放慢读书的速度,真的使笔者有了巨大的变化——提升的不止是阅读能力,还有思想上的深厚。伴随阅读力的提升,势必会让我们义无反顾地选择阅读当从读高难度的专业书籍开始。

真正的阅读是发自内心的,是为了专业成长所寻求的一种动力,更是一种自我追求的超越,一个夯实基础的过程。我们主张的教师应该读前瞻著述,其实是为自己的教育人生寻找方向和动力。某些教育专著,可以让一个教师做好人生定位,让自己的人生出现重大的转折。

阅读是一个漫长的涵泳过程,这种涵泳即是不断修正自己的教育观、教学观、学生观,甚至价值观的过程,而我们的教育行为则是教育观下的一种自然流露。教育专著等前瞻著述枯燥晦涩,如果一开始就带着功利性的目的阅读,结果只会是浅尝辄止,只知皮毛。阅读前瞻著述需要我们静下心来,仔细地研究,认真地思考,然后立足实际,找准心灵的追求。只有这样,才能让自己独立于学术之外,领悟教育之真谛,继而走向成功。

阅读的选择最好能以找到一种职业认同感和自我归属感为宗旨,譬如多读一些能够解决专业成长的专著,阅读的策略应该是精读与略读并重。唯有这样,我们才会真正有收获。也许我们的这种主张,是通常人们说的慢阅读吧。笔者认为,著作要读,专家的理论要学,既要学会精心解剖,也要学会啃读经典,更要学会将其融会贯通,灵活地化为己用。阅读力的提升是一个漫长的过程,只有潜心学习,养成良好的阅读习惯,然后才能慢慢地转化成自己的能力。

【建议】

沉浸于教育前瞻性著作的阅读之中,如再结合自我处境进行思考,深信阅读力一定会快速提升。在此,我们建议:

一是把握有序阅读原则。作为一名教师,需要有开阔的视野和广博的知识,这就需要海量的阅读；同时，教师的专业性非常强，需要在某一方面具有精深的知识，这就需要多阅读一些理论性的前沿著作。可是，书籍浩如烟海，我们怎样阅读才会有效提高呢？笔者以为，阅读的基本原则应该注重有序性。

准确把握自己的阅读层次。"知己知彼，百战不殆。"教师阅读也一样，一定要先弄清楚自己处于哪一个阅读阶段，这样就避免了一开始就遭遇难懂、枯燥的专业阅读对自我自信心的打击，另一方面也不利于形成系统的阅读体系。我们建议教师阅读不妨先从与教育理想相关的书籍开始，可以先读读《给教师的建议》、《静悄悄的革命》、《走在新教育的路上》、《教学勇气——漫步教师心灵》等书籍。通过阅读，润泽自己的教育理想。唯有这样，后期的读书才会自然而从容。

准确定位自己的专业发展方向。新时期需要教师一专多能，但我们教师的精力毕竟有限，不可能哪一方面都有所涉及，因此，专业阅读一定要建立在专业发展的基础上，更好地为专业发展服务。例如，要做好班主任工作不妨读读《班主任工作漫谈》、《问题学生诊疗手册》、《李镇西和他的学生们》、《特别的女生萨哈拉》、《孩子们，你们好》等著作。当自己的阅读力有所提升时，我们再逐步阅读理论性极强的著述。

读前瞻著述和国外经典著作。作为一名教师，一定要随时知晓本专业的前沿理论，对一些前瞻著述要深入阅读，方能填补自己知识的空白，努力扣紧时代的脉搏。尤其是新课改的有序推进，更需要我们对关于新课改方面的著作进行认真研读。其中，国外经典名著的阅读也必不可少。

二是掌握阅读的方法和途径。阅读的途径有很多。当每一名教师置身于现代教育的最前线时，或许被上课、备课、批改作业等一系列琐事缠身，但依然会有很多阅读的途径。

见缝插针式的阅读方法。古人曾讲"床上、厕上、马上"的"三上"阅读空间，即是这种方式的阅读，抓住一切可以利用的时间和空间，将阅读进行到底。

集中火力式的阅读方法。利用各种较长的假期，集中精力，阅读一些大部头书籍，以丰富自己的专业知识。这部分时间应该聚焦于对各种教育专著和前瞻著述的阅读，以开拓自己的视野。

蜻蜓点水式的阅读方法。作为教师，需要广博的知识和开阔的视野，需要从爆炸的信息中获取知识来增加自己的内存，因此海量阅读就显得非常重要。这类阅读不需要咬文嚼字，不需要精读，因此谓之蜻蜓点水式的阅读。

深入解剖式的阅读方法。作为教师，除了需要海量的知识储备外，更需要精深的专业知识。这就要求多阅读教育专著和专业知识著作，尤其是本专业的前瞻著述，从中汲取知识营养，以助高效开展课堂教学。阅读这类书籍要细嚼慢咽，便于将其转化为自己成长的动力和营养。

【谨记】教师阅读能力的提升是加强自我修养，有助于专业成长的绝佳途径。做强大的教师，必须要有强大的慢阅读力。

2. 教育写作力

> 世间所有优秀的教师，写作力都非常的强大。无强大的写作力，便无优秀可谈。
>
> ——题记

写作能力是继阅读能力之后的又一重要能力,也是教师必备的基本能力之一。写作力是组织能力、逻辑能力和表达能力的综合,这往往是一个人综合素质的体现。教师拥有强大的写作力,恰如战士握有的利剑长枪。

将教育写作力作为衡量教师出色与否的一条标准,似乎与通常只着眼于课堂教学成绩的标准,两者间有太大的距离。其实,写作力是教师的一项最基本的能力,它是通过后天学习就可弥补的一项能力。我们在全书的论述中,都涉及教师的成功与幸福,关注教育写作一个根本的原由,依旧在于这影响着教师能力水平的提升,从而影响着教师的成功与人生的幸福。换句话说,教育写作水平高的教师很少有在教育领域不成功的个例,叶圣陶、朱自清等教育前辈,他们都兼具作家、教育家的双重身份,他们不仅有丰厚的写作经验,也有系统的写作理论,故而能够成为我国现代教育史上的一代宗师。然而,如今教师的教育写作现状令人堪忧。

原规则:教育写作水平往往是日积月累的技术。

正确地看待教育写作是非常必要的。在展开对教育写作论述之前,我们必须指出人们已经存在着的两大误区。一是泛化概念。虽然教育写作指教育工作者在从事教育工作期间进行的相关写作,但人们把教育写作当成包括撰写各类教育应用文,如工作计划、总结、教案等,认为只要是动笔的事都是教育写作。二是天才论。以缺少艺术细胞为借口不谈教育写作。说实话,笔者的语文基本功是非常差的,可这并没有阻止笔者对教育写作的热爱。多年来,就因为我坚持教育写作,教育写作力才随着时间的推移而逐年提高。笔者曾认为,"教育写作,除了融入教育思想与思考,更是一种技术活"。回想起来,这话真是不无道理。

在此,我们有必要搞明白什么是教育写作力。在笔者看来,教育写作更多的是教师在实践中带有倾向性的教育纪实,带有改造教育的思想性为其最基本特征的行为。由此我们不难看出,笔者所主张的教育写作力,更是一种源于教育实践而进行的写作。笔者多年实践得出的结论便是:教育写作力的提升离不开养之有素的写作习惯,以及教育叙事(积累教学案例)的能力。教育家叶圣陶说:"日积月累,方能生悟。"教育写作并非是高深的东西,其实就是一些技巧的掌握,但这种技巧只能靠日积月累。除此之外,没有任何的捷径和诀窍可言!为此,笔者再次建议,进入第三个五年的教师,若能够让教育写作成为一种习惯,有益于我们的学生和孩子,更会有益于我们的终身。

【现象纪实】

记得曹禺先生曾针对戏剧学院某些写作教师说过一句幽默的话,他说:"会写剧本的人写剧本,不会写剧本的人教人写剧本。请注意,自己不会写剧本的而教人写剧本的人,规则总是特别多,定位也总是特别高,能够把一切会写剧本的人吓退。因为如果不吓退,他们的位置就没有了。"这是一则让每一位教师心酸的笑话,却又是那么真实地揭示了当前教师的写作现状。

当前,教师中缺乏写作习惯致使写作力低下,并且影响教师素养提升的现象非常之多。其实,写作力的提升没有任何捷径可走,只要养成一种勤于写作的习惯就行。可是一些被琐事缠身的教师,总会为自己找一系列借口而疏于写作。所以,评职称的论文要么复制粘贴,要么找枪手代劳,而忘了这理应属于自己的本职工作。其实,这也是检验自身素质的一个有效途径。诸如,一些语文教师特别是年轻教师的写作水平及能力较低,他们写不出像样的记叙文,写不好教学计划、总结,甚至连一则新闻也不知从何处下笔。有的教师工作十多年几十年,从未写过一篇有观点的教育教学论文,更别说发表论文。有时为了评上职称只好干起

"文抄公"的行当，或将他人的文章窃为己有，或将别人的文章改头换面拼凑而成，或干脆找他人索要一篇，或自己出钱求他人代写代发，或恳求爱好写作的熟人发表文章时附自己为第二作者。

【经典案例】

高中语文教师写作力一瞥

教育写作力的考核，主要不是看教育文章的发表。可是，通过文章的发表看教育发展，能反映出一些最现实的问题。诸如，牡丹江师范学院文学院的具春林老师，对牡丹江市第一中学、牡丹江市第二中学、海林市高级中学、哈尔滨市第十一中学、鸡西市第二中学等校的高中语文教师写作能力的状况作了调查，其中发表 10 篇以上作品的教师占 1.9%，发表 10 篇以下作品的教师占 24.5%，没有发表过作品的教师占 73.5%。由此统计数据可知：语文教师公开发表过文章的人数不到三成。通过调查走访得知，教师发表的作品大多是为了评职称而撰写的经验性的教学论文，多发表在省级以下的出版物上。由此看来，能公开发表作品的教师不多，发表的作品数量不多且质量不高，教师的写作水平也不尽人意。

这也许不能完全反映整个教师队伍的情况，也许只是冰山一角。试想，从事语文教学的教育工作者尚且如此，更不要谈其他学科的教师在写作上如何如何了。

【思考】

这份调查值得每一个教育工作者深思。教师写作如同农民使用锄头和镰刀，如同工人使用铁锤和斧头一样，那是一种基本的劳动技能。可是更多老师在工作中除了教案、计划和总结外，就再也没有主动地去写点教学反思或随笔之类的东西了。那又何谈职业发展？哪有职业成绩？

教师的第三个五年计划中，写作能力的提升将是事业取得成功的一大砝码。遗憾的是，现实中有的教师却远离了纸和笔，远离了记录与写作，不愿静下心来写点东西，丝毫不羡慕笔耕墨舞的生活乐趣。而对于每一个有追求的教师来说，在自己教育人生的第三个五年中，只有不断提高自己的写作能力，才能在工作中游刃有余，得心应手。提高自己的写作能力，实际上是一种追求、一种理想、一种反省，坦诚地解剖自己的弱点，经过自我诊断，去寻找一种灵丹妙药，从而为做一个出色的教师打下坚实的基础。

当我们把目光投向教师的写作力时，才发现这是一片荒芜之地，按部就班的工作消磨了教师仅有的一点热情，计划、总结、教案等已经把昔日的雄心壮志淹没得无影无踪，现实纷纭复杂的水流把教师志向的棱角冲刷得世故圆滑。写作力，更多的是一种写作的兴趣与热情。现实的教学工作中，教师要用理论素养来不断充实自己，因为这是提升自我写作力的基础。

写作能力低下并不可怕，很多教师并不是因为写作能力低下就在教学上得过且过，这和教绩之间也没有必然的因果关系。但是，写作力是一名教师必须练就的基本功，如通过持之以恒地写论文或教学案例，从而善于积累研究素材，把研究向纵深推进，就会不断提升自己的教育素养。

如今，绝大多数教师的写作力已远远跟不上新课标的步伐和新时代的需求。当他们知道教师需要拥有高超的写作能力这一有力武器时，才发现这武器早就失效，不再锋利，不再有杀伤力。特级教师王栋生曾说："目前语文教师的写作能力也不强。大部分教师自身没有写作能力，却在教学生写作，他们也没有把提高写作能力当作自身专业发展的重要任务。"笔者发现,似乎很多的教育工作者惯于为自己找一个借口,在写作上早就心安理得的封笔了。教别人写作的人很少写作甚至从不写作,思维一天天迟缓,文笔一天天枯涩,除了应付的计划、教案、总结外,就再也没有正儿八经地写点东西。不论你是教文的还是教理的,这都不矛盾,因为二者是相辅相成的。古人尚有笔耕不辍之思,作为靠笔吃饭的教师,更应该坚持写作,并将之当做工作的一部分。如果一个教师能每天坚持记日记或是写一点儿教学反思,不论字数多寡,只要乐此不疲,那么他的写作力就不可能差到哪里去。如果我们远离了写作,就远离了能力提升,远离了那片教育的灿烂晴空,何谈职业幸福呢?

看来,我们陷入的是一场荒谬的教育历程。我们的教师随着年岁的增加,除了皱纹越来越多、头发越来越白外,只会变得越来越无知。因为没有经过思想的砥砺,没有经过投枪的阵痛,哪来充实的教师生涯?只有让"写作"这个好友重回身边,自己的教师生活才会充满更多质感。只有抛开功利,收起私心,在教育研究过程中去捕捉灵感的火花,不断用笔去记录,用心来反思和沉淀,才能实现专业能力的提升,不断把教育事业推向新的高峰。

【建议】

教育写作虽是创新活,但并不神秘。依笔者的感触,教育写作更是一种习惯的养成。许多原本没有见过的文体,因为有写作习惯便能主动掌握其技法,特别是写作结构的把握更会随着坚持而自然生成于大脑,让自我下笔时如行云流水。为了让各位教师在自己的教育生涯中尽快地提升自己的写作能力,笔者对此提出几点建议:

一是写作从最简单的教学反思和教育案例开始。教师写作其实不是什么高不可攀的事情,我们每天都要上课,每天都要与学生进行交流,为何不写写自己的课堂教学的得失?反思自己这节课哪些地方是成功的,哪些地方是失败的?为什么会失败,哪些方面值得注意?学生是一个鲜活的个体,所有的教育方法不可能适应所有的学生。因此,我们不妨记录教育个别学生的案例,也可写写与学生之间发生的故事。翻开李镇西老师的《李镇西和他的学生们》我们不难看出,几百万字的书稿就是记录和学生交往的真实细节,作为李老师的弟子李迪出版多部著作,也是叙述自己与学生交往的故事。老师不是不能写作,而是更多的人没有注意到教育写作其实很简单,初写时不妨从教学反思和教育案例开始。笔者是一名初中数学老师,但长期坚持写教学反思和教育案例,随着第一篇教育叙事发表,两年时间在省级刊物发表文章50余篇。只要老师们愿意写作,相信一定会比笔者做得更好。

二是积累素材。教育写作好比搭建房屋一样,必须要有材料。材料来源除了我们前面提及的教育阅读外,对教育热点问题需多多关注。平时读报、上网遇到相关的资料注意多收集,譬如前面我们提到的教育案例和教学反思以及一两句使我们深有感触的话。积累素材,需要教师能静心面对教育生活中有感触的大事小情。这样,在积累素材的同时,促进了思维敏捷;教育写作时,才能快速地打开记忆的闸门,从而信手拈来。这就是所谓的"文章本天成,妙手偶得之"!

三是无创新时可以模仿。教育写作力的提高绝对离不开勤奋练笔,就像有人说的那样,只有在游泳中才可能学会游泳。如果永远是一种练笔的心态,那么,最终的立意到技巧的把握很难达到一个满意的高度。因此,必须强化从练笔到创作的转变。但一开始就搞创作,则可能因无从着手而放弃。笔者经过多年的摸索,非常赞同作家史铁生所说的话:"开始的写作更多的是模仿,等到模仿到一定程度时,便开始解决自己的问题。"所以,我们最初开展教育写作时,最好的办法就是开展教育叙事的写作(这是最有效的模仿)。正如笔者经常给朋友们说的："无法创新时就纪实。"如果每一位教师真能这样坚持一个月，就会感觉到明显的进步。如此坚持数年，不是专家也是半个专家了！

四是主动发表。发表，更多的好处就在于给自我动力，增加自我成就感，激发进一步写作的欲望。教育发表不是一蹴而就的事情，是一个漫长的过程，不要奢求一投就中。后面我们将专门讨论。对于发表的好处，笔者感受颇深：几十年前我曾自发地搞了一个无立项、无结题的课题。笔者从立意开始进行完善，三年后，终于见到一篇千余字的论文刊发在一份国家级刊物上。当然，第一次的成功发表，让我对教育写作看到了希望，一路走来，才有了今天这样大的进步。当我们笔耕不辍之时，教育发表就如探囊取物一般。

【谨记】写作，将改变你的生命属性。

第二节　强大的表达力

关于表达力，春秋时的穀梁赤早就说过："人之所以为人者，言也。人而不能言，何以为人。"就是说人要会表达自己的思想。因此表达力实际上就是用外部的行为（语言、神态、身段等）把思想表达出来的能力，这是一个思维提炼的过程。思维提炼首先要明确，我们通过表达收到的目的，在头脑中构思要表达的内容，并把构思的内容变成对方能理解的言语。

教师的人生规划中，尤其是在第三个五年计划里，将表达力单独提出来论述，旨在引起教师的重视。现实生活中，评判教师优秀与否，教师表达力可谓是公认的一条不可缺少的标准，优秀的教师必须有强大的表达力。现实情况是，真的还没有一位表达力差的教育者而成为优秀的教师。现实的困窘是，表达力的提升也并不是一件容易的事，就笔者的经历而言，感觉更是给机会才可提升的一种能力。为此，本小节中，我们更多的不去谈什么是表达力，而是从其他层面去谈影响提高表达力的因素，以期突围后达到一个更高的层级。

1. 职业表达

> 潜质可以低下，但更多的技艺，是靠学习而获得的。表达力提升，是快速走向成功的捷径，但必须坚持，否则很难真正大成。
>
> ——题记

所谓教师职业表达，除日常生活交往中的口语交际以及其他外部形态外，更多的是在掌控课堂的过程中，运用语言、神态、身段、动作等一系列的外在行为来完美地诠释教育内容，让听众在准确、充满激情的表达中享受知识带来的乐趣，并潜移默化成内在行为。这便是笔者对天下所有教师在第三个五年中的规划与憧憬，真正希望每一位教师从提升表达中拥有坚实的成长基础。

职业表达要做到准确、精彩，并不是一件简单的事。本小节中，我们针对教师职业的特殊性，将原本对课堂表达的关注的重心转变为对职业表达力的关注。我们以为，教师如能像主持人那样把握课堂，而且在除课堂外的其他凸现表达力的地方，也能像主持人一样进行表达，这便是一种最理想的境界。作为一名普通的教师，只有在来日多多的磨炼上下足工夫，方会赢得领导的器重、同事的钦佩和学生的喜爱。也许你认为很玄乎。其实真还不是这样！为此，这一小节中，我们会提出相应的修炼方法，诸如拥有主持人一样知识与智慧等。

原规则：台前表达，往往是教师出色的捷径。

谈职业表达力，笔者能告诉你更多的是自己的真实感受或自己最熟悉的一些事例。在此，值得指出的是，不少教师习惯于职业表达力的主观判断，指定某人天生就有较强的表达力，甚至像唱歌一样是上天的恩赐。事实并非如此，笔者可能就是一个最好的例证。七年前，被任命为一乡村小学的教导主任，作为学校的中层领导，就不得不时常在台前与老师们交流，进行理念的引领，或安排教研任务等。平时里并不结巴的我，在台前与教师交流的第一个月里，真还结巴了起来，每说一句话后面总会带出一些习惯性的累赘词语。为了改正，我勤加练习，逼迫着自己硬撑下去，半年过后，我的表达力发生了前所未有的变化。

对于提升表达力，笔者认为最有效的方法，便是让自己到台前去表达，有时便是逼自己前去。因为，随着次数的增多，你便会因源于有一线丰富的实践而不断更新，也更会去关注、借鉴别人的表达技巧，当掌握的技能足够多时，你便会融会贯通，表达力自然会得到提升。因此，在本小节中，我们将进一步阐述要想在第三个五年之中有所建树，最好的办法便是一定要把自己变成媒体主持一样的人，随时随地锻炼自己语言和语流上的基本功，言语有心，言语用心，加强吐字归音的基本功训练，全面思考如何在台前要把话说好、说通、说顺、说巧、说妙的技巧。

【现象纪实】

教师进入第三个五年，可以说是已初步走过了立业的坎坷期，现在需要做的就是进一步将自己的事业推向一个新高度，也需要拥有优秀的语言表达能力。涉及表达，这是每一位执教者都非常有自信的事。三尺讲台上我们口若悬河，漫步杏坛时我们滔滔不绝，面对学生时我们舌粲莲花，为此显得人生之路是那么的顺畅与轻松。

可事实并非如此，当我们真正面临其他正式场合时，就变得木讷呆板了，手脚无处放，语流滞涩，前言不搭后语，完全没有了课堂上的行云流水。譬如，河南首届名班主任论坛暨师德演讲报告会上，一位平日里高谈阔论从无怯场的教师朋友临时被委任为主持人，在开始的前一天，还是有明显的拙嫩和拘束，经过快速地学习，灵活地借鉴与会嘉宾的发言，在第二天才稍显好转，不过距离出色的主持人还差得很远，需要不断地学习！

笔者得出的结论便是，课堂中的表达，并不全等于教师的职业表达力。教师的表达力训练场往往在课外，在离开课堂外的一些地方，听众除了学生，更有其他的一些人群。

【经典案例】

卡耐基的"有效说话"课程

卡耐基的一生几乎都在致力于帮助人们克服谈话和演讲中畏惧和胆怯的心理，培养勇气和信心。卡耐基认为，要获得当众演讲的技巧，达到理想的演讲效果，应当从以下方面入手训练自己。

借别人的经验鼓起勇气。卡耐基认为，不论是处在任何情况、任何状态之下，绝没有哪种动物是天生的大众演说家，都必须经过艰苦努力才能达到的。我们与人共进晚餐、在教堂中做礼拜，或看电视、听收音机时，喜欢听到的是率直的言语，依常理而构思，真挚地和我们谈论问题，而不是对着我们空空而谈。

当众演说不是一门闭锁的艺术，必须经过多年的美化声音，以及苦学修辞学多年以后才能成功。1912年,他在纽约市青年基督协会开始教授学生时,发现把商界中的大人当成大学新生来教是一种很大的失误,对演说家韦伯斯特、柏克匹特和欧康内尔等一味模仿也毫无裨益。因为学生们所需要的并不是这些,而是在下回的商务会议里能有足够的勇气直起腰来,做一番明确、连贯的报告。于是他就把教科书一古脑儿全抛掉,用一些简单的概念和那些学生互相交流和切磋,直到他们的报告词达意尽、深得人心为止。这一着果然奏效,此后他们一再回来,还想学得更多。

在卡耐基的一生中,所收到的感谢信可以堆积如山。所有的来信人都曾感到需要自信,需要有在公开场合中表达自己的能力,好让别人接纳自己的意见。他们在达到目的之后,就满怀感激地抽空给卡耐基写信,以表示谢意。

根特先生是费城一位成功的生意人,有一次下课以后,邀请卡耐基共进午餐。餐桌上询问自己能否学会当众演说?"卡耐基说:"先生,你一定会成功的。"

三年后,他们又在那个地方共进午餐。卡耐基提起从前的谈话,问他当初的预言是否已经实现。他微微一笑,从口袋中拿出一本小小的红色笔记本,给卡耐基大师看他往后数月里排定的演说日程表。接着,根特先生又得意洋洋地亮出王牌。他那教堂里的人,邀请英国首相前来费城,而负责介绍这位政治家的不是别人,正是根特先生。就是这位先生,三年前还在这张桌边倾身询问卡耐基,他是否有朝一日能够当众讲话?他的演讲能力进步如此神速,在卡耐基看来,就同他的心理素质及自我认识的改变密切相关。

【反思】

学习有效地对人群说话,好处尚不止于可以做正式的公开讲演。许多男士和女士去上卡耐基的"有效说话"课程,主要是在社交场合之中感到害羞而不自在。当他们发现,自己能够站着和同事讲话心里不感到害怕时,他们便会觉得不自在是多么可笑,他们新培养出的泰然风度,令家人、朋友、事业伙伴和顾客刮目相看。许多人都是因为周围的人个性发生非凡的改变,才驱使他们去上卡耐基的训练课并获得成功的。

一位教师在提升表达力方面,缺少了锻炼而想要得到提升,这几乎是不可能的事。教师职场主要是凭借语言表达来进行,因而表达效果很大程度上取决于语言的表达能力。只有具备一定的语言表达能力,才能让听众有一个直观的认识,才能较快地把形象思维转化为抽象思维,才会让听众乐于接受。教师只有"以声传情,以言动心",才能收到"以情悟文,以情感人"的效果,使学生的性格得到洗涤和陶冶。教师职业表达力的提升,往往牵扯着教师的命运。把这当作特色教师的一项标准,谈及向主持人学习,需要指出的是,必须自己给自己以勇气,才会找到无穷的机会让自我得到锻炼。

只不过,我们必须认识到制约表达能力发展的诸多因素。

性别因素。现实生活中,任何阶段的教师都具有各自性别特点和发展规律。而性别差异也导致表达力发展的差异。美国心理学家桑戴克和麦科比认为,说话、朗读、口头语言的表达方面,女性明显优于男性。事实也是如此。我们发现,在学校的演讲、朗读、小品、讲故事比赛中,女性的成绩总是较男生好一些,即便平时在课堂上,女性就声音的洪亮、语句的流利、内容的准确表达上都优于男生。然而不可忽视的是,更多的男性成了社会的主宰。

性格因素。心理学家认为,尽管人的性格千差万别,但从行为表现来说大体可分为外向型和内向型。性格内向的学生在语言表达上与性格外向的相比明显存在着差异。内向的人一般都不善言谈,即使心里有话也表现为不主动。长此以往,就会产生一种自我封闭的心理。一说话就显得面红耳赤，结结巴巴。作为老师，我们应充分认识到这一点，切不可采取消极态度，让人给出内向的评价。

环境因素。由于所处社会环境的不同，见识、知识水平、社会交往和所操语言的发音，存在着很大的差异。应及时了解这些，在口语上得以提高。

职位因素。优秀的教师得到锻炼的机会就更多，相反，那些拙于表达、性格内向的教师得到的机会将更少，最后人为地造成了两极分化。

要想获得自信心、勇气以及能力，以便在向人们发表谈话的同时能够冷静而清晰地思考，就需要我们克服自己的弱点，发掘自己潜在的力量，坚持不懈地进行训练。

【建议】

在教师的第三个五年计划中，一定要注重提升让自己事业走向新高度的本领，其中，表达力就是最具有竞争力的一种因素。

提高表达力，并让其成为自己的核心竞争力，需要教师加强自身修养，课下勤练口才；课堂上，努力提高；生活中抓住每一个机会加以训练，让自己快速成长为教育行业的佼佼者。那么，教师怎样才能提升表达能力，成为优秀教师呢？

一是善于给自己创造各种表达的机会。我们在课堂上游刃有余，但在其他场合却不善言辞，羞于表达。显然，我们决非缺乏表达力，而是不善于表达。当然，最重要的原因是我们长期固定在讲台，很少有与外界接触的机会，也很少有在其他场合表达的机会。所以，要想提高表达能力就必须走下讲台走出校园，多创造表达的机会。比如多参加省、市（县）各级说课比赛，演讲比赛，辩论大赛，教学技能比赛。教师要有一种不怕丢人的勇气，参加的活动多了，自然表达能力就提高了。

二是专注于教学语言的规范化训练。课堂上刻意加强表达力的训练，往往更能达到事半功倍的效果。每一个教师在课堂语言的运用上都很娴熟，特别是一些老师可以滔滔不绝地说上两三个小时甚至更长的时间，美其名曰"不差话说"。有话说不等于表达力强，尤其是对于教学语言更是要求规范，富于激情。既具有演讲式的慷慨陈词和抑扬顿挫，又要有口头语言的平心静气与温婉动人。既能准确简练地表述清楚，且逻辑性要强，又要形象生动，说得通俗明白、流畅自然、跌宕起伏、抑扬顿挫。当然，在说的时候还要讲究艺术，富有情感，富有表演力，绘声绘色，使学生能产生"如临其境"、"如见其形"、"如闻其声"的效果，从而达到"语言是率领人们冲锋陷阵的统帅，是拨动人们心灵琴弦的乐师，是争取人们灵魂的坚强战士"的境界。

三是专心于各种技巧的积累与应用。教学语言的规范与激情，是表达力的基本功，而这一基本功的提升则有赖于技巧的积累与应用。所以，我们要广闻博采，不断丰富自己的知识面，积累丰富的语言词汇和成语典故，便于使用时信手拈来。积累如同电脑内存，只有存储得多，才可能更便捷地供自己搜索选择使用。比如，笔者经常与一些从事外交的人士交流，发现他们的发言，更多的是一种习惯的程式化，因而，他们表达的内容谈得相当得体而详尽。提升表达力，如果能用心去提升，一定会在生活中发现很多技巧，从而让自我提高。

四是专注于语言表达的分寸与节奏。表达是一种艺术，三尺讲台就是舞台，让自己的语言表达犹如一曲音乐，或高或低，有起有伏，高时如铁板铜琶，低时如红牙拍板，节奏要平稳、分明，抑扬顿挫中或如平湖秋月、如天女散花、如金戈铁马、如雷霆万钧，在轻重缓急中演绎出动听的旋律。表达时，注意处理好心理距离，做好引导，正确把握分寸。笔者对此深有体会。诸如,2009 年,笔者到河南省郑州市参加一个学术会议,因为以前参与的机会不多,走上台前与观众见面而交流时,说话的语速无比的快,想要慢下来却发现比较难。回想起来,其实一个最根本的原因就在于语言表达训练的机会较少。

五是专注于肢体语言的配合。教师在表达时可以适当地增加生动性和形象性,依此来提高语言表达的效果。因而,手势的使用就显得尤为重要。手势和口舌二者配合使用时,力求做到自然庄重,情真意切。教师应根据自身的特点,选准手势使用的切入点,力争把观点阐释得深入浅出。表达力的提升,必须以课堂为载体,像主持人一样掌控课堂,活跃气氛。身为教师,在第三个五年计划中,或许个人的自身素质有差别,但学习的动力没区分,尤其是课堂技艺的获得,可以不断地通过自身努力来获取。

【谨记】教师的表达力,往往成了让外人了解你的第一印象。教师表达力的高低,公共场合里的言说是最有力的佐证,也更是他人认定的重要标准。

2. 教育发表

> 我们每一位教师必须敢于发表自己的见解,将自己的教育实践和对教育的理解及时发表出来。敢于发表自己的教育见解,这样才会走出封闭,这是一位教师思想解放的体现。
>
> ——题记

教育发表依旧属于表达力的范畴,依然是用外部的行为(语言、神态、身段、手势等)把思想表达出来的能力。只是更注重于围绕教育进行表达,如,计划好要通过表达达到什么目的;围绕目的在头脑中构思要表达的内容;把构思的内容变成对方能理解的外部行为(语言、神态、身段、手势等)。

作为一名教师,给自己快乐成长的计划,广义上而言,其实就是一次教育发表。也许,人们不能通过一时便能看到教育发表带给我们最直接的影响。事实是,一位教师教育发表的层级,最终影响着做出的成绩。比如,笔者对"教书育人,读书育己,写书育世"这一计划的设定,几乎便左右着笔者近十年的人生轨迹。教育发表的内容、方式、层级、影响等,全是我们在这一小节中所关注的话题。为此,笔者将全面结合最熟悉的内容,与读者朋友们再次深切交流。

关于教育发表,可能又将会引起读者朋友的理解与笔者所指的概念发生冲突。因为人们已经习惯性把所写的文章,通过媒体而登载出来的方式称作发表,即文章发表。此时,值得说明的是,笔者主张的教育发表,指的是教师思想的表达,包括主张什么、反对什么、要求怎样做、给出建议等一系列的思维活动,以及在公开的场合表达出来。我们在强调表达力这一条件中,单列出教育发表,一切全因为我们的教师哪怕天天在动嘴,依旧存在着不善教育发表的问题,为此而再次进行阐述。

原规则:教育发表,最大的好处就是将自我的思想包袱放下。

严格来讲,教育发表是交流思想、传播知识的一种手段,是得到他人肯定的一种方式,是一个教育工作者应该具备的一种能力。据笔者多年观察发现,教育发表对教师最大的好处即走出自我封闭的心扉,通过教育观点的发表,让自己像蚕一样破茧而出,放下教育思想带给的包袱,从而怎么想就怎么行动,最大限度地体现人生的价值。

这一小节,笔者将从教育发表着眼,思考教师在第三个五年计划中的专业成长问题。对于教育发表,没有引起一些教师的高度重视,可能与笔者本身的人生价值观的主张有所冲突。也许有人对教育思想发表持有不同的人生见地,甚至主张默默无闻地做事等一些行为,但在笔者看来,如果主动地处理这种被动状态,依然可称作是一种积极的心态。对于那些习惯性地把自己隐藏起来,让别人无从知晓的做法只能说是愚蠢的表现。我们认为,教育生涯中,千万不要把自己框定在一个狭隘的空间里,沉缅、固守、等待、徘徊……不敢交流,没有欲望,这样的人生不仅是苍白的,更是一种堕落!敢于发表,交流思想,是一段五彩的青春,也是一种生命的激情!

【现象纪实】

你有博客吗?你是论坛版主吗?你参与教育研究 QQ 群了吗?你关注过哪些教育论坛?你有哪些喜欢的教育群组?你负责了哪些群组的工作?

猛地发现很多的教师,已将自己困守在思想的荒原之中,不敢打开自己的心门,一生默默无闻。与此类教师形成鲜明对比的是,有些人因开博客、组建 QQ 群和研发团队等,充分利用现代网络平台开展对话,或积极参与理论学习、专题讲座、作报告、整理资料、提交群组作业等,快速地成长起来。

教书一辈子,一辈子无主张的现象,是一种普遍的现象。如,课堂上教什么、怎么教,全是跟着感觉走;在离开课堂的生活中,更少有自己的主张。作为教师,并不是说这些人不够勤奋,然而考究这一部分教师,便会发现少有主张者,更会少有教育成绩,对教育的贡献也就随之减少了。

这可能更是一个最现实的问题,教育主张往往成为教育的主宰。很多优秀的教师,他们就因为大胆的主张,从而影响着周围的人们的行动,为此他们成为了支配教育的人。探讨谁更拥有教育的发言权,不如探讨我们怎样通过教育发表,让自己更为强大,更有现实意义。

【经典案例】

写博冲浪

以下是"布衣天子"在暑期教师培训会上的一段关于教育博客的发言稿:

教育博客是教师专业成长的助推器。

在座的老师,不知有多少人知道"论坛"?有多少人知道"教育在线"?有多少老师在博客上发过帖子?

据我的了解,大家对网络接触得还比较少,特别是教育网站。这,不能不说是一个遗憾。我最早进入的是中国随州网的论坛,并在"教育在线"担任版主。后来,我发现了1+1教育博客,这是一个名师专家荟萃的大家园。从中我认识到孙明霞老师,认识到陶继新记者,并结识了一批特级教师和名校长。后来,在随县教育局彭局长的引领下,我注册了新浪博客,加入了随县教育网上读书群,与众多随县教育同仁一起,在网上互相学习,共同提高。

关于博客,我始终觉得它是我人生的一个转折点,它开阔了我的眼界,让我结识了许多真诚的朋友,认识了一大批有思想的老师,使我的教学观念发生了"静悄悄的革命"。博客使我逐渐走出了狭小的天地,带给我一些意想不到的收获。从 2007 年秋开始,我先后在《德育报》《新课程报》《学习周报》《语文导刊》《语文学习报》《时代学习报》《随州日报》《今日曾都》等报纸和《科学课》《新语文活页》《金田文杰》《曾都教育》《神农风》等杂志上发表了 70 多篇文章;并应一家语文杂志社之邀参与图书的编写,共计 20 多万字。这些仅仅是我已经发表的文章,还有很多没有发表的文章。可以说,我的这些文字几乎都是在博客的基础上整理的。

当然,对于写博,也要一分为二地来看待。在网络上泡的时间多了,静心读书思索的时间肯定少了——论坛,有时也让人浮躁。真正提高自己,还得读更多经得起时间考验的书籍。上网和阅读应该是每一个教师提高自我的两翼,不可偏废。上网时间过多,还有一个弊病,就是和身边的朋友以及家人之间的沟通少了,有时候甚至严重影响自己的睡眠。所以,理性地上网,处理好纸质阅读和网络阅读之间的关系,应当是每个老师都应该践行的课题。

【思考】

现代社会是一个开放的社会。对于开放最直接的感受便是胸襟。谈教育发表,笔者以为其内涵便是以开放的姿态,占领教育的时空。从案例中便可看出,教育发表真的还不等于发表文章,我们可称之为教育表达。教育表达的方式非常之多,且发展很快。当然,也只有那些因为教育胸襟开放的教师,他们最直接的方式,便是主动运用能跟上时代节拍的表达方式。

论述教育表达,当然形式与内容需要取得统一才能发挥其效应。笔者看见无数的优秀教师,都是主动掌握现代最先进的表达形式,将自我的教育思想通过先进的载体表达出来。给笔者感觉最深的莫过于笔者的几位网络师傅,诸如,福建小语专家林润生,虽然退休,但却有自己的"小学语文教学"专业网站,我是这一网站的核心管理员,并因此我们成为了忘年交;内蒙古师范大学 70 多岁的陶·哈斯巴根教授,退而不休,依然主持召开第九届过程完整化教学理论与实践学校研讨会,对我极其深刻的影响。

关于教育表达,笔者以为,除了口头语言的表达,书面语言依旧是最主要的方式,提升写作力,更是一条被人们证明的捷径。从某种意义上说,写作有时更高于讲课。因为写作是对教学经验的总结及反思,它来自于实践而远远高于实践,是对教育理论的升华,是在原有基础上的再提高。教师的专业成长离不开写作。

著名教育家李镇西在《中国教育报》上发表了一篇文章《教师成长,需要写作》。他说:"20 多年的教育成长经历告诉我,教师的写作,对于教师的成长实在是有着十分重要的作用。"他在面向同行作汇报时总说:"其实,我和大家是一样的,对教育的执著是一样,所遇到的困惑是一样,所感受到的幸福是一样,甚至包括许多教育教学方法或者说技巧都是一样的! 如果硬要说我和大家有什么不一样的话,那就是我对体现教育的爱、执著、困惑、幸福、方法、技巧的故事进行了思考,并把它们一点一滴地记载了下来,还写成了书。仅此而已!"

2001 年 7 月,李镇西老师在网上偶然结识了红袖,红袖当时很真诚地说他读过李老师的《爱心与教育》等许多书,"很受影响"云云。李老师在网上对他说:"我这些书,你都可以写的。只要你把你的故事、你的情感、你的思考坚持不懈地记录下来,就是一本你自己的《爱心与教育》!"

四年后,红袖老师出版了《追寻教育的诗意》、《守望高三的日子》等著作。在和李老师通话时,他说:"李老师,当时你那句话对我的影响真的很大,你说过以后,我便开始拿起笔了。"现在,红袖又推出了他的第三本日记体教育著作《怀揣着希望上路》。

不止是红袖,很多教师都用自己的写作证明着自己的成长,更证明了这样一个朴素的道理——实践、思考并记录,正是一个普通教师成长为一名教育专家的关键所在!

若想优秀,我们的教师朋友们必须有计划地提升课堂表达力与写作力,这样才会走得更远。现实生活中,笔者经常见很多教师因为课堂表达力出众但写作表达力却很差,就像第四章所论述的那样,他们似乎进入了高原期,没有得到更大的发展与提升。从另一个方面看,因课堂表达力差而进入高原期的教师,也不在少数。教师只有全面提升课堂表达力与写作力,成为优秀者的梦想才能够实现!

【建议】

相信读者朋友们都已经明白,完成相应的计划,从而提高表达力是衡量教师是否优秀的一个关键标准。

斯蒂菲将教师生涯分为五个阶段:预想生涯阶段,专家生涯阶段,退缩生涯阶段,更新生涯阶段和退出生涯阶段。教师走向出色就处于前专家生涯阶段,这正是由一个普通教师迈向专家的有力一步。

学校是教师专业发展的主要平台,而教育发表则是走向出色教师的有效载体。所以给力于教育发表,是每一位教师真正成长的必由之路。教师要进行教育发表,笔者认为,要做到以下几点:

一是耐得住寂寞。教育是一个慢工程,教育写作更是慢中之最,因为写作其实就是教学活动过程之后或教育现实背后的认真思考,并非是简单的事件描述,必须渗透作者的成熟思考。写作不可能一次就成功,需要不断学习思考。有一位教师在 2008 年注册教育在线,坚持读书写作,第一篇读书笔记不到 500 字就花了一上午时间,但从未因此而间断过,几年时间读书、思考、写作,终于取得了突破,2012 年半年时间内,他先后在省级刊物发表文章 40 余篇,积累教育随笔、案例几十万字。其实,有此精神,任何一位老师,想在教育写作上取得成绩都可以做到。

二是有不怕丢人的勇气。很多老师不敢把自己的观点展示出来,或者因为不敢,或者因为不屑,这都是怕丢人,怕自己的观点不成熟、幼稚而被别人笑话。其实大可不必这样想,思想的争鸣无所谓对错,也只有敢于展示出来,才会知道自己观点的对错,并给予自己启示。不屑者则是自命清高,认为自己能出落在万丈红尘之外,或者认为自己的观点是最优秀的,不足为外人道也。其实这也是错误的。教育的理论是与时俱进的,不可能在某一点上停滞不前,因此要有海纳百川的襟怀,博采众长,方知教育理论的博大精深。初写者更要鼓足勇气将自己的观点在各种平台上展示,虚心接受别人的意见和建议。尤其要敢于接受批评,在不同的声音中审视自我,从而愈加成熟。总之,有了不怕丢人的勇气,敢于展示,就相当于在写作中走出了一大步。

三是要勤加练习。要想在自己教育人生的第三个五年内变得出色,必须进行艰苦卓绝地练习。只有不断地练习写作,把自己的观点通过整理罗列出来,通过进一步深化,方能引起别人的注意。也只有不断地练习,才能把观点内化成言行,进而融会贯通,并形成经验性的文字,这时,就可以进行教育发表了。

四是要多找平台。教育发表的途径多种多样,根据自己的实际去寻找一条最适合自己的方式。初写者可以先在网络上发表,通过论坛跟帖、博客、微博、QQ 空间、飞信签名等方式大胆表达自己的见解。在网络中得心应手时,就要敢于整理成经验性的文字,形成属于自己的系统性的观点。当然,更要敢于把自己的东西投向一些纸质媒体、视听媒体,引起别人的争论,在争论中去获得更多的信息,来完善自己的观点。最好多参加一些笔会、学会、学术论坛等面对面的交流,这样就能更大程度地提升自己的发表意识。

很多时候,教育思想观点的发表,其价值并不是产生某种立竿见影的效果。但却是对自己的一种肯定,这种肯定必将激发教师以更大的热情投入到今后的教育写作中去,第三个五年计划往往变得更加美好,从而快速成长为一名出色的教师。

【谨记】敢于发表,你就成功了一半。

第三节　精湛的艺术力

所谓艺术,大致有三种含义:一是指"技艺"、"技能"。二是指富有创造性的工作方式和方法。三是指"用语言、动作、线条、色彩、音响等不同手段构成形象以反映社会生活,并表达作家、艺术家的思想感情的一种社会意识形态。"也即是说,艺术常常是通过形象化的手段来表达作者思想感情的。可以肯定地说,教学是具有艺术内涵的:它既要求教师具备高超精湛的教书育人的技艺、技能,又是没有程式可套、极富创造性的工作方式,还需注意运用语言、动作、音响、图像等形象化手段,表达特定的教学内容和教师的思想感情。

教师完成计划或在完成计划的过程中,教学艺术力的提升多是自己和他人能感知到的明显变化之一。诸如:

从教育学理论体系来看,教学理论体系大致有三个组成部分,即:教学科学论、教学艺术论和教学历史论。教学艺术论是教学理论体系中的一个重要组成部分或分类,一个不可缺少的因素。要把教学科学理论应用于具体有不同特点要求的教学实践,就离不开艺术。所谓"运用之妙,见乎一心"讲的就是这一点。可以说,教学艺术是连接教学科学与实践的桥梁。

从教学的主体来看,教学是教师与学生的双向活动。教学的主体包括教师和学生,他们都在从事社会实践活动,都在进行艺术创造,表现自己的艺术天赋。现代生理学和心理学已经用充分的科学资料证明,人的生理结构不仅有真和善的功能,而且有美的功能;人的心理结构不但有真和善的因素,而且有美的因素。人的审美特征和艺术天赋是人的一切活动具有艺术性的本源。

从教学活动来看,教学是一门艺术。高尔基有一句名言,"人按其本性来说,就是艺术家。"作为艺术家的人,必然在其活动中进行艺术的创造。教学作为人类最高级的实践活动,是科学技术和文化知识的生产和再生产的过程,是培养人、塑造人的特殊实践。在教学过程中的一举一动,无一不体现着教师和学生发挥自己聪明才智和艺术创造天赋。

从教学内容看,教学是一门艺术。教学内容,无论是自然科学还是社会科学,都是真、善、美的统一,包含审美因素,具有艺术性。比如我们所讲的音乐课,就包含了丰富的审美因素。因为音乐能给人以美感、能唤起人心灵上的共鸣,一首优美的歌曲和乐曲,能使人在欣赏乐曲中陶醉而不知其他。总之,教学内容包含审美的因素,具有艺术性。

1. 教学艺术的提升

教育中,很多原本非常简单的事,因为教师缺乏教育艺术而误人子弟,而那些掌握教育艺术的教师,经常因艺高而化腐朽为神奇。艺术力的提升,必须基于教育艺术对人的影响,否则,片面追求艺术不仅无益,反而有害。

——题记

艺术力的提升,必须基于教育艺术对人的影响。高尔基曾指出:"文学是'民学',即人学。"

教学的对象是人,是处于发展之中、具有极大可塑性的活生生的青少年学生。所以,教学是名副其实的"人学"。正如苏霍姆林斯基所指出的:"教育——这首先就是人学。不了解他的智力发展,他的思维、兴趣、爱好、才能、禀赋、倾向——就谈不上教育。"

教学和艺术都受其对象的制约,深入了解对象的生活及特点是从事这两项活动的共同前提。艺术家常讲只有深入生活,才能创作出一流的艺术作品;深入生活、了解人是艺术创作的源泉。教学也同样要求对学生有深入细致地了解。

从终极目的来说,艺术的最高目的就是为了使人的知识、感情和意志和谐地发展,使人们的感觉和感情合乎理性,使理性、道德的认识成为体现在感觉和情感中的东西。而教学的最高目的也是为了培养并塑造德、智、体、美、劳全面和谐发展的人。可见,教学艺术是以人为对象的。

片面追求艺术不仅无益,而且有害。法国教育家第斯多惠,早就指出:"我们认为教学的艺术,不在于传授本领,而在于激励、唤醒、鼓舞。没有兴奋的情绪怎么激励人,没有主动性怎么能唤醒沉睡的人。"

原规则:教育艺术的提升,往往给人久远的影响。

培养学生的创造性,发展人的潜在智慧,是首要的教育目标。这不仅仅是为了提高学生现阶段的学习效率,更重要的是为了极大地提高人才的素质。古今中外,科学家、发明家、文学家、艺术家,以及各行各业的能工巧匠,如果没有极高的悟性,是绝不可能有他们的辉煌成就的。学生阶段,是人的潜在智慧发展的最佳时期,教学工作作为"育人"的工程,便有一项特殊的任务,那就是在教授知识、培养能力的过程中,发展儿童潜在的智慧,把孩子教聪明。

【现象纪实】

教育中,很多原本非常简单的事,就因为缺乏教育艺术,而误人子弟。如果我们向一些上课不大发言的孩子调查其原因,他们会委屈地告诉你:"我怕说错了,惹师批评。"事实上,老师对学生的错答是毫不留情、决不宽容的,甚至是冷嘲热讽"简直像块木头","丢你爸爸妈妈的脸","你给我老老实实地听着!"于是,不少孩子干脆呆坐着,不尝试,不探究,不提问,不思考,也不回答。"何必冒风险呢"的思维"惰性"就日渐形成。这些现象,几乎在每一所学校都可以看到。这同样是"误人子弟"!孩子思维活动的长期无冲突状态,导致思想的凝固,以至呆滞。潜藏着的宝贵智慧,像寒霜中的嫩芽一样,一点儿一点儿枯萎了,再无生机可言。

【经典故事】

罗森塔尔效应

心理学家罗森塔尔,在美国的一所小学实验的另一种景象值得我们学习。罗森塔尔从18个班级,作了一番煞有介事地预测未来的测验,然后把"最佳发展前途"的名单交给老师。这种暗示,坚定了教师对这名单上的学生的信心,教师掩饰不住的深情,通过眼神、笑貌、爱抚,使这些原是随意指定的学生,都感到异样的自信、自尊、自爱。8个月后,进行复试,名单上的学生个个成绩提升很多,情绪活泼开朗,求知欲旺盛,一个个变得十分聪明可爱,与老师的感情也特别深厚。

【思考】

这种暗示充分表明：教师对学生的情感，形成了期待效应。事实正是这样，以这种兴奋的情绪、热切的主动性、勃勃的生气，去激励、唤醒、鼓舞学生，殷切地期待学生，坚信学生一定会成功。笔者以为，这才是真正的爱生乐教，爱生善教；这才是真正的引导儿童开启智慧大门的闪光金钥匙。因为学生会从教师的关爱中获得一种信心和力量。这种信念往往会转化成一种积极向着教学目标的驱动力，从而情不自禁地快速地从储存在大脑里的信息、映像中进行检索，并加以沟通组合、迭加，迸发出智慧的火花。每到这时，教师给予热情的称赞，使孩子体验到爱动脑筋的快乐，自信心、成功的欲望就在这经常期盼与激励中日趋增强，形成儿童激发自我潜在智慧的心理倾向。

课堂教学是一门艺术，它永远磁石般地吸引着广大教师去学习，去探索，去实践，去为之献身。苏联著名教育家苏霍姆林斯基，集丰富的教学经验和深厚的教学理论于一身，从理论与实践的结合上指出："教学和教育过程有三个源泉：科学、技巧和艺术。"

我们应把教学艺术贯穿于教学实践的过程之中。

世界上任何事物都是作为一个过程而展开的。教学也是一个过程。我们所讨论的教学的艺术就是表现在教学过程中的艺术。下面我们就探讨如何把这种艺术贯穿于教学实践的过程之中。

一般地讲，教学的艺术性在教学过程中可以划分为以下几个阶段，即融洽畅达的沟通，引人入胜的导入，水道渠成的衔接，波澜起伏的流程。下面，笔者结合教学经验来谈一谈各个阶段如何充分发挥其艺术性。

一是融洽畅达的沟通艺术。融洽畅达的沟通是指，在教学开始和教学过程中，使师生关系融洽，相互关心，充分理解和完全合作，即在情感、心理上达到完全沟通。比较好的沟通不仅是在师生之间进行沟通，而且能使学生之间也进行沟通，使学生之间做到互帮、互学、互教。在教学中，还要注意学生反馈过来的信息，以便改善教学教法，提高教学沟通的效率。例如于漪老师，就擅长把教学的多向沟通，作为教学民主和教学相长的有效形式和途径。

二是引人入胜的导入艺术。卢梭说："教学的艺术是使学生喜欢你所教的东西。"教师在将学生引入新的教学内容时，应给学生的认知过程增加新的刺激，新的兴奋点，使学生在新的问题、新的情境吸引下迅速进入新的学习过程。担当这个任务的就是导入。

导入的关键在于导语。导语的设计，必须要有情境或理趣，要使学生觉得"有意思"。新课标也是这样要求的："课堂教学应激发学生的学习兴趣，注重创设良好的自主学习情境。"另外，导入还要突出一个"新"字，新颖的导入常常会出人意料，不落俗套，带有一定的刺激性，能吸引学生的注意力，激发学生学习的兴趣和求知欲望。

例如，讲习《希望从这里开始》时，任课教师认真研究教材后，设计了这样一个简短的导入语：同学们知道什么是"希望工程"吗？同学们又是否知道有一位记者，他因为拍摄了一张贫困地区学生的照片而出名，想看一看这张照片吗？

短短的两句话，一下子就把学生的注意力吸引住了，情绪也调动起来了，收到了较好效果。

三是水到渠成的衔接艺术。衔接艺术的主要特征是水到渠成。既要求自然合理，又要求天衣无缝，犹如珠联璧合。衔接的艺术完美，教学过程就富有逻辑性，就自然流畅、丝丝入扣，成为一个统一完美的整体。

正确地掌握和运用衔接艺术，主要应考虑以下两个因素：一是前后环节内容的联系；二是要考虑到学生学习的心理状况，通过经常调动学生学习的注意力和情绪进行衔接。

比如，音乐教师讲《英雄赞歌》的时候，先插入电影《英雄儿女》中的片段，让学生在看到战斗英雄王成的英勇事迹的同时，听到《英雄赞歌》，精神激荡。用电影画面先吸引学生，把学生的情感融入到硝烟滚滚的战火中，再通过教师的讲解去体会歌词和唱法，使学生能够身临其境地领会到歌曲的主题，使学生在听、唱、想之间有了较好地衔接。

四是波澜起伏的流程艺术。古人云："文似看山不喜平。"说的就是写文章时不能平铺直叙，要有曲折、有波澜，这样才能吸引读者的注意力，使他们有兴趣读下去。课堂教学理应如此，不能平平淡淡、千"课"一面，而应该把课上得富有层次，做到波澜起伏，高潮迭起。这样才能吸引学生始终兴致勃勃地认真听讲。

教学是一个流动的程序，其艺术特征是具有波澜起伏的美感，它并非平铺直叙，也非平淡无味，而是有过渡、有积聚、有高潮的动静交替，从一个意境达到另一个意境的不断深入的过程。在教学实施过程中，教师要尽可能做到波澜起伏的流程美，水到渠成的衔接美。具体可以通过高潮与过渡、动与静的起伏、师生互动来实现。

【建议】

地下的矿藏是人类的宝贵资源，一旦被开采出来，光彩熠熠，造福人类。每一个大脑健全的孩子都蕴藏着丰富甚至无法估量的资源，那就是人的潜在的智慧，"沉睡着"的力量。但是人的潜在智慧不能像矿藏那样，如果不被开采，依然埋藏在地下，丝毫没有担忧的未来而且只会升值。人的潜在智慧，作为人的一种"可能能力"，是有它发展的最佳时期，就像小鸡追随母鸡能力的发达期大约是在出生后 4 天之内。如果把刚出壳的小鸡，在最初的 4 天里，与母鸡隔开，那么它就永远不会跟随母鸡。同样，儿童的能力如果不在发达期发展，没有被唤醒，就永远不能再发展了，最后便像灿烂的火花得不到氧的供给而泯灭一样。

作为一名合格的教育工作者，我们应该怎样提升教育艺术力，以便更好地开发学生的潜能呢？

首先，吃透教材，站稳课堂。

教学内容，是真、善、美的统一体，包含有丰富的审美因素，具有明显的或潜在的艺术性。著名学者赵鑫珊认为："每一个数学公式从其实质（境界）来说，都是诗。"他进一步分析道：即便是 $C=2\pi R$ 这个初等数学公式，也是宇宙间第一等好诗——圆周长和半径之间原来存在着这样一种简洁、绝妙、和谐的关系！诚然，天地间有无穷个圆，但是唯有 $C=2\pi R$ 这个纯粹数学圆最标准、最精密、最美。这是数学家心灵和智慧再生的数学艺术美，它所造出的庄严、永恒和宏伟的意境，不是诗是什么？把数学当做诗来读吧！果真如此，那么，摆在你面前的任何一本数学教程，就会突然从一堆死气沉沉的公式，变成洋溢着和谐、充满着绝妙和渗透了对称美的一部诗集。读数学是这样，读任何一门课程也莫不如此。

吃透教材，准确把握新课标下各学段的教学要求，挖掘教材编写要渗透的思想方法，才能真正把课堂变成学生思维能力提高的场所，把课堂变成学生个性张扬的舞台，把课堂变成学生适应未来社会的演练场。

其次，钻研教学艺术，提升教育品质。

课堂教学是精雕细刻的设计艺术。在设计中，教师不但要从宏观全局出发，且要从细微末节入手；既要注意难易区别，又要注意点面结合，提纲挈领，统筹兼顾。从整体过程到分散步骤,从语言传递到眼神手势的有机配合,从不同的手段方式到具体的方法措施,从课内外训练到板书内容的设计书写都要做到环环相连,丝丝入扣,合理安排,精雕细刻,力求各个环节的设计都达到完美和谐的统一。

课堂教学是精湛的语言艺术。教师务必做到要言不烦,一语中的,有声有色,妙趣横生,既无闲言,又无碎语。总之,处处闪光生辉,一言一语总关情,处处感人肺腑,令人遐想万千,产生强烈的表达效果和极大的感染力。

课堂教学是沟通情感的艺术。实施课堂教学活动中,情感虽是非智力因素的组成部分,却是构成教学活动的重要因素,它直接影响着学生的认知活动,具有调节功能和交际功能,以及传递信息的作用。在课堂教学中激发学生的学习情感,并及时与之沟通,不仅可以增进师生间的爱,改善师生间的关系,极大地提高效益,而且也能表现出教师在此方面的不凡艺术。

课堂教学是精彩的表演艺术。三尺讲台即舞台,教师就是这一舞台设计的表演者。要演好这台节目,一言以蔽之,洒脱高雅而不俗,有板有眼而不乱,别具心裁,不拘一格。

面对同样的教学内容,教师优秀与平庸的最大区别在于能否在传授知识的同时渗透思想、情感、方法及人文价值,在教学知识的同时揭示出教学的品质。

【谨记】学无止境,教学艺术的提升绝非一日之功,它需要的是日复一日,年复一年的日积月累,它需要的是不断地反思、不断地探索、不断地总结。

2. 生活艺术的提升

> 大气的教师,才有大作为。我们必须学会尊重教育生活,从而拥有高雅的情趣。
>
> ——题记

任何人的人生,无外乎两件大事——工作和生活。唯有懂得生活的老师,才会真正享受工作的乐趣,但生活同样需要艺术。

在对艺术力的掌握中,生活品味是经过培养训练出来的能力。它是一种时时能带来欢愉的艺术,是决意要品尝并享受所有生活中的经验和可能性的决心。生活艺术力是一种沟通力,一种开启与教育生活对话的沟通力。过有品味的生活,意味着要掌握生活的真谛,拥有艺术般的沟通能力。换言之,教育与生活二者的和谐,都必须像照顾新生命一样呵护备至,尽心尽责,必须不断投入时间、精力和想象力,才会因为热爱而享受到其中之美带来的幸福。

教育计划的执行,人们的关注多集中于台前的修炼。事实上,除教育工作外的生活也影响着人生的质量。包括涉及修养的问题,在笔者看来,都是教师必须关注的一课。虽然,曾经的学科并没有专门教给我们相关的沟通教育与生活的艺术,但看一位教师计划实施的效果,我们更主张将教育生活中对生活艺术的掌握程度作为一条重要的标准。

原规则:会生活的艺术,才不会留下太多的遗憾。

我们主张教师必须学会生活,根本的原因就在于,教师族群是一个原本拥有高素养的队伍,给生活以艺术,深信这样才会过得更加幸福。如主张艺术力的提升,则必须尊重教育生活,有高雅的生活情趣。唯有如此,才会对生活充满乐观、积极的态度,对生活充满理想,富有追求。

在本小节中，我们将围绕教育生活，阐释有一种态度叫享受，有一种感觉叫幸福。学会面带微笑才能享受生活，懂得播种快乐才能收获幸福，与大家探讨赠人玫瑰手留余香的艺术，而让大家真正感觉到作为教育人的幸福。

【现象纪实】

缺乏艺术般的沟通能力，这几乎是横在众教师面前的一个很难逾越的绊脚石。诸如，也许这是教师族群的共性，教师对领导尊重理解，很难达到行政队伍的层级；从另一个层面也实实在在地反映出，因领导与下属间的紧张氛围，从而影响彼此生存的质量。这绝对不是少数。

教师普遍感到生存之艰难，实在是一种不正常的生活现象。教学中，因缺乏生活艺术，师生之间、师长之间关系紧张的也不在少数；生活中，因斤斤计较，与周围的人群关系紧张的也不是少数。有人说，这与教师工作环境息息相关，与教师天天接触的是孩子因而人脉资源匮乏有关。真的是这样吗？在笔者看来，都不是的，这全与教师作为自然人的意识和修炼有关，或从来没有将提升生活质量纳入艺术提升的范畴，而一味地顺其自然，就像对待一棵树苗一样，不加修剪和整饬，树苗一定难于茁壮成长，难于实现真正长高和长大的美好梦想。

【经典案例】

盲人点灯

一个禅师走在漆黑的路上，行人之间磕磕碰碰，禅师也被行人撞了好几下。

禅师继续向前走，远远看见有人提着灯笼向他走过来，这时旁边有个路人说道："这个瞎子真奇怪，明明看不见，却每天晚上打着灯笼！"

禅师也觉得非常奇怪，他便上前问道："你真的是盲人吗？"

那个人说："是的。"

禅师更迷惑了："既然这样，你为什么还要打灯笼呢？"

盲人说："我听别人说，每到晚上，人们都变成了和我一样的盲人，所以我就在晚上打着灯笼出来。"

禅师非常震动地感叹道："原来你所做的一切都是为了别人！"

"不是，我为的是自己！"盲人说："因为我的灯笼既为别人照了亮，也让别人看到了我，这样他们就不会因为看不见而撞到我了。"

【反思】

释迦牟尼佛曾说，人生是苦，而这个苦是可以解脱的，此解脱的过程就叫做修行。修行是一条道路，一条通往人类内心最深处的道路。而在修行之道的尽头，教师就可以找到一种智慧，从而了解到生命的真谛，使我们的生命自动达成充满喜悦的圆满状态。在我们的教师生活中，也许最高的生活艺术便是像盲人一样，其实我们什么也看不见，甚至不知晓，但在前行的路上，时时给自己点燃一盏照亮别人的灯，让自己的生活充满艺术。这盏灯不仅照亮了别人，更是我们的心灯！点亮心灯，我们才不会孤独，即便是盲者，也会看清前方的路！

打造生活艺术力要靠修行。修行是一种最纯净的心灵活动，是一个使教师的心境越来越清澈的过程。作为教师，作为一个职场中人，修行意味着使自己能够在职场间自如行走，而不让任何现象变成困局。这需要我们对教育外的生活有非常充分而正确地认识。

教师的现实生活中，只有会沟通才会有艺术力的体现。众所周知，如果土地板结了，它就不能出产粮食。试问，如果我们的身体像土地一样"板结"的话，结果将会怎么样？为此，我们需要更加的关注，好的生活艺术不在于数量，而是一种态度、行为、观念、探索和研究。好的生活艺术来自充分培养生活品味，使你的生活随时充满欣喜，鼓舞你成为一个具有深刻价值和幸福成就感的人。

笔者以为，走向教育，我们应从骨子里产生对大自然的敬畏，对人类的热爱，这样，艺术力就会更自然地彰显出来。现实是，我们的无数教师因为不会沟通而变得麻木，我们无时无刻不在倡导，我们必须醒悟，发自内心、充满激情的包容生活，并给予真正的关爱。

有这样一句话："幸福的生活不会天天有，但自己寻找的幸福却一直能拥有！"我们更加自信地以为，当付出变成快乐，那么我们在带给周围人幸福的同时，自己也享受到了幸福。所以，不要忽略自己的幸福感，那是我们生命力继续的源泉；不要抱怨、等待，自己的幸福只有自己去创造！

成功的路上，我们需要引领，我们感谢引领，但我们更需要自己去寻求前进的道路，自己去披荆斩棘地开拓！唯有如此，我们才不会消失在追逐者的人流中，毫无个性，只有盲从，而远离成功的目的地！

【建议】

法国作家大仲马说过："人生是一串由无数的烦恼组成的念珠，乐观的人总是笑着数完这串念珠的。"生活的艺术力是可以提升的，沟通力的提升更能让我们活得自由自在，活得开心惬意，活得充实洒脱，活得快乐自然。为此，我们建议：

一是学习与人沟通的原则。诸如：以诚待人，不要过于世故。"诚"是人际交往的根本，自古以来一向受到人们的崇尚，交往能做到一个"诚"字，必能童叟无欺，从而赢得真诚的回报。反之，世故圆滑，尔虞我诈，永远也不可能得到对方的真诚相待。

我们应做到言而有信，不要轻易作出许诺。如果答应帮朋友做某一件事情，就应认真履行自己的诺言。一个人言而无信，到头来不仅得不到真正的友谊，沟通自然也就无从谈起了。

保持适度距离，距离产生美。人际关系本是人与人之间的心理上的关系，也可称做心理上的距离。有距离才更容易保持沟通的质量。一个成功的秘书和助手，并不是一个事事都做主的人！该保持距离，一定要自觉地放慢脚步。

平等待人，不要盛气凌人。在与人交往的过程中，切记彼此在人格上是平等的，交往的受益者是双方的，不能过分强调自己的主体地位，否则，会使沟通受阻。在人生的道路上，没有绝对的权威。我们遇到的每一个人，都有我们可以学习的地方，所以平等待人，会让我们走得更稳，也会得到更多的尊重、理解、帮扶，从而有了更多的学习时机！真正的成大器者，必是谦谦待人的智者！

善始善终，不要见异思迁。朋友之间也有因误会而产生不快的时候，此时，应设身处地地替对方多加考虑，即使错在对方，也应豁达大度，谅解其过失。俗话说，不打不成交。真正的朋友，可以有误会和冲突，关键是要相互沟通，彼此给予对方解释的机会，不仅不会失去朋友，还会得到更多的知己。

宽以待人，不要苛求于人。严以对人，宽以对己是一种有悖于公平原则的双重标准，它只会导致对方反感。相反,如果我们能做到严于律己,宽以待人,不放纵自己,不苛求他人,必能赢得对方的敬重。尤其是我们的教师,善待学生,理解学生,比严厉的管教和约束更能打动学生,塑造学生!

二是给幸福生活一个保证。《每天让自己笑一笑》讲述了这样一个故事:生活是一面镜子,你对它笑,它就对你笑;你冲它哭,它就冲你哭。是哭是笑,取决于你怎么样面对它。每天对自己笑一笑,笑出一份好心情,笑出一份自信。每天对自己笑一笑,就是自我调理情绪,给自己一份轻松,让自己有一种良好的心态。幸福生活除了要有一个良好的心态外,还需要"大气"。

教师的"大气"是指拥有高水平的才识和品德,拥有能容纳不同意见的肚量,也即平常所说的宽广的胸襟、气度。做纯粹的教育者,他才会尊重学生,心里装得下全教育,这样的教师因单纯而感到非常幸福。在教育生活中面对压力,能坦然接受,破釜沉舟,勇于超越;面对荣誉和赞美,能不骄不躁,谦虚谨慎,泰然处之。有时候,我们在工作中确实已经尽了很大努力,可能付出了很多很多,却不一定都能得到及时的肯定或回报;有时稍有不慎,还会招致猜疑、不理解,甚至是极端的不信任,这只能说明我们的工作还没有被完全了解,也许是做得还不够出色,也许我们还可以比现在做得更好。总之,我们仍应一如既往,在挫折中体味快乐,在快乐中感受成功,在成功中享受人生。

三是回归生活的本真。生活看似平淡其实平淡之中包涵了生活的本真,人生的幸福。有一个好的身体是福,陪陪家人聊聊天、散散步也是一种幸福;知悉亲人生病,即便再忙也得及时回家看看,哪怕看一眼再回去忙自己的事。在忙碌的教育生活之中,请不要忘了家庭,忘了亲情,他们才是我们进一步做好工作的坚实后盾。

【谨记】一个人心底装得下光明的东西,就再也装不下黑暗的东西;一个人变得高尚起来,从此便会反对低俗;一个人把所有的时间都献给了教育事业,就再没有说闲话的时间。

第四节 卓绝的科研力

与普通教师谈课堂,与优秀教师谈科研,这是一个极不正常的现象。其实真要掌控好我们的课堂,关键点还在于科研工作的开展,从而促进自我学习理论,更新观念,改进教学,提高质量,提炼经验,形成个人的教学风格与特长,验证教育假说,丰富教育理论。

读写力、表达力、艺术力、科研力,笔者将这些全盘纳入衡量计划执行效果的标准,全因这些都是一些实实在在的变化。可以肯定地说,这些都是诸多平常教师从没仔细思考的话题,让我们完全有必要有理由重点提及。

关于卓绝的科研力的理解,对教师素养的影响,世人论述已是非常之多。若再详加论述,似乎会有一种重复的感觉。在开展科研力的论述中,对于功能的理解,特别是通过提升科研力,发挥科研外交功效,笔者近来更是感受颇深。

1. 教育研究

> 教师的科研能力水平,决定着教师达到优秀的层级。现代教师,只会教书而不会搞科研,不前进而倒退,也是经常的事。
>
> ——题记

同一区域的教师间,因为教育研究,或走出去,或请进来,也因为直面教育的话题建立起新的联系,或平等对话,或一个向另一个传授感悟与经验,这样的情况,现实中有不少。相反,教学无研究或少交流,这也已成为最常见的一种现象,也因此制约着教育的发展。

教育科研的交往功能,越来越在现代教育中呈上升趋势。前面所谈的诸多计划在执行的过程中,要求教师能让自我的工作处于开放的状态之中,特别需要开启与他人交往的大门。为此,本小节中,我们再次将教师的教育研究力作为评判教师成长与否的一个重要标准。

原规则:将执行的计划衍生成课题,是达成计划的捷径。

做课题让教师提升,这是一个有效的途径。让教师置身于一个强大的对话与交流环境,就像搭建一个平台,让自己因为提前开展研讨,而后拥有与他人对话的资本。现实的情况是,无数教师并没有置身于教育科研前台的机会,一个主要的原因就在于无教育科研意识,缺乏对一些特殊教育现象认识与探讨的过程。

现实的教育科研交流中,评判教师的教育科研能力,往往通过课堂教学这一形式,但因为其间存在更多虚假的成分,最后不被大众所认可。对于教育科研力,笔者通过十多年的彻悟,以为只要勇于参与并科学地投入,其教育科研能力便会慢慢地提升。当这种能力提升达到一定的层级,在科研交往的过程中,便用拥有的话语权给予体现。为此,本小节中,我们谈教育科研力,也会不时将视野转身于对课题研究的认识。

【现象纪实】

现实中,开展教育研究,这并不是陌生的事。事实上,教师在研究中,却无实质性的进步,其实是由于缺乏科学性、计划性、系统性,导致研究是随意的、零碎的、肤浅的。甚至有些教师在课题上折腾了很久,精力也耗去不少,但却未得到有效地提升。因为他们没有真实有效地开展研究行动。

例如,研究报告中谈到课题的研究方法有文献研究法、行动研究法与调查研究法等,但在研究成果里却看不到这些研究方法的影子,这些研究方法只成为完成课题研究报告的一种摆设。

再如,开题报告中列了很多条研究原则,像主体性原则、渗透性原则、实践性原则、差异性原则等,后面还紧跟着对研究原则的长篇大论的解释,很多文字只是冠冕堂皇的套话,未落实到行动中去。

不付诸行动,啥都不干,或是走马观花,蜻蜓点水,何谈教研能力的提高?在路上,往前行,才有机会接近终点!

【经典案例】

全国优秀教师张越

张越,原上海师大附中副校长,1990年被评为上海市物理特级教师。40多年来,他把全部精力投入中学物理教学工作中,取得了丰硕的成果和多项荣誉,被评为全国优秀教师。

张老师从上世纪60年代开始,自觉地成为课程开发和实施的决策者、研究者和执行者,成功地将教师专业发展的三个最基本的途径——学习、研究、教学实践有机地融合成一个整体。他在一期课改中开展激活课堂试验,二期课改中学习建构主义理论并将它引入新教材,不断地投身教改。由他主要提出的上海师大附中"激活课堂"实验中的"引入含活势、形式求活泼、气氛要活跃、探索有活力、结尾留活意"实践,代表着课改的方向,是真正将学生当成课堂主人的素质教育实践探索。

【反思】

试问,同样是教师,为何他人收获教学成果的同时,也能收获教育研究成果?

因为教育研究,而后登上教育的圣殿,这样的例子非常之多。搞教科研的过程,实际上是教师由感性认识到理性认识飞跃的过程,由自发成长向自觉成长转变的过程。学校的教育科研,能促进教师自觉地、主动地学习,钻研教育科学的理论,从而有助于提高教师的教育理论水平,自觉地按教育规律办事。为此,我们主张教师拥有积极的课题研究行动。

学做课题研究,一定少不了一年或几年打基础的过程,贵在坚持。这需要我们在人生计划的执行过程中,不时地给自我成长的动力与压力,特别是在教育研究力尚处弱小之时,抛弃一些功利的成分,才能无欲则刚,把课题研究踏踏实实地做下去。如果我们只是为开课题而开课题,没有计划的过程,自然便会少有执行的动力。前行的路上,往往有困境,随着课题研究的深入,现实的问题便层出不穷,教师仅凭原有的知识已经远远不够。当课题研究遇到一定障碍时,不妨先暂时放一放,再看看路,来个迂回包抄。可以走出去,也可以请进来,发挥科研的交流功能,不断吸纳他人的智慧成果,通过学习得到新的启发,由此获得新的东西。录一句喜欢的话与诸位读者朋友共勉:人间有险皆能越,世上无高不可攀。

提升教育科研能力,需要我们对教育科研有正确地认识,有清醒地审视。"能研的不能教,能教的不能研",这些都是教育研究中的谎话!一个真正的教育研究者,绝对不会出现此类现象,因为他的计划中除了教学,更有教研。建议我们的教师在教育工作中,更应多一份新的责任,积极地创造性地工作,将自我的工作与教育科研工作接轨,如此才会让我们在收获教学成果的同时,收获教育研究成果。

为此,我们建议广大教师在具体教育工作中,一定要真正解放思想,更新观念,具有着眼现代化、放眼世界、面向未来的眼光和策略;一定要有紧跟时代步伐,密切关注教育动态,及时开展教学研讨和学术争鸣的意识;一定要有切实加强横向对比和联系,组织人员到先进地区或示范单位考察访问学习,认识自己的教研现状和努力发展方向的行动;一定要有联系实际,扬长避短,开创具有自己特色的教研道路的追求。

【建议】

脱离匠气,最好的办法就是教学之余开展教育研究。为此,我们建议如下:

一是克服恐惧心理。很多老师认为教育研究就是专家和教授们做的事情,作为老师本职工作就是上好课。也有一部分老师想做又担心自己做不好,瞻前顾后中虚度了十几年的大好光阴。殊不知,教育研究就来自于一线的教学,教育研究的目的就是解决一线教育中存在的问题。依笔者的经验看来,一线教师才是最好的教育研究者,因为我们每天都会接触真实的教育问题。教育研究未必都是关乎教育发展的大问题,我们可以从很小的角度出发,相对难度小些。

二是宜小而细,切合实际,搞真研究。有的教师把教研看得过于神秘,总觉得大而全的研究项目才能称得上是教研课题。于是乎,在确定教研课题时,片面地追求形式上的完美,不切实际地提出包罗万象的研究课题。因为脱离了教学实际,这些教师为了能够顺利结题,要么东摘西抄搞"拼盘",要么闭门造车玩儿"太极",要么无病呻吟凑篇幅,要么网络下载全盘抄,虽然最终写出了洋洋洒洒数万言的课题报告,但是这种"假、大、空"式的教研课题拿到教学实践中却一无用处。

为了有效避免"能研的不能教,能教的不能研"这种怪现象,应该积极引导广大教师在教学过程中,从发现问题入手,从自己在课堂教学和教书育人中遇到的疑难问题出发,经过深思熟虑,切合实际地提出贴近教学、贴近现实的教研课题。教师提出的教研课题宜小不宜大,宜精不宜全,宜细不宜粗,宜具体不宜空洞。

建议我们也有课题研究的规划和设想。我们在一个阶段的教研课题研究结束后,紧接着再安排部署下一个阶段的教研课题。这样往复循环,不断地从一线课堂和教书育人中提炼教研课题,进行脚踏实地的教研教改,从而解决教学中的实际问题,有效地提高一线课堂的教学效率,促进教学水平的稳步提高。

三是宜立足课堂打造研究平台。真正的教研课题,应该来源于一线课堂,并服务于一线课堂。只有与一线课堂紧密相关的教研课题,才能让一线教师有话可说,有感而发,从而有效地激发一线教师参与教研教改的积极性,提高一线教师的教学水平。脱离一线课堂的教研课题,只能让一线教师隔靴搔痒,难以收到应有的效果。"把自己在教育教学中碰到的问题和困惑拿出来研究,再把研究的成果应用到教育教学中。"这就是教师应该开展的教研活动。

其实,对于一名教师来说,教研教改非常之简单,因为真正的教学研究就蕴涵在教书育人之中。作为教师,我们要想上好每一堂课,就要研究教材、研究教法。我们要想教好每一名学生,就要研究学生的学习心理及个性特点。小到一篇学习笔记、一次教学反思,大到一篇教育叙事、一则教学案例,都是教学研究。只要广大教师平时认真记录学习笔记,真实记载教育叙事,认真进行教学反思,深入思索教学案例,就一定能够取得理想的教研成果。

四是宜扎实有效开启交流功能。为了有效地引导广大教师真正地投身到教研教改工作之中,学校应该定期组织开展集体备课、听课评课、教学观摩、教学反思等形式多样、扎实有效地教研活动。尤其是要经常举办教学案例研讨、教学随笔交流等活动,教师全员参与,同事之间互相学习,才能共同提高! 各项教研活动的开展一定得求真务实,避免形式主义。

在开启的教育交流中,我们应主动走上前台,把我们的教育思想和新的研究成果(有时就是一些新的发现与感受等)展示出来,与其他人进行真正有效的交流,通过对话找到差距,通过提示而重新找到新的成长点。当然,这需要我们教师能真正地拥有前期对教育研究的投入,而且还需要有强大的表达能力,有走向前台发表自我见解的勇气。这一系列的活动,都是一个炼狱的过程,只有勇往直前者,方才可能真正找到需要的东西,从而因教育研究能力的提升,促进自我跨越式成长。

【谨记】将"教"与"研"有机地结合起来,并进行无缝转化,这比单一的教学收获的成果多得多,且更有思想内涵。

2. 教研指导

一位教师能力的强大,除了解决自己的问题,更体现在解决他人的问题上。诸如科研力的提升,更多地反映在对课堂的指导,特别是指导其他教师开展教育教学研究。

——题记

成为指导者，并不是一件容易的事。原因是，你凭什么去指导他人？他人真的听从你的指导？你的指导真的见效果？如此一系列的问题全指向指导者的专业素养与人格魅力等。在本小节中，我们谈教研指导，一个主要的目的在于让大家明白，努力提高完成前面章节中所谈的计划，最终能为教育、他人服务，能用自我所拥有的素养及能力去影响他人。

谈教研指导力，对于所有教师而言可能有些距离，甚至有些不习惯，这一切全源于定位的打乱。以前，因为总感觉自我的弱小，加上尽信教材，尽信教育专家，结果全处于被指导的状态之中。打乱原有教育生活秩序，这一定是个痛苦的过程，因为我们全书建立的基础就在于，做一个有作为的教师。为此，提出我们强大的理由，让自我从被指导者转为指导者。

原规则：为师最大的幸福，是在成长过程中就能获得成就感。

如何打造指导力，这应是呈现在广大教师面前一个必须面对的问题。从教师角色转换而言，指导力更多地指向一位教师不只是作为学生的老师，还应把成为老师的老师作为努力的方向，同时也因为角色身份的要求，需要我们的教师在计划执行的过程中，有目的地学习相关指导方面的专业知识。诸如，教育诊断。

考察一位教师的教育研究力，最直接的方式便是对教育研究的指导，就像教研员或研究专家一样履行自己的职责。本小节中，笔者对从计划实施带给素养提升，转向对指导力的阐述，希望能引起读者朋友们广泛地关注。

【现象纪实】

成为师者师，这几乎是每一位教师的梦想。而现实生活中，真正实现这一梦想的教师所占的比例非常小。考究其客观原因，能给的指导机会往往由更多的教研员占去能力的人很少，对于普通教师而言教好书才是本职；但主观原因依旧还在于自我，根本没有指导他人的实力，也根本没有朝着努力学习成为师者师的愿望。

教师指导力普遍低下，是一个不争的事实，其根本原因就在于不少教师不知道如何努力提高指导力。虽然指导的方式非常多，但真正有效的指导，主要集中于两点，一是在新的理念出现前，给教师岗前培训；一是对教师的课堂问题进行诊断。前者多带有教育行政的指令性，多由上级指认，是可遇不可求的事，而后者却是经常发生在教育教学生活中的事。在笔者看来，机会是自己去创造和把握的，只是我们无数教师没有指导他人的本领罢了。

可能指导他人的教育教学，更被前面章节所谈的把专家级教师神化的缘故。不过，细心考究，我们便会发现，专家级教师成为师者师，一个主要的原因就在于他们善于不断学习，除了掌握指导的内容，更在于他们掌握了一套程式化的用于指导他人的东西。其实，只要广大教师在教学之余，能将学习的点转身对诸如教育诊断的积极关注，除了能更好地指导自我教育教学行为的改良，更能将所学用于指导他人。

【经典案例】

教学诊断

教学诊断是提出改进教与学建议的一种行为，是教师的一种经常的贯穿始终的对教学活动中各种现象进行检查、分析、反馈、调节，使整个教学活动、教学行为日趋优化的过程。它是通过对课堂教学现象进行客观细致地记录、归纳、梳理、总结，从课堂教学实践中发现问题，到教学理论中查找问题根源并寻求解决的方法，再回到课堂教学实践，以正确的教学理论指导教学,提出诊断方法和教学建议,以达到教学理论与教学实践的完美融合,最后回归教学理论,以教学实践推动教学理论的进一步发展。

教学诊断是一个医学术语。医生诊断后所做的结论,即判断病人所患疾病及其病情的程度,称为"诊断"。学者们将"诊断"应用到教育领域,产生了独特的教育学术语并且给予其独特的含义。美国学者克拉克和斯塔尔提出:"教师看到学生学习中存在的困难,精确地找到这个困难是什么,并发现产生这个困难的原因,这就是诊断。诊断之后的教学必须纠正错误的东西或补足缺乏的东西。没有诊断,教学就没有方向。学者王增祥认为:"教学诊断是诊断者依据一定的标准对实际的教学过程进行的比较和评判的活动。"

教学诊断是指教师为了强化自身素质和提高教学水平,主动请求学校内较高水平的教师深入自己的教学生活,帮助自己发现问题,改进提高的一种自主发展方法。北京师范大学的肖川教授认为:"教学诊断是由教育专家或学校内部,为使教学能更好地适合学习者的需要和背景情况,对教师的教学情况和对学生能否达到教学目标所必需的基础(包括知识、技能、态度、情感等)所做出的评定。通过诊断,设计出一种改进教师的教和排除学生学习障碍的教学方案。"

教学诊断的内容十分丰富,主要有行为诊断、思想诊断、教学设计诊断、课堂教学诊断、作业测评诊断等几个方面。

【反思】

教学诊断的目的,是从根本上提高教师的业务素质,提高教师的人生价值。教学诊断的基本原则,应是抓实例、求实效、讲实用。一线教师完全可从提高教学诊断力开始,提高教育科研力,从而再提高自我的专业化指导水平。

涉及教育研究力中指导力的提高,几乎已将教师传统的知识结构颠覆。关于教师专业标准的研究,我们较多地参照和引用了美国教育协会提出的专业八条标准、利伯曼提出的专业八条特征,以及曾荣光综合提出的专业七条核心特质和十条衍生特质。实际上从结构的角度来概括,教师专业标准包括条件性特征——具备什么条件的人能当教师(相当于专业边界)、功能性特征——当教师做什么怎么做,以及结果性特征——社会认可的专业地位。

指导力的提高,实质是合作能力的提高。人们越来越认识到,实现教师专业化必须诉诸于教师个体的、内在的、主动的专业发展策略,必须着力提高教师的教学水平和专业能力,即教师的专业发展。唯有"足够的知识基础"、"实践反思"、"合作发展"的有机整合,形成"三位一体",才能促进教师专业发展。不仅如此,我们还必须追问:教师应该具有什么知识基础,该反思什么,在哪些方面要合作?怎么合作?因为这是问题的关键所在。

提高教研指导力,是教师专业提升后成熟的标志之一。笔者认为,教师专业发展只能从教师的职业活动——教育、教学工作中寻求有效的途径——还教学本来的面目:教学生学习、指导学生学习,并据此开展教学诊断。学生学习最大的乐趣不在于没有障碍,而在于克服障碍。而要克服障碍必须知道有哪些障碍,这些障碍是如何形成的,怎么克服这些障碍。这就要求教师能对自身的教学和学生的学习进行诊断。比较而言,医生和律师职业之所以专业化程度较高,主要不是因为他们对医学、法律知识的宣传(这也很必要),而是他们具有对病情和案情的诊断能力。

【建议】

教育诊断是一门技术。教师提升指导力,开展教学诊断是一种最有效的办法。为此,在此将给予详细地解说。

诊断的方式

从形式上看,一般有听课诊断法、微格教学诊断法和案例诊断法。听课诊断法,对于课堂教学的常规研究比较实用,而且无论是城镇学校还是农村学校,都有条件操作;但这种诊断研究可能只有广度,而欠深度。微格教学诊断法和案例诊断法,一般用于有深度的研究和专题性的研究,但并非所有学校、所有教师都能有条件开展。所以,采用什么样的诊断方式,要从学校和教师的实际出发,灵活地选用。

从内容上说,教学是教师的教与学生的学所共同组成的活动,也是开展课堂教学发展诊断的两个方面。

教学诊断要立足于教与学的真实状态和复杂关系。面对复杂的课堂现实,有三个问题是我们进行诊断时必须思考的:教师想教什么? 教师实际在教什么? 学生实际学了什么?

从"教"与"学"两个方面来看,教学内容的选择与落实存在两个矛盾:一是教师想教什么? 教师实际教了什么? 二是教师实际在教什么? 学生实际学了什么?

这两个预设与生成的矛盾便是诊断的依据,衡量的标准是课堂教学的实效性。专家认为有效教学有以下九种特征:(可供诊断参考)①清晰(结构与表达);②多样性(教法);③热忱(情感);④任务导向(效率);⑤避免严厉批评(态度);⑥间接的教学形态(非灌输);⑦强调教学内容(学科);⑧用结构性的陈述方式(认知结构);⑨使用问题激发学生多样的认知层次(提问)。

第一,要诊断教师的教。首先要诊断的是"教学内容是否适宜"。

教学内容诊断有如下几等标准:

最低标准:教师知道自己在教什么

①教师对所教内容有自觉的选择意识。

②所教的是"学科"的内容。

③教学内容相对集中。

较低标准:教学内容正确

④教学内容与国家的政策方针一致。

⑤教学内容与学术界认识一致。

较高标准:教学内容的现实化

⑥想教的内容与实际在教的内容一致。

⑦教的内容与学的内容趋向一致。

理想标准:情感价值目标的有效达成

⑧教学内容与情感价值目标一致。

⑨教学内容切合学生的实际需要。

根据这些标准,可从以下几方面进行诊断:

一是教学内容有多少项,各项内容如何联系(无联系、有联系。学生感受不到呈现于本课内的联系、呈现本课与学生已学和将要学的联系)。

二是对内容理解深度、广度如何(低于学生、等同学生、略高于学生、远离学生;重点内容是什么,教学是否集中和充分)。

三是选择教学内容是否合适:符合课标规定、与教材要求吻合、与研究适应,是学生所需要的。

四是学生的学习结果:教师所教的与学生实际学到的是否一致。

其次,诊断教学目标、课堂教学的流程、教学内容的落点、课堂提问、课堂教学评价等其他多方面。随着诊断地深入,诊断的内容可越来越细化,这有助于培养教师的钻研精神,也能更好地提高课堂实效。

第二,诊断学生"学"的情况。

一是学习的兴趣、习惯和主动性、创造性;

二是参与自主学习的人次与所占的比例;

三是积极思维的程度;

四是训练的量与质;

五是阅读、计算、表达、分析、策划等能力的实践;

六是学习的主要方式。

第三,诊断教学效果。

一是教学目标的达成度:基本实现教学目标,多数学生能完成学习任务,每个学生都有不同程度的收获。

二是基础知识的掌握和学习习惯、学习方法、创新意识、动手能力等的养成和提高。

三是师生交流:教学互动、平等参与、善于沟通。

四是同学交流:教学互动、平等参与、善于沟通。

五是学习态度、学习品质、思想道德和人格的完善等。

诊断的种类:有个人诊断和合作诊断、综合性诊断和分类诊断。

综合性诊断,它是最基础、最常用的一种诊断方式。它要求听课者依据评价指标,对课堂教学的目标、内容、结构、方法、手段、板书、教师素养、教学效果等诸方面作出全面的分析与诊断,其不足是使听课诊断者要兼顾全面,否则会影响其对课堂教学的深度分析。

分类诊断,它是组织者预先培训和布置几位听课者从不同视角、抓住不同内容对课堂教学的各个方面进行分类诊断与分析。这里的"分类",如对学生个体参与者的分析诊断,包括重复次数、发言质量等;又如,课堂教学过程中各种问题的分析统计:教师提了哪些问题,学生提了多少问题,哪些问题具有针对性,有思维含金量,教师是如何引导学生科学处理这些问题的;再如"学生群体活动的时间、活动强度","设计了多少教学环节,每个环节的时间安排是否合理","教师如何科学地驾驭课堂"等,可分别由一位诊断者重点统计与分析,再在研讨活动中分别交流。

如"课堂提问",应从几方面来诊断呢? 可以从提问的数量、提问的认知层次、提问的方式、问题的指向、学生回答的方式、教师理答的方式来诊断。也可从问题类型及其认知功能来诊断。

附:六种问题类型:

记忆性问题:要求识记和回忆文章中有关的事实和知识。

理解性问题:要求用自己的语言来说明文中表达的意思。

推测性问题:要求推论出含蓄的言外之意。

运用性问题:要求把文中的概念、观点、价值等运用于新的情景中。

评价性问题:对文中所写的内容作出评价。

创造性问题:要求展开想象,重新组织一些信息来获得创造性的答案。

教学诊断的步骤

课堂教学发展诊断,要以专家引领、同伴互评、自我诊断为途径,进行多层次的实践,让诊断尽可能靠近真实,真正为课堂教学发展服务,让诊断提升我们的课堂效率,促进我们的专业发展。

我们应该借鉴几年前进行的"三级合作上课"的形式。"三级合作上课",就是充分发挥市、片、校教师的作用,通过做课教师的教学反思、听课教师的评课,促进参与者专业素养得到不断的提高。

首先,要重视观课、议课。议课是对过去式课堂的一种诊断,同伴互评就相当于医生会诊。教研时,让同伴、个人全面参与进来进行诊断。

观课老师通过望闻问切(望:观察学生教师的状态。闻:倾听师生的交流。问:问教师问学生问同伴。切:针对教学目标对学生进行抽测——书面、口答),根据自身的教学经验把课堂存在的问题枚举出来。所有的听课老师由于经验、学识、角度等等的不同,列出的问题也会智者见智,仁者见仁,老师们针对存在的问题进行研究讨论,找出解决问题的办法,开出一副良药,让授课老师在今后的教学中"服用",在"服用"过程中再根据出现的问题再进行复诊,找出最佳方案,直到问题解决。与参诊的老师在讨论的过程中也自然是一种极佳的预防保健。

诊课是教师应具备的一项基本功。经常性地开展诊课,有利于准确诊断教学问题,提炼教学经验,优化教学艺术,有助于教师间切磋技艺、共同提升。因此,评课对于推进新课改的实施,全面提高教学质量有着不可低估的作用。通过三番五次的诊断性教研,老师们的课堂水平应该会有实实在在的提高。

其次,重视教研组内的集体备课,这也是一种课堂教学的诊断。

集体备课是对将来式课堂的一种诊断,这是一种预防保健型的诊断,它能让参与老师及时发现不好的苗头,然后集中优势兵力把它消灭在萌芽状态,集中火力打歼灭战。所以课前的诊断很是关键,它能让我们的课堂教学良性发展。

我特别推崇"同课异构"的教研方式。"同课异构",即对同一课题,不同教师有不同的构想、不同的上法,大家在比较中互相学习、扬长避短、共同提高。这种方式其实也可以对过去式课堂进行诊断。

再次,养成自我诊断的习惯。上课是对正在进行式课堂的一种诊断,这是随机呈现出来的,也就是平时我们所说的生成,这是教师自我免疫能力的一种反映,也就是对教师的功力、内涵、素养、机智进行考验,这些是自我诊断下的或者是有意识的或者是无意识的一种应变,这种应变得当及时有效,课堂便会健康和谐发展,否则便会低效负效病态发展。

总结、反思是自己对过去式课堂的诊断,在此过程中,结合老师们提供的一些解决问题的办法,进行归纳梳理,找出自己的病源,找出最佳方案,让自己的课堂教学能够提前预防、良性发展,这就是再诊断或者说持续诊断。

深入持续地开展教学诊断,从而内化为教师自身的一种自觉行为,一种教学习惯,对老师教学能力的提高、对青年教师的成长、对专业型教师的培养,对提高教学实效,真正实现教改,应该是非常有益的一项举措。

诊断的策略

诊断的最终目的不在于评价一节课的好坏,更重要的在于总结经验,发现问题,在于激发教师开展课堂教学研究的兴趣,营造教学研究的氛围,使广大教师在研究过程中不断提高自身的专业素养。所以,课堂教学的诊断,必须讲究艺术性与策略性。

一是诊断要客观、公正、科学。诊断者首先得尊重执教老师,不能不经全面的了解就不负责任地乱发议论。观课前、观课后要全面准确地了解——执教老师教学方案设计的意图目的,其渗透的教学理念,以及课前做了哪些准备工作,课后还将采取哪些措施。这中间,执教老师课前或课后的说课是为观课者全面了解执教者上课全过程的一种有效方法。只有全面了解,才能使你作出全面科学的诊断与评价,执教老师才能真正地接受你的意见与建议。

二是诊断应有激励性。对于一些刚踏上岗位不久的年轻教师和一些偏远农村地区的普通教师,课堂的诊断与评价不能有过高的要求,更不能有过多的批评和否定;而更多的是一种期待,一种激励,多用"这样设计行不行? 这样提问是否效果会更好?";要灵活地变通评价指标,尽量找出他(她)的闪光点。对于课堂中确实存在的问题,应以商榷的口吻,或以提问的方式,启发引导他们自己发现问题,并与之共同分析问题发生的原因,一起寻找问题解决的办法。

三是诊断要因人、因课、因场合而异。不同的教师,不同要求的课、不同的场合,诊断所依据的标准也应不同。如,一些随堂课和农村教师的课,诊断所依据的标准可适当作出调整,要相对降低要求;而对一些优秀教师的课,区级层面的展示课、研讨课、示范课等,诊断所依据的标准与要求要适当高一些,在对问题的诊断与分析上也要相对严格些。另外,如果观课、议课的场面大,观课人数多,则预先要给执教者交个底,打个招呼,让其有思想准备,提出问题也要委婉含蓄。如果是单独与其交换意见,则可以多提些探讨的问题,让他(她)从更高的层面上认识自我,严格要求自己,不断地超越自我。

【谨记】用强大的指导力去征服其他教师,这是做一位强大的教师的智慧行动。

第六讲　出色教师不只是教书

锁定幸福！幸福！写此章节时，第28个教师节不期而至。正如央视晚会《至高荣誉》中主持人的一句潜台词："有国旗的地方就有老师，有老师的地方就有孩子们的未来。"施大爱，施小爱，致使教师成为所有人的春天，让人感知的幸福全等于爱的奉献和爱的接力，让幸福诠释成了命运的支点。晚会上，再次看到了我们出色的教师同行，联想到自己的教师身份，心潮澎湃，鞭策自己，更加努力的工作，全身心地关爱学生、热爱自己的职业！

施人以爱，自我幸福。回归全书，我们所谈的虽是指向于教育生涯规划，但却几乎全指向幸福。基于留存心底的支撑——"我幸福，世界幸福"，基于"己所不欲，勿施于人"。教师也需要幸福。从做出色教师开始，执行计划，实现计划。给予教育更多，我们深信，得到的一定会更多。

（一）

回过头来，再次审视被划定的一五、二五、三五计划，甚至更长的计划。应该说，教育职业生涯的发展本没有分界线，我们之所以如此论述，目的在于给身为教师的你一个亲切地提醒：出色的教师不只是教书。

本章节中，我们再次重申：论述职业生涯规划的目的，就是做一个出色的教师，给自我幸福人生以支撑。完成本书的过程中，我们时常感觉笔力不够，其主要原因就在于曾经的经历：一位普通教师生存之不易。特别是那些生活在社会最底层的教师，时常感到来自教学之外的生存压力，这的确会影响我们对幸福的感知。

（二）

走入教育职场，我们不得不拷问：我们应该做什么样的教师？肯定地说，是创造性地完成计划，做一位出色的教师！笔者多年观察教师的冷暖人生，才给出了如此的风向标。因为出色而鹤立鸡群，因为出色被特别关注，因为出色给予特殊的岗位而后做出更大的成就，因为出色命运悄悄地被改变。

纵观全书所有的文字，真正的内核就是拼搏。我们丝毫不怀疑"伟大"一词，更不怀疑"奉献"一词，但我深知天下所有教师对幸福的渴望，更是一些实实在在的渴盼，一些最现实的需求。当然，人的潜力是巨大的，人生给予的时间是有限的，将所有抽象的词汇进行浓缩，就是希望天下教师一步一个脚印，执行计划，做一名出色的教师。我们深信很多关于幸福的载体，一定会悄悄地降临。

（三）

前面的章节中，我们探讨的尽是做什么、怎样做，本章转向对现实生存的关注，为此我们提出加以弥补的三大计划。诸如感恩与敬意，所说的就是那些人、那些事和那些物，因为感恩，我们弥补感恩教育；因为我们需要成功和走得更远，所以依旧还需要弥补成才计划，同时也需要我们去弥补理财计划,我们才会获得更多的机遇。这些更是教育之外的,任何一人都不可游离的层面。为此,笔者希望我们教师走出书斋后,不能依然是半个书呆子的模样。

幸福向我们招手的姿势非常之隐讳。所以,在这里,我们将话题转移到计划之外,就是提醒所有的教师,必须正确地做人,做正确的人。

(四)

鼓励教师有定力,摘得最大的桃子回报自我。人生计划的执行与转换,几乎都是这样的四个层次:不知道自己不知道;知道自己不知道;不知道自己知道;知道自己知道。计划实施的过程,俨然更多拐点,只有让计划真正实现叠加,才会让自己活得更明白。努力的结果,便是让自己看到突破口,从而看到自我的强大,彰显自我的强大。特别是可持续的发展过程,便会全然目睹价值延伸的曲线。当然,得过且过,只能是"泯然众人矣"。

(五)

笔者依然相信投身于教育秩序的改革更能收获颇多,真正热爱教育才会去付出,让计划朝着良性的方向达成。全书所谈计划的执行,皆是出色教师的成功之道,其基点起始于对教育的热爱,带着对教育的希望而起程,最后终结于教师和学生共同在教育中获得成长和幸福。

教师朋友,享受教育吧!在此,我们再次敬告读者,趁着年轻,按照规划努力工作,成就自己的前半生,如此奋斗才能享受自己的后半生。我们再次告诫青年教师,如果一味地浪费自己的前半生,迟早会付出沉重的代价。

第一节 三大欠账

是什么原因让人失败,是什么原因又让人成功?全书所谈的计划,全在于鼓励大家勤奋献身。当然,没有素养的提升,没有建立在教育领域里的成功,神马只是浮云。谈失败,谈成功,几乎全都归结于人的因素。本小节中,谈感恩与敬意,源自成长的过程中,计划的执行中,对曾经和今后依赖于无数的人、事、物以铭记,并致以深深地感谢。令人遗憾的是,有的教师也许是忘记对人的感恩,忘记对事和物的敬意,最终与成功擦肩而过,并因此失败;有的教师忘记抓住成功的机会,最终失败;有的教师因为缺乏理财的理念,最终而固守穷境,从而对教师职业不再看好。

成功的人生,感恩、成才、理财几乎成为主线。在这里,我们将感恩与敬意,成功与成才,幸福与理财以一种课程的方式提出来。说得再明白一点儿,重要性在于无数教师就因为缺少感恩意识,导致失败。这一小节里,结合作者对教育的理解和曾经的经历,像开设感恩课程一样,我们将对教师现状、意识目标、相关原则及策略等展开研讨,使教师因实施计划而全面提高自我素养,然后再接受感恩教育、成才教育和理财教育,从而给予幸福人生最大化的保障。

1. 弥补欠账(一)——给予感恩计划

> 学会感恩,人生中才会处处拥有赖以成长的肥沃土壤。　　——题记

人的成长,与之相伴者非常之多,最为重要的莫过于两类人,一个就是给自我成长平台

的伯乐,另一个便是与自我同台竞技的对手。特别是在这竞争非常激烈的时代,伯乐与对手可谓是人生计划执行过程中,难得、稀缺而宝贵的人生资源。诸如 2012 年伦敦奥运会羽毛球赛男单冠军林丹,他之所以取得骄人的成绩,真还得感谢一个水平高超的对手——马来西业羽坛名将李宗伟。

很多人都十分得意的认为,自我成功是用自我的汗水换来的,忘记伯乐与对手,将自我置于最重要的位置。持这种心态的教师,必须调整心态才行。如果说,亲爱的读者们更多关注我们教育原规则研究的焦点,我们会再次毫不含糊地指出,在计划与感恩的排序中,更会将感恩教育排列在第一,主张先学会感恩而后再建议执行自我的计划。因为,人不可能独立于生存的环境而存在,人的成长离不开他人的帮助。事实也是这样,只有那些成为别人愿意帮的人,他们才最终真正成为一个伟大的人。

原规则:无感谢,无伯乐;无感谢,无对手;无感谢,无成长。

现代成功学理论已经证明,在促进事业成功的因素中,智商的因素只占 20%,而情商的因素则占到 80%。曾与一位老领导同行,他所言"智商决定职业,情商决定成就",笔者非常赞同这一观点。一位教师要想真正从职场里获得成功,最终成为出色的教师,除了努力工作,真还得调动情商才行,特别是在成长的过程中,抓住自我成长过程中的一些重要的他人。这些重要的他人,一是伯乐,二是重要的对手。倘若我们已经有了行动的计划,并且有了努力的方向却不成功,此时最值得反思的,那便是我们的感恩行动是否欠缺。本小节中,我们无意进行指责,更多的是提醒,希望能唤起对自我曾经遗忘诸事的弥补,特别是善于用智慧,去发现并抓住我们所指的两类重要的他人。如此这样,再言走向成功才可以说是距离梦想不算久远的事。为此,我们将对涉及感恩行动相关的内容予以研讨。

【现象纪实】

什么样的教师生存最艰难?平庸的教师生存最艰难!什么样的教师心里最累?是那些身处暗室的教师。他们是对发展感觉无望无助的人群,老想找人帮一把,但总感觉前行之路上没有看到一丁点儿的光亮,望苦海而嗟叹,熬生命而悲切。

现实生活中,这样的教师非常之多。细心观察便会发现,问题在于处理人际关系时,真还存在着很多的问题。诸如,一味地清高,特别是毫无建树时的趾高气扬;不会感恩,在自我发展的过程中,肯定有重要的他人曾抛出过橄榄枝,却总是经常把这些重要的伯乐给遗忘;贬低自我,总是与不学无术的人群牵牵扯扯,总是没有提升自我素养的对手……

人在职场,总会伴随着惆怅、懊恼,总有尴尬的局面。试问,长此下去,我们是否会感觉到发展渺茫?有的人总是少有感恩行动,几乎把全部心思、精力、时间用在抱怨、牢骚上,哪怕有再多的伟大计划,也不会像渡船一样,把我们带向成功的彼岸。

【经典案例】

感恩教育

"感恩"一词,在《现代汉语词典》里的解释为:"对别人所给的帮助表示感激"。

中华民族是最懂得感恩的民族,知恩图报是中华民族的传统美德,千百年来形成了"恩欲报,怨欲忘,报怨短,报恩长"的处世哲学。诸葛亮知刘备三顾茅庐之恩,鞠躬尽瘁,死而后已;王猛知符坚知遇之恩,辅佐之至,后世皆称一代名相;汉臣董文柄受元主忽必烈知遇之恩，竭尽心力，献计献策，最后灭了南宋，是元朝开国大功臣之一；投桃报李，衔环结草之事，更是千古流芳，万人传颂。

中国的感恩教育源远流长，自古就有"滴水之恩当涌泉相报"、"谁言寸草心，报得三春晖"的古训。感恩是一种美好的情感，一种做人的道德，是一种处世哲学，是做人起码的支点。孝敬父母、尊敬师长、善待他人是中华民族的传统美德，需要我们不断继承和发扬。在物质文明快速进步的今天，却出现了一些道德滑坡的现象。只知道索取，不知道回报的现象尽管局限于少数人，然而影响却不容低估，这不能不引起我们的反思。

感恩，是一种美德，缺少这种美德怎能行呢？感恩几乎被世人推崇。诸如在美国的感恩节。每年11月的第四个星期四是感恩节。感恩节是美国人民独创的一个古老节日，也是美国人阖家欢聚的节日，因此美国人提起感恩节总是倍感亲切。感恩节是美国国定假日中最地道、最美国式的节日。感恩节的起源，其实最初也在于人性的发现。

感恩是每个人应有的基本道德准则，是做人的起码修养。但是如何感恩，又有几个人真正懂得呢。在当代似乎感恩教育所提及更多的，便是主张对学生进行感恩教育，而身教重于言教，为此我们教师有必要重新认识感恩的重要性。

【反思】

山感恩地，方成其高峻；海感恩溪，方成其博大；天感恩鸟，方成其壮阔。人生的缺失，是感恩教育的缺失，特别是在我们的行动计划中有所缺失，这更是天下教师（包括笔者）应该去深思的一件事。

感恩，在我们的教师人生中是无处不在的。因感恩是出于真诚恳切的对别人的帮助表示感谢，懂得感恩的人，在执行计划时一定会少有绊脚石。因为当一个人经常"感恩"，他的生活便少给对手报怨，多了对缘分的珍惜；同时，因为"感恩"，别人便会少有与他纷争，在和谐相处的同时，便给他主动让出前行的大道。这也正如"无私为大私"所阐明的道理一样。

现实生活中，因感恩而得到回报的事例非常之多。诸如前几天开学之时，听说某位友人得到提升。朋友长期在一边远学校作校长，因为他懂得对曾经教他的老师感恩，每一个节假日里，总少不了前去看望，并且坚持多年。因为他的行动感动了那位老师的儿子，当老师的儿子因为卓越而为一方主阵教育的领头羊时，第一个想到的便是将那朋友调动到适合他的一个最重要的岗位上。

这个故事似乎偏离高尚的主题，看似偶然，但存在一定的必然性。如今的体制下，一个人要想取得成功必须要有"伯乐"相助。如何让别人发现你？途径很多，但懂得感恩也是一种很好的方式。事实也是这样，我们每一位教师都是社会中人，都是一些现实中的人，真要出色，离开了他人的帮助，几乎无希望所言。可能每一位教师都曾经处于低谷，那么此时最好的办法，就是在努力工作，执行发展计划的同时，从学会感恩开始，学会感谢团队、感谢曾经给予我们帮助的人，其人脉便会逐渐建立起来。

亲爱的朋友，不知你是否有这样的经历，为什么自己的成长计划执行起来阻力那么大，为什么想做点儿事情总感觉那么难，总是感慨领导不重视不支持，同事不理解不协作，学生不接受不配合。其实，要想摆脱现实的尴尬与困惑，收获职场幸福，必须成为出色的教师。要想成为出色的教师，找寻到自我的成就感，必须一步步达成自己的成长计划。计划执行，有效的动力源是精神的力量，精神的支点是感恩。这是有着内在逻辑联系的因缘。

人间万物皆有感恩之心。现实是，我们应该懂得感恩，知道如何去感恩，知道应该去感谢哪些人。亲爱的读者朋友们,你们有过这样的感动吗？如果你曾感动于一丝微笑、一个眼神、一声祝福、一句劝勉、一声称赞,如果你曾感动于一缕阳光、一枚绿叶、一片花瓣、一颗露珠、一泓清泉……那些让你有过感动人和事,都是你应该去感谢的对象。

"生活是一面镜子,你对着它笑,它也对着你笑;你对着它哭,它也对着你哭。"在这个物欲横流的世界里,一个人,只有怀揣一颗感恩的心,才会体味到生活的幸福与乐趣。学会感恩,也就是学会了生活。怀有一颗感恩的心,你才会得到他人的尊敬和信任,才能帮你在逆境中寻求希望,在悲观中寻求快乐。只有懂得感恩的人,才会在未来的学习和生活中,不断地得到他人的帮扶和资助,让自己顺利渡过每一个难关,帮助自己实现心中的理想,成就自己钟爱的事业！

感恩是一种美德,缺乏感恩就是缺乏美德。感恩能净化心灵,涤荡世间一切尘埃,使人内心变得恬静而柔和。现实生活中,学会感恩应是第三个五年计划中必修的一堂课。拥有一颗感恩的心,感恩身边的人、身边的事,以满腔的热忱投入到工作中去,从而促使你达成你美好的愿景,加倍提高幸福指数。值得注意的是,一位教师即使有再高深的学问,多么强的能力,如果缺少感恩之心,也会贬值,往往会被埋没在无序的纷争之中,让其无所作为。

【建议】

执行人生的发展计划,必须融入感恩之心。因为感恩是一种情感,是一种人生境界的体现,有它才会走得更远。我们必须学会将感恩无限放大,从而达到"心与心的碰撞,情与情的交融,爱与爱的传递"的目的。因为有感恩,我们才更容易走向成功,从而体验到幸福的快感。在此,我们建议:

一是树立一种感恩意识。《圣经》里说:"当上帝给你关上一道门,他又会给你开启一扇窗。"教师在职场,不可能事事时时顺心如意,遇到困难挫折时,要学会自我调适心态,与其在那里发牢骚,不如放平心态投入到新的工作中去。

我们应充分地认识到,感恩是一种心存感激的外在折射,是一种知恩图报的情感,是一种生活态度,是一种习惯。建议每一位教师都学会做生活的有心人,并体现于感恩行动之中。有位哲学家说过,世界上最大的悲剧或不幸,就是一个人大言不惭地说没有人给我任何东西。我们应把感恩元素融入计划之中。感激和怀想那些有恩于我们却不言回报的每一个人。我们在成长计划的执行中,一定需要外界的各种资源的帮助。所以,在计划执行中,学会用感恩的心态做事待人,学会表达你的谢意与友好。如上一节公开课,我们可以诚恳地邀请领导同行前去指导,课后虚心听取批评和建议,当你取得成绩时不要忘记感谢曾经帮过你的人。

二是付诸于感恩行动。感恩教育融入计划实施的每一个细节,既是一种智慧品德,更是一种思想境界。有人曾经给出以下具体的活动意见:

养成感恩的习惯。每天清晨醒来时,建议睁开眼的第一瞬间,便有感恩的意识,诸如应默默地感激已有的生活和所爱的人,当然还包括其他的我们为之感激的人和事情。

一张表达谢意的纸条。生活中,时常都会出现别人帮助你的场景,你一定会很开心吧。此时,需要的是及时表达你的谢意,有时一张小小的卡片(或 Email)就可以了,礼轻情意重。

一个小小的拥抱(在恰当的时候)。对你深爱的人,与你共处很长时间的朋友或同事,小小的拥抱是表达感恩最好的礼物。

对每一天怀有感恩。你并不需要感谢特定的某人,因为你可以感谢生活！感谢今天又是新的一天。有一位怀有感恩之心的人士，这方面做得非常出色。当他每天醒来时，都会这样想："我真是个幸运的家伙！今天又能安然地起床，而且还有崭新的完美一天。我应该好好珍惜，去扩展自己的内心，将自己对生活的热情传予他人。我要常怀善心，要积极地帮助别人，而不要对别人恶言相向。"

不求回报的小小善意。不要为了私利去做好事，也不要因为善小而不为。留心一下他人，看看需要感恩的人喜欢什么，或者需要什么，然后悄悄帮他们做点儿什么（倒杯咖啡，稍份报纸，送封信件，擦净桌子，泡下茶水等等）。行动强于话语，说声"谢谢"不如做一件小小善事来回报他。

一份小小的礼物。并不需要昂贵的礼物，小小的礼物也足够表达你的感恩了。比如，发现熟悉的一个人有点感冒了，在他还没有意识到时，及时地放上几片药，并附上一杯热水。相信会有意想不到的结局和后续故事。

列一份你感谢别人的理由。列这样一份清单，大概十至五十几条，表达你对他的感受，为什么喜欢他，或者他帮助了你哪些地方，而你为此深怀感激。然后将这份清单交给他。

公开地感谢别人。在一个公开的地方表达你对他们的感谢，比方说办公室里、在与朋友和家人交谈时、在博客上、在群组发言时、在当地新闻报纸上等。

给他们意外的惊喜。一份小小的惊喜，可以使事情变得非同一般。比方说，当妻子下班回到家时，你已经准备好了美味的晚餐；当父亲去工作时，发现自己的汽车已经被你清洗得异常干净；当女儿打开便当时，发现你特意做的小甜点；当朋友连自己的生日到来都不记得时，你却及时地发来了情真意切的原创祝福短信。就是一点点儿的意外惊喜哦。

对不幸也心怀感激。就像罗斯福总统家中被盗后，他给朋友的回信一样。即便生活误解了你，使你遭遇挫折与打击，你也要怀有感恩。你不是去感恩这些伤心的遭遇（虽然这也使你成长），而是去感恩那些一直在你身边的亲人、朋友；你仍有的工作、家庭；生活依然给予你的健康和积极的心态等等。

感恩是一种处世哲学，也是生活中的大智慧。一个智慧的人，不应该为自己而斤斤计较，也不应该一味索取和使自己的私欲膨胀。学会感恩，为自己已有的而感恩，感谢生活给你的赠予。这样你才会有一个积极的人生观，才会有健康的心态和美好的前程。

【谨记】感恩使教师走向出色，也是获得职场幸福的一堂必修课。

2. 弥补欠账（二）——给予成才计划

> 促使你成才的关键事件并不是太多，往往就那么几个转折点和升华点，只要善于抓住便会改写人生。
>
> ——题记

前面章节中已经谈到，虽然不能准确地预定未来，但是当再次回首曾经的际遇，便会发现命运多会源于前五年甚至更长时间的一些行动。写到这里，可能读者朋友与笔者一道都有共同的感受，今天的命运我们几乎已难把控，甚至倍感艰难。笔者在此抛出一观点，为了未来的计划能够实现，让明天的我们能自己扼住自己命运的咽喉，就让我们从现在开始，扎扎实实地走好眼前的每一步吧。

近来，我愈加深信成功并非偶然，很多人的成功都有必然的因素——永远心怀敬意。或许有的人认为，别人的成功有更多的偶然因素，其实只要深入成功的背后真切地研讨，我们便会发现:成功的人士有一个共同点,那便是擅长抓住影响人生的转折点而前行;当进入第一个层级后,便又能抓住机遇而快速升华。本小节中,笔者便带领大家,将探讨计划的笔触延伸至计划执行的焦点——转折点和升华点,进而深入研讨成功的偶然性与必然性。

原规则:凡已进入第一个层级,再次提升便会感觉轻松很多。

成功是执行计划最好的证明。谈转折点,多有致人生命运之改变的意义;谈升华点,多意味着人生素养提升到更高的一个层级。两者的实现不能离开社会而空谈。更好地利用计划,让自我的成长与发展,得到他人更多的帮助,给我们成长的载体,这便是我们论述的全部目的。特别需要提醒的是,在给予转折点时,心怀敬意而将执行计划延伸,才能在一新的平台让层级得以再次提升。

对成功的追求,是为了最大地体现人生的价值,并不是对功利的追求。前面小节中,所谈弥补感恩教育,其目的就在于致使计划顺利地执行。此时对于转折点和升华点的认识,是从对重要他人的认识中转向对自我内因的调动,因为带给转折与升华更多的是个人主观能动性地发挥。为此,在本小节中,所谈转向对影响人生的重要事件的把握,其重要性,往往就向人们所谈论的职位一样,机会就只有那么一次,别人捷足先登,后来者便再难居上。

【现象纪实】

一个人的发展需要平台。现实是,无数的教师深感前途无望,虽然已非常的努力,非常勤奋的提升素养且努力地执行计划,却依旧感觉没有给自我带来命运的转机。

什么原因造成如此的遗憾的结果呢?可能无数的人都曾有事后诸葛亮的经历,或多年后还在遗憾自己在某一时刻或放弃或糊涂,让机会流失。迈出的脚步大小不重要,重要的是脚步的方向,勤奋的双脚一定要踏在正确的道路上。

人生的转机不是发生在危机时刻,而是出现在机遇之时。我们有很多老师梦想成功,不甘心被埋没、不甘平庸、不满足于现状。但总会遇到两大困惑:有想法没办法或者想努力没载体。结果往往造就了"心比天高,命比纸薄"的结局,让人无可奈何。

人无发展便无转折点,人无提升更无升华点。现实生活中,抓住机会而后成功者,并不少见。我们完全应该借鉴他人的例子,从中找到奋起的理由。诸如,一部分教师将理想定格于教育专家,他们往往会抓住教育科研中的一些关键时刻,而后努力表现自我、获得认定,争取到一新的台阶;当他们实现第一步超越之后,在更高一级的平台上因而见到更多优秀的人,为此再继续努力,而后便快速地提高到更高的层级。还有一部分教师,其理想是成为优秀的教育管理者,哪怕努力学习管理多年,可能依然与教育管理无缘,可当他们真正抓住一些关键的时刻,特别是在教育管理职位空缺的那段时间,努力参与竞争,最后便能鹤立鸡群,而后只要继续执行曾经的计划,让其先进的管理理念有了用武之地,短时间内便会看到其快速的提升。

善于把握时机,当机会远离我们而去时,我们应该怎么办?其实,最值得反省的人,依旧是我们自己。相信朋友们有了比较成熟的思考,就会有明确的努力方向。

【经典案例】

思路决定出路

有位秀才第三次进京赶考,仍旧住在一个以前住的车马店里。考试前两天,他做了三个梦。第一个梦是，梦到自己在墙上种白菜；第二个梦是，下雨天，他戴了斗笠还打伞；第三个梦是梦到跟心爱的表妹，脱去了衣服躺在一起，却是背靠着背。

秀才解不透这三个梦的寓意，第二天就赶紧找算命的解梦。算命的一听，连拍大腿说："你还是回家吧。你想想，高墙上种菜不是白费劲吗？戴斗笠打雨伞不是多此一举吗？跟表妹衣服都脱去，躺在一张床上了，却背靠背，不是没戏吗？"

秀才一听，心灰意冷，回店收拾包袱准备回家。店老板非常奇怪，问："不是明天才考试吗，今天你怎么就回乡了？"

秀才如此这般说了一番，店老板乐了："哟，我也会解梦的。我倒觉得，你这次一定要留下来。你想想，墙上种菜不是高种吗？戴斗笠打伞不是说明你这次有备无患吗？跟你表妹脱掉了衣服，背靠着躺在床上；不就预示着你，翻身的时机就要到了吗？"

秀才一听，更有道理，于是精神振奋地参加考试，结果中了个探花。

【反思】

思路决定出路！积极的人就像太阳一样，照到哪里哪里亮，所以总有光明照亮他们的出路。只有努力思考，我们每一个教师都将有无数的转折点与升华点。

普通教师的转折点在哪里？主动参与竞争上岗！参与竞聘往往还有一线机会，不参与似乎一点儿机会就没有。现代社会的用人机制，已经逐渐转向更加彰显公平的考试。因笔者曾怕考试，为此放弃了很多成长与发展的机会。现在想来，真的有些后悔。放弃竞争，其实放弃的是自我希望的转折点。

没有转折，更难得有升华。今年让笔者感受最深的一件事就是，笔者曾经的一位同事，做了多年的副校长，抱着满腔的热情投身于教育管理，做校长的愿望却多年没能实现。去年，因某校校长岗位空缺，那朋友主动参与竞聘，最终脱颖而出。今年，因为全县校长大调整，那朋友再次抓住机会，被委派到另一所非常大的学校担任校长。想想，如果笔者那同事不参与考试，他会有转机吗？会有后面的再次升华吗？

教师专业成长的转折点和升华点来自哪里？关键是事件。是教师在教育生活中触动自己的教育思想、观念、行为较大的事件。它如同春雷唤醒我们的思想意识，开始反思自己的教育行为，尝试着改变自己的行走方式。事物是不断发展变化着的。教师的成长不可能一蹴而就，发展计划不可能一步到位，它是一个渐进的过程，其间有多个拐弯处，几个至关重要的转折点与升华点，我们必须拥有抓住机会的行动，谋求发展与成功的正确思路。就看你能否能把握好个人发展的机遇。

这需要我们智慧地进行抉择。职场人生之路，每走一段遇到十字路口，往哪个方向转弯，都会是一生的转折点。所以，教师在选择自己的专业发展方向时，要根据自己的兴趣爱好与个性特长，不可盲目进行，需要我们善于把握。作家柳青说："人生的道路虽然漫长，但紧要处常常只有几步，特别是当年轻的时候。"作为一名教师，从入职到退休的这段时间内，会有多次转折点，我们要善于及时地把握。如果你已经错失掉了很多的发展机缘，那就积极地把握目前影响你成长的转折点，积极做好自己的人生规划，主动出击，收获一路花香。

【建议】

每个人来到这个世界上，都在做着"找、悟、道"三件事情。为了快速地找到人生的转折点与升华点，在此，我们建议：

　　一是拥有主动精神。前面章节中,我们已经清楚地交代了教师成就自己的途径和建议,相信只要老师按照这些方法去做,一定会有很好的结果。关键问题是,很多老师没有意识到将自己变得强大有多么重要,整天沉迷于无所谓的抱怨之中,看到别人升迁自己满腹牢骚,却不去反思别人为何能成功? 而自己为何总在原地踏步?

　　有语云:"不为失败找理由,只为成功找方法。"想要成功,首先要找到突破口。其实,找到突破口很简单,就是主动去做事。主动做事,带有很强的目的性。我们的生活与职场中,总会看到一种现象,积极主动做事的只是一部分人,并且已成为习惯,而旁观者则认为那样的事就该那些人去做。之所以这样说,笔者认为做事与义务有关,主动做事更多地体现一种尽职尽责。别人能主动地去做很多事,而我们就差这一习惯,只是一味地在等待,缺乏的是思考别人尽职尽责的目的和意义。

　　主动做事,应该成为一种习惯。前提是必须明确做事的目的。在笔者看来,做事目的性的明确程度,与所做之事的成效大小成正比。

　　谈主动做事的目的,以及主动做有目的的事,其宗旨就在于,通过教书,能找到成功的人生。我想,这不仅是笔者的追求,更是大家的追求。为此,笔者进一步地抛出另一个观点:主动精神还意味着"创造性地执行"。任何人都需要执行力,在别人需要你做事的时候,你当立即动身去做,这是一种雷厉风行的习惯。里面还隐藏着可能会出现的一个问题:当一个人习惯于雷厉风行地执行之后,他可能就会"只能执行,不能创造"。我们必须要改变这样的一种执行。教师只有"创造性地执行",才能真正找到突破口。

　　二是学会表白。教师自我成长,需要自己不懈地努力,脚踏实地地做实事,但我们反对那种机械埋头做事的老师。俗话说"你不跳出来,谁会发现你?"教师要跳出来,除了我们前面所说的参与各种竞赛活动,参与课题研究等活动之外还要善于表白。表白,就是去努力争取给自己成长的机会,给自己发展的平台。人的一生,往往也需要这样的机会,也需要这样的平台。笔者对表白感受颇深。因为这是笔者失败后的经验总结——只有表白,才能获得自我所需要的,转折点方才会出现。

　　很多机会,不是我们等来的,是靠我们及时争取来的。当遇到一些时机时,应该及时地站出来进行表白,表明自己愿意参与的想法,得到了机会就勇于表现。通过自己积极地付出,用事实来证明自己的能力;即便水平并非多么高,也能在自己擅长的领域内与团队一起发展,让自己变得逐渐强大!

　　表白对一个人的成长很重要,得到了机会就要勇于表现。通过自己积极地付出,用事实来证明自己的能力;即便水平并非多么高,也能在自己擅长的领域内与团队一起发展,让自己变得逐渐强大。痛心的是,很多教师因缺少向领导、专家、团队表白的人生经历,为此,错失了多次发展的平台。这是多么令人惋惜的事情! 笔者并不否认,教师都有这样的愿望,希望给自己发展的平台,希望给自己提高素养的学习机会,但是在实际生活中,大家就缺少了表白的勇气,自然,机会便一次次离自己远去。笔者一直相信,这世界真正能帮助自己的人,就是自己! 给自己向领导、专家、团队表白的勇气,必会为自己争取到发展的平台,从而使自己的发展更灿烂。

　　三是实现跨越式成长。"条条大道通罗马。"教师想要成功,也有无数条道路。我们都知道,"两点之间,线段最短"。教师在第三个五年实现突破,就是要找到那条最短的"道"——实现跨越式发展。教师静下心来就会发现,不管是职位,还是才学,如若没有跨越式的成长经历,就像前面所说的那样,最终只能是空想。特别是在已经出现转折点时,我们更应抓住时机,实现跨越式成长。

　　作为教师,最大的挑战在于自我更新和自我完善。从普通教师走向优秀教师,从优秀教师走向教学名师,从经验型教师走向专家型教师,找到一条适合自己的发展之路,并且坚定不移地走下去,这是至关重要的。

　　相当多的教师,当其教育教学能力发展到某一特定时期就开始缓慢下来,一部分教师甚至出现了停滞,从而定型为教书匠。据笔者观察,大约有一半甚至更多的教师,终身没有走出这个时期。此刻的我们,已经来到人生的十字路口,关系人生成败的重要关头,必须作出跨越式成长的决定。因为它将扭转我们的人生。拿定主意吧,亲爱的朋友,勇敢地走下去,让自己的人生精彩起来!

　　【谨记】成为出色教师,收获幸福的秘诀,不是赢在起跑线,而是赢在人生的转折点。

3. 弥补欠账(三)——给予理财计划

> 　　教育也是一项谋生的工作,笔者更是主张将获得丰厚的物质与精神纳入计划。
>
> 　　　　　　　　　　　　　　　　　　　　　　　　　　　——题记

　　将感恩教育纳入计划,再次提及教师价值观、人生观等内容,一个重要的原因在于,因为有的教师忘本,对教师职业的忘本,才有了自寻其辱的结局。一个不恰当的比喻,就像有的人娶了有恩于他的爱人,因他的弱小不再尊重爱人,甚至施以鄙视或谩骂,这只能自毁其家而让他处在无人照顾的境地,从而更显弱小。

　　敬畏教育,可能更会让人有些勉强。笔者并非意在指责,在这几乎是旧话重提,然而,教育虽没有让教师获得丰厚的物资和实质性的政治地位——我们知道无数教师更有鸡肋之感——但是,有一点不可否定,因为教育的收留让我们找到了立足之地,因为教育让我们获得养家糊口的资本,因为教育让我们得到心灵的安宁。

　　原规则:守穷永远不是一位出色教师的出路。

　　守穷,真还不是笔者的主张。关于本书所谈计划的执行,这些并不是促使教师优秀的创新之举。试看无数优秀的教师,甚至是穿越古今,除了精神上的富有,在物质上又有多少人守穷呢?因为不优秀,更无创造物质财富的出路,怎么又不守穷呢?

　　在我们团队看来,研讨教育的秩序,必须将物质的获得纳入重要的位置给予关照,否定人生的物质价值定会大乱。正确看待安身立命于教育而后获得更多的回报,这一观点几乎是多年来笔者于多本书中坚持探讨的话题。记得笔者曾指出"获得大名者,获得大利"。特别是在《走出困局做幸福教师》一书中,更是对获得更多的物质,对教师本人幸福的保障作了专题探讨。在本书中,依旧不忘记对获得报酬的探讨,指出勇于执行计划的人,往往会得到更多获得物质的机会。在此,我们的观点更是鲜明,教师必须走出传统收入分配的视野,要对物质获取有较为开放的意识。

【现象纪实】

为师者守穷,根源到底在哪里?

计划的执行,计划的发展,因此成为教师的"第二职业"而受人指责,这样的事例并不鲜见。现实生活中,往往发展而强大的教师便有了第二职业。他们不但因强大从教师职务工资里获得比一般的人多,更因为在某一方面强大,更增添数倍于教育俸禄之外的收入。

教师绝对不能游离于教育之外而获得生存,必须赖以物质。相对于庞大的教师族群,教育物质往往显得贫瘠,现实是无数教师更是盯着仅有的一点肉,有时还会丧失雅士风范。其实,这往往就是一种思想不开放的表现。

纵观教育职场,无数教师因为物质的匮乏,为此而精神不振,原因何在?众教师缺乏理财的能力,这更是一个最现实的问题。为师不强大,没有获得更多物质的源泉,而又不会理财,怎能不守穷?

教师在现代社会中求得生存,必须学会理财才行。君子爱财,取之有道。不知大家有没有这样的感受,有事业心的教师差不多就不缺少钱、财、物。在这里,事业是一个含义被放大的词汇。当一个教师不断发展自我的某项能力,以至于被社会认可,这样的教师便已事业有成。只是,有的教师已经将自己的职业发展成了事业;有的教师守住了教师这一职业,并另有出路,把教师职业发展成了谋取物质财富的事业。

虽不敢说天下的教师,但凡笔者所见到的多数教师,都是受传统教育影响很深的人,他们没有钱财的开发意识。在传统教育里,除了传承历史沉淀的文化知识和专业知识以外,几乎没有专门开设有关教师幸福的课题,让教师接受比较系统的理财知识。当前,真正有理财意识的教师所受到的教育源于家庭教育,或者游离于社会之后的领悟。只要真正对此作一番调查,你就会发现,真正有理财知识的人,所占比例绝对是微乎其微的。

【经典案例】

选择不对 努力白费

有一个青年立志成才。经过多年的勤奋努力,仍然没有长进,他很苦恼,就向智者请教。智者叫来正在砍柴的3个弟子,嘱咐说:"你们带这位施主到五里山,打一担自己认为最满意的柴。"3个弟子带着年轻人直奔五里山,等到他们返回时,智者正在原地迎接他们……年轻人满头大汗,气喘吁吁地扛着两捆柴,蹒跚而来。两个弟子,一前一后,前面的弟子用扁担两头各挑着四捆柴,后面的弟子轻松地跟着,正在这时从江面驶来一个木筏,载着小弟子和8捆柴,停在智者面前,年轻人和两个先到的弟子你看我,我看你,沉默不语,唯独划木筏的小徒弟,与智者坦然相对。智者见状问:"怎么啦,你们对自己的表现不满意?""大师让我们再砍一次吧!"年轻人请求道,"我一开始就砍了6捆柴,扛到半路,就扛不动了,扔了两捆,又走了一会儿,还是压得喘不过气来。又扔掉两捆,最后,我就把这两捆扛回来了,可是,大师,我已经很努力了。""我和他恰恰相反"那个大弟子说,"刚开始,我俩各砍两捆,将四捆柴一前一后挂在扁担上,跟着这个施主走,我的师弟轮换担柴,不但不觉得累,反倒觉得轻松很多,最后又把施主丢弃的柴捡了回来。"划木筏的小弟子接过话:"我个子矮,力气小,别说两捆,就是一捆,这么远的路我也挑不回来,所以我选择走水路……"

智者用赞赏的目光看着弟子们,微微颔首,然后拍拍年轻人的肩膀,语气心长地说:"一个人要走自己的路,本身没有错,关键是怎样走,走的方向是否正确。你们要永远记住,选择不对,努力白费!选择比努力更重要。"

【反思】

为什么守穷?选择不对,努力白费。同样是教书,可能最初都在同一条起跑线上,就像故事中的四个人一个样,他们代表着三个不同的群体,劳力者抱负虽大,收获却最小。选择合作,虽然是最传统的方式,却可能是一种最有效的处事方法,但难突破常规。只有劳心者,才会努力找到适合自我的路,最终收获更多。其实,教师这一族群,同样是教书,真正是物质与精神双丰收者,所占有的比例差不多也只有 20％左右,这真还不是有知识之群体应该出现的现象。

守穷最怕的是什么? 思维的定式! 我们主张因为教育获得丰厚的精神回报,我们也主张因为教育获得丰厚的物质回报。改变守穷的现实,置于眼前最大的困难就在于习惯性的思维,让人很难有更大的发展。教师怎样才有更大的收获? 计划的执行。有人可谓制订了无数的计划,收获却甚微。一个重要的原因就在于执行计划的路线错误,而且依旧采用最传统的前行办法。所以,并没有带给真正的发展动力。这只能说,那些计划只是给努力者带来了一个构想,甚至只是未来蓝图的假象。

其实,计划的执行都不是纯粹的产物,同比附带物质,全因为方向不对,最终导致效果欠佳。在这里,笔者想谈谈一个题外话。比如近年来有关物质的探讨,几乎参与者的文字至思维,都能看得出他们把教师守穷看作是职业导致的自然现象,认定作教师就只能是文字层面上"太阳底下最光辉的职业",清贫是本应有的代名词。其实,笔者多年来非常反对这一观点,提倡先做伟大的教师,而后获得更多的物质与财富。当然,身为教师而致富的路依旧是千万条,只要不违背教师的职业操守,不做法律法规所不允许的事情,真正让自我致富一定是光荣的事。

作为教师,获得物质,更是获得幸福的前提条件。生财不能靠等、盼。一句话,幸福的生活是自己动手创造的!

毫不隐晦地说,教师需要充实的物质作坚强后盾。在这里,笔者认为:知识就是财富,发展自己,让自己掌握有用的知识,给社会更大的贡献,谋求更多更大的回报,教师才可能不守穷,才不至于以做老师为人生的最大错误而遗恨、而懊悔、而忿忿不可终日。

谈教师守穷,也不绝对。大凡优秀教师的物质相对于一般人,是多占有者,因为他们生财有道。为何更多的教师只能守穷? 因为天下的知识无限,可并不是所有的知识都是有用的知识。教师是知识的拥有者,但教师掌握的知识可能早就是过时的知识,并不是有用的知识。教师成了过时的教师,怎么能不守穷? 原来,一夜暴富的例子比比皆是;现在的社会,十分少见! 为什么呢? 只因现在的社会,生财更需要有道,更要天时、地利、人和等多方面结合。

【建议】

物质收入是计划的产品。因为计划,往往有丰富的物质回报作为教师的脸面,被别人羡慕。穷则思变,作为教师来说,要想改变穷困,只有不断完善计划,发展自己,才会让自己的"脸面"俊美起来。在此,我们给出建议:

一是一生不只是教师。"治贫先治愚"。这是很多年前写在农村土墙上的标语,意思是农民要想脱贫必须从思想上脱离愚昧,把这句话写在这里,笔者并不是指责教师"愚昧"。笔者想表达的意思是教师要改变自己的观念,自己的事情要主动想办法,不能靠、不能等。真要想脱离物质上的贫穷,必须要有一生不只是教师的这一观念。笔者反感教师不务本,但反对教师甘固穷。在教书育人的同时,教师完全可以制订一个新的计划,如凭自己的所学挣得补贴家用的额外收入,挣得相应的物质回报,这是教师必需的。

人的一生在哪里奉献更大,就应在哪里发展。对于教师而言,只有能力的发展,才可能胜任除教育以外的其他事务。笔者并不反对教师拥有除教师外的第二本领,也并不反对教师跳出自己的行业。如果有一天,发现你更适合干其他事,将教师岗位让给其他人也行。当然,离职更须谨慎。如果某一天,你打算离开时,就以工资收入来看待哪一份工作更适合你,笔者以为没有高于现今 3—4 倍以上的收入,依旧不能离开教育。

现实生活中,教师的角色应该是多方面的,除当好教师外,可以发展自我的第二职业。现实生活中,不少教师就因为如此,方才获得更多的幸福。这个世界就怕教师习惯于守穷。人生像连绵不绝的山脉,总有无数险峰需要教师去征服。一旦教师登上险峰后,生命中的无限风光就会展现出来,世界就会尽收眼底。当然,攀登不是一件容易的事情,必须付出巨大代价。爬到一个山头,如果要去另外一个山头,必须重新攀爬,因为没有任何两个山头是连在一起的。你必须确定目标,决定如何向另外的山头攀爬。正如想给家庭物质的保障,你只有在教育之余多一份计划与心思,才会给你增添新的能力,让你获得所需要的东西。

二是生财有道。家庭和谐,基本物质的满足是必须的。前面已经提到了计划生财有道的话题,笔者想延伸此话题,进一步指明生财并非要走歪门邪道,只有那些合理又合法的所获才是笔者所推崇的。相反,那些违背师德、有辱师风的攒钱之道,笔者是非常鄙视的。

鼓励天下教师有强大的专业知识,更是倡导大家为了家庭的幸福同时学习理财知识。因为教师同时拥有两种能力,它们之间并不矛盾。鼓励大家能计划从头学习理财知识,我们更有千种理由。有人对此作出了三个方向性的计划:

把爱好作为手段。一个人的能力发展,往往是从爱好开始的。一个人如果能将自我的爱好发展成自己的事业,一定是人生中最美的事。对于教师而言,很多爱好多为自己的特长。如果再仔细研究,就会发现自我特有某方面的爱好,有超人一等的能力。当然,这种潜力最终显示出的力量是非常弱小的,它需要培植,只有那些有强烈欲望的人,才会去刻意发展自我的爱好。值得提醒的是,爱好不能当做个人的嗜好,必须将它发展成服务于他人的特有能力,这样的爱好才会转换成对社会有用的东西,这样的爱好才会在逐渐发展成熟后既有益于大众又能给自我带来财富。

把投资作为手段。教师与其他行业的人相比,最强的是智力,而最弱的是情商。为此,有的教师出于清高、反对“铜臭”,这实质是一种“摆架子”。据笔者观察,情商差的教师,通常足不出户,几乎是把教师当做自己的唯一职业,当然这类教师守穷者更多。其实,情商是可以培养的。笔者亲眼看见不少书教得好、又利用寒暑假参与一些项目投资而获益不菲的教师,他们最初也是拉不下脸,没有开阔的视野。其成功在于勇敢的迈开步子去尝试,先走向市场,干一些小打小闹的营生,再逐渐培养自我的投资能力。

把行动作为手段。教师最重要的不是想得多么好,关键是行动。行动起来就找到了自己的第二职业,即使不够好,也可以骑驴找马,先挣点小钱,再找自己适合的第二职业。教师一旦有了这些收入,就不会有生活上的后顾之忧,还可以自费添置一些办公用品或者教学用品,自己的职业也可以获得更好的发展。

【谨记】空谈计划是对人生最大的不负责任。

第二节　两大突围

计划似乎是一种势能,必须保持一定的高度。但一味强调计划的执行,最终可能会因为其不能接受实践的验证,成为空想。谈成功,谈出色,有一些话题是无法绕开的,诸如智力基础、人脉基础、物质基础、学识基础、素养基础等,它们最终都会左右着计划执行的效果。执行计划,必须面对无数现实的问题,基础不同,达成计划的时间、效果也会不同。在执行计划的过程中,当计划受阻时,少一些抱怨,多一些勇气,正确认识自我的现实基础。

前面章节里,我们将更多的视角转到关注主观因素上。在本小节中,我们将注意力转向影响成功的客观因素——基础和突破口,目的在于更清醒地认识自我,以便不妄自菲薄,不萎靡不振,给自我划定成长的周期,科学地整改提高,最终成功地突围。诸如充分利用已有的优势资源,快速地成为出色教师,在无后续基础资源作支撑的时候,延长生长的周期,只要不放弃,同样能促使自我走向成功。

现实的人类社会,因基础不同,成功或成长的速度往往不同,看问题更需要用辩证的眼光。指责实是一种嫉妒(拔苗助长最终会以走下坡路而收场),更应学习其能快速抓住优势资源的促成办法,只要努力执行计划,便能缩短成长的距离。

我们的研讨,一直都关注着秩序的问题。提出整改提高的话题,最终无法绕开基础与计划执行的关系,源于这全是一本原的问题。在笔者看来,就像根与树干,两者一脉相传,当根系发达时,也是叶更繁茂之时。成功教师,在进入第三个五年时,必须找到突破口,才可真正建立起自己真正的帝国大厦。

1. 为了基础的叠加

> 在预定计划的基础上,结合实际情况进一步纵深发展,寻求人生的深度和宽度,才会真正地成为教育的强者。
> ——题记

有人提出慢教育的概念,对于教师而言,同样适用。向着计划前行,让自我成为一名出色的教师,并非朝夕可就。因为基础不同,不同的人成长的周期也会不同。在论述基础的叠加之前,我们必须说明的是,计划不等于幸福,可肯定的是,三个五年计划的实施如同三股坚实的力量,有了目标达成,基础的积淀,则会产生巨大的"叠加效应"。因为计划的叠加建造了坚实的基础,这基础的发展最终能换取日后的飞速成长,能换取今生的职业幸福。

人的发展,必须靠基础。从普通的教师发展到出色的教师,依旧需要多种基础。诸如物质基础、素养基础、人脉基础、习惯基础等。让生活更平实,看清世相百态,看清不同的人不同的起点,而让自我的每一步走得更加稳健,这便是我们写此书的全部目的。笔者坚信,构建属于自我的伟业,是给予幸福的最好证明。必须指出的是,多数教师不看好自我职业,其根本原因就在于,投身教育并没有让自我真正获得丰收,心灵上没有得到满足。诸如与步入行政岗位的人员相比,缓慢的成长速度,无不让人愤愤不平。真的是行业不同所致?非也。教师职业并不缺少幸福,只是作为教师,与其他行业相比,便少有要求追求与上进的缘故罢了。为此,我们在全书最后的章节里,将笔触转向主观能动性的探讨,更是对幸福基础的探讨。

原规则:出色后的人生更是计划的叠加过程。

如是浮躁,深信你依旧很难理解出色人生是计划叠加的过程。正如笔者曾经指出,走跨越式发展的道路总有一些迈不过的坎,真正原因就在于没有真正给自己构建起坚实的基础。就像前面指出的那样,有人因人脉关系的强大,快速获得职级的提升(拔苗助长),如果真正要对关于计划的叠加有所认识,依旧需要跳出计划来看计划,才能看清这一本质。整个探讨中,我们更多的是哲思,看到的是本真的问题——秩序,特别是秩序的调整。教育基础计划的打造与建构建筑物的基础有秩序上的不同,其复杂性就在于:建筑物是单一的打造基础,等基础打造完成后,方才在基础上开始构建地上的部分;教育计划的执行,几乎是一个计划的执行,同步便开始构建上层建筑物,若干个计划的实施,便很难进行叠加。计划不能叠加,其实这也正是无数教师虽然奔波劳累,结果却并没有迈上更高层级的原因。

建立基础的过程,是一个炼狱的过程,需要不断超越。沉甸甸的果实,不会是瞬间成熟的产物,对于所有教师而言,一切都不算晚。有可持续的基础,我们才会一步一步地登高。深信只要真正能实现计划的叠加,幸福一定敲门而至。现如今,人们必须正视自我的基础,哪怕非常薄弱,只要一心上进,都能找到夯实基础的办法。同时,也必须看清,由于教师职业特殊的连续性、隐匿性,让一个又一个计划成为叠加的基础,就像给建筑物打基础一样,基础只有向纵深发展,方才真正构建起与之匹配的上层建筑物。

【现象纪实】

现实生活中,为何有的教师发展很快,有的教师未老先衰?表面上看,仿佛有不公平的成份在里面,其实给成长支撑的是,每一位教师背后都有一个不相同的基础群。有的教师也许素质基础较好,但往往忽视人力资源基础,结果陷入单枪匹马独自奋战的僵局。有的教师能力知识基础高出同行,人脉基础也不错,可是也未曾走远,其实缺失的是思想境界的基础。

没有发展,有无基础群,是值得反思的问题,这是笔者的核心主张。现实生活中,可以说是一种最不应该有的现象,无数教师因为基础不同,最终导致发展的不平衡,以致心里失衡——由此嫉妒产生。人们只要思索着,便会发现,难上进的人,更少有发展的眼光,将基础看作了一个固定不变之物。其实,人的成长过程中,哪怕最为人性的诸如人脉,都在不断变化着。

无基础,无发展;无基础,无幸福。无基础,更多的是无奈;无基础,更多的是痛苦……现实最需要的是,全面提升自我的各方面的基础,差什么补什么。只有这样,才能真正给自我全面的支撑,只有在清醒中发展自我的薄弱环节,而后整改提高,将整改行动纳入计划。这样,我们才能在多奋斗十年吃更多苦之后,得到令我们欣慰的结果。

【经典案例】

管建刚的人生历程

管建刚,一年大病,二年养病,三年经商,八年村小。1998年起用心做教师,2008年获评江苏省语文特级教师,同年获评《中国教育报》"读书周刊"的十大推动读书人物。七代务农,八面无书,九九寒冬,十年板凳。1998年发表第一块"豆腐干",2005年出版《魔法作文营》,2006年出版《不做教书匠》,2007年出版《我的作文教学革命》,2009年出版《一线教师》,2010年将出版《我的作文教学主张》、《写作蒙学42讲》。

和很多农村孩子一样,我读师范只是为了弄个城镇户口。所以师范三年,我读得稀里糊涂,没等弄明白教书是咋回事。

1991年6月,师范毕业前我病了,病了整一年。一场大病,迫使我把心思全放在学熬药、打针、针灸上。1992年,病蔫蔫地去上班,校长要我教二、四年级数学。我跟校长还价:我身体不好,能不能教一个班?校长考虑了一夜,说,行,那你教高年级语文。我怕语文,不想教语文。到底身体要紧,一个班总比两个班轻松。一边教书,一边养病。马马虎虎教了两年书,认认真真养了两年病,看了不少医书、药书、养生书,现在想想,我最初的那点语言,或许是那些医药书给的。1995 年，父亲与人合伙办厂子，欠下一屁股债。我帮父亲经了三年商，清了债。1998 年，我算安顿下来，做一名地道的村小语文教师。那年春天，我写了则《三月》，寄给《吴江日报》，居然发表，于是写《四月》，也发表。一路写《五月》《六月》《七月》……后来，编辑告诉我，当年他编排，空了个豆腐干，三百多字，一看我那《三月》，长短正合适，用了。这段经历刻骨铭心。我由此踏上了"作文革命"之路。

【反思】

管建刚——村小走出来的特级教师，他的专业发展的前两个五年计划的并没有周密安排与执行，只是从 1998 年才开始安心做语文老师。10 年时间就真正实现了由村小教师到特级教师的蜕变。深思之余，我们再次指出，观无数名师的成长历程，我们会发现：并非他们踏上教师岗位，便有成为出色教师的迹象。因为他们目标单一，所有的行动都为最终的成功而服务，为此，他们铸就了辉煌。

教师专业发展并非是一成不变的，而是随着时间变化而不断变化。既源于自身的素质能力，又受制于后天的环境，以及日后的基础累加。在自我成长过程中，需要我们思索的是，如何按照既定目标快速成长，在前面基础上得到整改与提高，达到人生的拐点？不知你是否反思过，为什么职场行走多年还是孤军奋战，缺乏志同道合的导师和盟友？为什么我们时时感到本领恐慌和竞争的压力？为什么我们的成长目标与发展计划总是随着失望而溜走？一切的一切，说明你的基础的修正与提高存在着问题，必要时得"补课"。这种弥补是全方位的，更多的是积累知识，沉淀底蕴，缩小计划目标与现实的距离。亲爱的朋友，不论你现在处于怎样的发展水平，专业成长遭遇何种困境，都要记住：厚实职场的基础越多，你就越可能成为真正的教育强者。所以，需要我们从现在开始，做好后天补课，如修复物质基础、素养基础、人脉基础等，让你一跃升为出色的教师。

每一个人在奋斗中都会遇到各种困难、挫折和失败，不同的心态，是成功者与普通人的区别。对于一个真正的强者来说，失败根本不值一提。那仅仅是一个小小的插曲，是他事业中的一点儿小麻烦，并不重要。不管什么样的打击和失败降临，一个真正坚强的人都能够从容应对，做到临危不乱。

什么是出色的教师，什么是教师的幸福？都没有一个标准答案！每个人的价值观、人生观、世界观不同，标准自然不同。在笔者看来，出色教师、幸福教师就是不断修复基础，夯实基础，不断超越自我、改变自我，自我发展的台阶一个比一个高，一个愿景叠加一个美好愿景的搞教育的人。

教师专业成长的道路上，在第一个五年计划中，也许你站稳了课堂，夯实了专业成长的能力基础以及环境基础、习惯基础等，在第二个五年计划中你又厚实了你的人脉基础、心理思想基础，把诸多基础优势叠加一起放在第三个五年计划中，同时增添了你的团队基础和思想境界的基础，那么这种"叠加"后的效果一定会指引你站到更高的视野去看自我成长的风景。所以，我们执行三个五年计划时，时时注意基础的修正与提高，充分发挥"1＋1＋1＞3"的叠加效应，成功实现"三级跳"的成长目标。我们更应该清醒，影响成功的因素是多方面的。目前，有些人为的东西，即便我们付出再多的努力依然难以达到。但笔者认为，只要目前让自我更强大，强大到出色的程度时，很多曾经期盼见到的人都会见到，许多曾经期盼想做的事都会得到机会，许多曾经期盼的帮助只要留意便会有人主动帮忙。

而今的我们，最怕的就是浮躁——原本什么基础都没有，结果又多了一些不切实际的想法,加上缺少执行成才计划的行动,最终的结局只能是让自我消沉,甚至让自己不能自拔。我们必须清醒,眼下虽然努力而不成功,只能是进一步说明自我努力还没有达到相应的高度,更需要我们调整方向。

【建议】

出色的成长需要基础,更需要我们为之准备,为之拼搏,为之谋划。诸如在环境基础、心理思想、自我管理、人力资源、习惯等方面加以反省,同时做好整改。亲爱的读者朋友,您对这一切都作了调整吗? 在此,笔者建议:

一是打造人文基础。在诸多因素中,人文基础,占成功因素的50％以上。也许,环境是任何生物发芽、成长、发展、成功的基础。其实,环境基础完全可解释成一种人文基础。在我们的成长过程中,往往需要一个更好的人文环境,若没有人文基础的支撑,几乎难以得到一个好的发展平台。在第三个五年,我们最需要的,除了加强学习,让自我成为别人最需要的人,而后依然需要我们主动走出去,与向往的人文环境靠拢,甚至快速融入进去,对自己由陌生到了解,到渴求,这样,我们便能快速地走上征程。

二是打造心理思想基础。一般来说,在计划的执行过程中,我们通过努力便能看到希望,但有时可能是努力之后希望却遥遥无期。面对此种情况,我们最需要的是淡泊宁静。计划的执行过程中,我们不强大,一个主要的原因就是计划的执行,并没有让我们真正能站到更高一个层级,计划并没有完成叠加的过程。其实,笔者对此也是感受深刻,如经常与朋友们说过这样的一句话,我只要想到金钱或权位,我便几乎再没有灵感,似乎人已经失去了灵魂。其实,只要个人素养很高,就能成就一切,幸福自然也会来敲门。那么,此时想想职位与金钱等,也是非常正常的事情。只是,我们必须要有强大的心理基础,必须回归现实,不能妄想,否则我们容易受伤害,也会丧失自信。

现实生活中,我们最不缺少的是教育教学方法,最缺少的是教育哲学基础。诸如,魏书生老师之所以成就今日的高度,其改革的理论基点不在教育教学本身,而在于他的哲学观点。是哲学观点指导着他,让他有自我的奋斗目标,让他提前看到最美的教育风景。现如今,我们可以通过阅读书刊、聆听讲座、同行交流等方式,特别是与一些成功的教师探讨成功之道,而后"检修"自己,这样会让我们有更加坚定的意志,有透视明天、看到希望的能力。

三是打造反省能力素养。生涯规划的实现,需要我们有强大的自我管理能力,特别要注重反省,及时整改,从而获得提高。本小节的论述中,我们探讨反省,将这纳入一个基础层面的概念加以探讨,可见笔者对睿智的行动是多么的看重。我们一再揭示,教师自我成长需要清醒。因为只有清醒,我们才能看清薄弱点,从而及时地调整计划,找到适合当前调整的策略与措施,并给出完成时限,继而得以真正提高。计划,往往也是制造矛盾或让自我受伤的过程,特别在需要叠加的阶段,如果我们没能做好调整,有些计划的执行往往因为目前还不能承揽其重,结果走了下坡路,这也是非常正常的。所以,提升反省能力,我们才能在不断反省时发现自己前行中的问题,调整才能得以真正地落实。

四是打造新素质基础。我们只有以开放的心态,面对开放的时代,才可能得到幸福的青睐。有开放的心态,同时能与时俱进,这是时代对每一个教师的要求。然而,无数教师因缺乏相应的行动,成为保守的落伍者。如有一些人,我们从其所掌握的知识便可以看出,他所掌握的知识早已是过时的东西,却依旧抱残守缺。我们应该知道,所有的知识并非都是有用的,特别是现代社会,知识更新较快,有用的知识往往是少数。教育领域也是如此,传授的知识和教育方式与理念总在不断更新,如我们依然是埋头向前,不抬头看天,结果只能使计划的执行收不到一个好的效果。有了计划,才能围绕新素质基础,明确"积"什么"累"什么,如若偏离核心,积累的再多也难以发挥作用。关于"积累",我们以为,一要注意凸显专业特色,如语文教师知识结构核心多应由语言学、文字学、训诂学等组成。二要注意知识的中外贯通、古今贯通、文理贯通。三是注意知识的动态调整。合理、高效的知识结构不是一成不变的,而是动态发展的。调整的基础是做好反馈,以适合学生的实际,以适应你的教育实际为准则。当然,还要做好预测,唯有积极预测,才能让自己掌握主动权。

教师人生,成功在哪里?是一个自我定位的问题。可能笔者给出的判断只适合于自身,但笔者更加深信,当我们打造一个坚实的基础之后,当我们在某一方面更出色时,有更强大的力量给教育带来什么时,教育就一定会给我们相应的回报。

【谨记】一切计划的叠加,一定会出现拐点(让眼界更开阔)。只要抓住它,我们就能看到更美的风景。

2. 关注突破口

> 坚持不懈,注重细节,用爱心呵护,用勤奋撞击,深信鲤鱼定能跳过龙门。　　——题记

为什么有人能早早成功,为什么有人大器晚成,为什么有人一生平平常常却没有成功?同样的教书育人工作,教师赢得不一样的风景,真正的原因就在于有人过早地找到了突破口,有人因突破口姗姗来迟而让成功来得晚些,也有人一生也没有找到突破口。在本章节中,我们几乎所有的文字都指向对突破口的追寻,哪怕前面对计划提出叠加的要求,目的几乎是明确的,我们在酝酿一座火山,在现代教育的薄弱之处,找到迸发的地方而后升腾。

突破口,就是使用一切可能的手段,找出事情的薄弱点,快速逼近你想达到的目标。如果将计划当作初始的层级,那么,突破口便可称作计划执行后的层级。突破口是计划执行的突破口,它与计划一脉相承,离开计划谈突破口便无实质的意义,突破口只能是计划的突破口。

原规则:方向定了,路径可以变。

寻找突破口,是进入第三个五年时非常智慧的行动。无数教师没有人生的大计划,也就从不去思考自我人生的突破口在哪,更不会去提及自我的突破口。为此,我们进一步指出,对于突破口的关注,只属于那些真心向上的人。全书指向计划的执行,即对成长过程的长期关注,在此对突破口的提及,一个重要的原因就在于,在执行计划的过程中,只有将突破口单列思考,方才更易获得事半功倍的效果。

我们应该明白,任何人成功的路都不可复制,其突破点对他人都不再具有借鉴的作用。笔者将在这一小节里,采用反推方法,通过了解别人的成功,看清他人为什么会成功,他人成功的突破点是什么,以及怎样努力以快速地打造突破口等方面作进一步的探讨。

【现象纪实】

成功是一个相对的概念,但观其背后的原因,其实都与突破口休戚相关。对于人生而言,改变命运的突破口,可能就在我们填写教书育人志愿的那一刻,因为从此以后我们便与教育有了千丝万缕的关系。带着无限憧憬走向教育,可以说我们每一位教师曾经是成功的。

　　对于突破口,追求成功者更是渴求之至。现实生活中,计划往往与壮志相连,无数教师因为没有个人发展计划,几乎就没有了斗志。不知大家发现没有,普通教师走向成功,往往就在于能够抓住某一个点,注入无限的激情展示出个人才华,并由此走出瓶颈,最终因为某一特殊的突破口,从此突出重围,而被他人慧眼相识。笔者通过观察发现,真正追求突破口的人只是少数,更多的教师仍处于麻木状态,已不再对突破口有所需求和追求。

　　谈到突破口,人们并不陌生。无数名师,他们都有突破口,诸如邱学华的尝试教学法、李吉林的情境教育……比如前面谈到有人因为拥有人脉基础,抓住某一次职位的调整而后得到升迁,都可称因为对突破口的及时抓住,方才助推他们在最现实的层级上获得自我的成长与成功。

　　年轻的教师朋友们,你们的计划在哪里? 突破口也一定就在那里!

【经典案例】

人生拐点

　　纽约市民莉姿·茉芮,有一对嗜毒双亲。莉姿从13岁起,就逃离学校。就算偶尔上学,因一身的脏衣服与长满头虱的乱发,总会被同学取笑。15岁那年,她一个人流落街头,白天在垃圾桶中找食物,夜晚搭乘地铁,就睡在车厢内。

　　更不幸的是,莉姿的母亲死于艾滋病。处于堕落边缘的她,在经过短时间沉沦之后,莉姿做了一个人生最重要的决定:重新掌握命运,重回高中上课。即便无家可归,她每天在地铁站的走廊写作业,一丝丝昏黄灯光,成了她学习的唯一依赖。如此拼命的结果,她两年就读完高中课程,每门学科的成绩都在A以上。

　　17岁时,她的经历、她的真诚、她的论文,深深打动了《纽约时报》的评委,决定给她一万美元的《纽约时报》奖学金。从此,她的人生步上坦途,并且成功申请进入哈佛大学就读。

　　从美国白宫计划组织领到楷模典范奖,美国电视节目名主持人奥普拉·温弗瑞颁赠无所畏惧奖时,这个8岁就在路边乞讨的小女孩哭了。她的眼泪,是为了最初的、最简单的、却不容易执行的选择。

　　莉姿如果不做任何选择,一辈子都当游民或许也不会饿死,但她目前却创立了一家称为"活出生命"(Manifest Living)的公司,鼓舞人们往自己所期望的人生目标前进。她也周游世界各地进行演讲,宣扬"革自己的命""创造人生拐点"的理念。

　　同样是美国人,这一位已过世的老先生——苹果创始人乔布斯却选择休学,跟一心向学的莉姿,正巧是对立的个案。他当年在里德学院待了6个月就不念了。因为他不知道这辈子要干什么,更不知道念大学能有什么帮助。"当时这个决定看来相当可怕,可是现在看来,那是我这辈子做过最好的决定之一。"乔布斯生前多次对年轻人说,不要害怕做重要决定。他相信船到桥头自然直,休学之后,他再也不用上没兴趣的无聊课程,20岁时与斯蒂夫·沃兹尼亚克在家中车库里开创苹果事业。

　　十年之内,两个少不更事的小伙子,成就了一家员工超过4000人、市值20亿美元的科技巨头。现在的苹果,已经是富可敌国、全球最大市值的公司,但如果追溯到最初的源头,就是乔布斯的一个简单决定。

　　乔布斯的人生拐点,如今看来,也是高科技产业与全世界消费者的拐点。

　　如果没有iPod、iPhone、iPad,我们每天的数字生活,将会因此缺少太多美妙的体验。

【反思】

突破口，在笔者看来，就是让命运出现重大的转机。我们努力执行计划，其实目的只有一个——让自我的人生命运得到转机，让自我得到更大的价值体现。从宣扬"革自己的命""创造人生拐点"理念的莉姿·茉芮身上，从苹果创始人乔布斯身上，我们应该体会到突破口对于人的一生是多么的重要。

很多人都没有认真想过如何突围。每一个人的人生，都是由无数个点，一个接一个连在一起，串连成一条线的。在这一条线上，几个重要的节点，就决定了一个人一生的方向。往往不同的决定，就会造成迥异的最终结局。贫穷或富有，黯淡或辉煌，可能只因一个最初的轻易决定而改变。人生的拐点掌握对了，就会走向正确的方向，反之，则会走上错误的道路。简单地说，一个小决定，或者只是一个小想法，日后却可以造就天差地别的人生际遇。

面对竞争激烈的新时代，找到突破口并非一件容易的事情。事实是哪怕我们有强大的能力与动力，找不到突破口，依旧如在黑暗中摸索前行。可以说，无数教师一生无为时，都在悔恨自己为何没有找到突破口，而无数成功教师回首往事时，依旧无法忘却曾经的突破口。

在教育教学中，我们怎样找到自我的突破口？笔者认为，至少要符合两个条件：一是深度思考教师成长的内在规律，破译成长的密码；二是教师的成长由适切的规划拉开序幕，并在发展中起关键的作用。寻找突破口，有三个环节：排查自我成长困境的突破口，审视自我的突破口，发挥自己专长的突破口。

古人云，"行成于思毁于随"。研讨计划，研讨成功，在笔者看来，突破口就是一个方向性的问题。方向选择的正确与否，最终会影响事业的成败。现实是，有的教师将突破口定格在学生成绩上或升学率上，有的教师将突破口定格在赛课取得好成绩上，有的教师将突破口定格在强大的人脉上……思路也好，出路也罢，其实都是路。最可怕的就是，因为教师工作的周而复始，最终让自己没有斗志。眼下一些常规的出路可能更是一些艰难的路，尤其需要在前行中能有一双慧眼，积极探询，勤于发现，这样才易获得成功。

教师的发展需要一个突破口。工作中，我们不能只是一味地任劳任怨、低头拉车，更要积极寻觅突破的门径。唯如此，我们的计划才能变成愿景。否则，别看"一个个五年计划"比较容易蛊惑人心，如果难以突破，最终只能成为海市蜃楼。突破口不是机遇，如果真正突破的话，人生中就会增添更多的机遇。作为老师，一定要对自己有一深刻而清醒地认识——我现在处在什么位置，我的学习态度，我的能力、水平怎么样？评价最终是别人对我们的评价，勿太以自我为中心，这样才能真正地找到突破口。

关于突破口，我们还应认识到其本质，有时它就是设置一个奋斗的目标。一个成功的教师，应该不断地用设置的目标去撞击成功。当一个教师停止了撞击，就意味着他对教育生活失去了兴趣，对自己的存在失去了自信，其能力的发展就会减缓直至停滞。至此，我们应更加明晰地认识到，寻找突破口必须依赖于自我的一切基础，特别是优势基础。否则，是不会出现转机的，只能是一种凭空臆想。

【建议】

"太阳每天都是新的"。突破口，犹如初升的太阳，驱赶着黎明前的黑暗。那么，步入第三个五年计划的教师朋友，应该如何找到突破口呢？

一是打造亮点。教师的春天在哪里？就在找到突破口自我解冻之时。在第四章对于计划的调整的论述中，我们曾指出长板发展，与本小节中所谈的突围不同点就在于，我们前面已经从奋斗的过程的把握上与读者朋友作了探讨，在这里，我们更注重对成果的探讨。所谓"事业强不强，关键在特长。好运长不长，根本在强项。"打造亮点，在笔者看来，对于任何一位处于普通层级的教师而言，最有效的办法，就是结合自我的长处，在最短的时间内打造出一个亮点来。这并不与计划所倡导的长期性相矛盾，因为打造亮点的目的，就在于对计划的执行给予更多的支撑与辅助，从而增添更多的动力。

现实生活中，我们必须充分认识到，计划的执行过程中，快速打造出一个展示自我特色的平台，才能真正找到突破口。人只有了特色，才会被提及，其闪光的点和面才会被发现，这样才会在族群中拥有立足之地。在这方面，那些初生牛犊不怕虎式的教师崭露头角的实例让我们印象深刻。我们每一位教师，要想获得更大的发展平台，打造自我的亮点是必不可少的一步。据笔者的经验，教育资源相对贫乏的时候，教育资源往往会向打造出亮点的教师竞争者倾斜。只是，我们每一位教师必须克服自卑心理才行，必须认识到自身与众不同之处，历经精心打造，一定能让自我闪亮登台，展示精彩亮点。

二是打造旗号。当你用一些手段感动教育的时候，突破口便会瞬间出现。突破口的产生，前提就在于你有什么样的决定。需要指出的是，在我们的身边，曾经无数亮点显现的教师，却最终并无建树甚至平庸，原因恐怕在于没打出自己的旗号。在此，我们才提出打造旗号的建议。

打造旗号，这是方向性探讨。什么是旗号？看看当下的教育，特别是在这百花争艳的时代，无数名师几乎都有自我的旗号，比如情感教育、特长教育、尝试教育、生命教育等，因为有了这些旗号，他们更是旗帜鲜明地跟进，并且长期集中于一点展开研讨，从而在原本没有的基础上，产生了一个强大的教育哲学体。打造自我的旗号，笔者以为这是一位教育者在执行发展计划到一定阶段后必然的产物。诸如笔者本人，我们从事的教育原规则研究，集中对教育秩序的探讨，其实就是一个具有方向性的话题，只要与人交流，便会自我介绍旗号（自我从事的是教育原规则研究）。其实，我们虽然是普通教师，只要打造旗号，无数优越性便会呈现出来：1. 向外部环境宣传，让人知晓我们研究的动向；2. 促进我们研究向着纵向发展，最终可能是操作层面的研究，随着时间的推移，最后便会向着理论层面和哲学层面跟进；3. 更能带动一方教育研讨的跟进，牵引并促进一方教育的发展。需要注意的是，我们教师在打造属于自我的旗号时，必须对教育有更深层次的了解，而后才可能打得出科学的旗号。

三是打造事业。为什么我们在教书之余，要给自我人生施压，制订无数的计划？一切皆因我们把教育当作事业。

为此，需要每一位教师能有主动发展的强烈愿望和坚定的教育理想。我们每个人对自己的事业都有不同的理解和态度。身处不同的时期，不同的境遇，也会让我们对自己的成长抱有不同的想法。自己若不愿成功，别人再怎么鼓励、帮助也没有用，更何况现实中的我们不会总面临着这样的机遇。教师的工作很有意义，意义之大，足以支持着我们超然地承受着生命中不能承受之重。教师的工作其实又很平常，平常到会让人自觉或不自觉地身陷于惰性和惯性之中。教师走向成功，犹如逆水行舟。如果不能坚守自己的教育理想，没有走向成功的强烈渴望，就很容易在理想和现实、事业和生活之间的种种漩流中迷失方向，抑或是半途而废。对任何一个渴望走向成功的教师来说，最需要的，也许就是在十几年乃至几十年的求善、求真之路上，始终葆有这份激情，并能历久弥新。

作为教师,要想真正实现自己的教育理想,在走向成功的道路上走得更远,那就必须既是一个教育者,又是一个学习者;既是一个思想者,又是一个行动者;既要在"求善"的过程中精益求精,又要有走上"求真"之路的能力和勇气。所以,回过头来想一想,我们不断学习、主动学习,让自己的理论水平、实践能力、研究能力等素质同步提高,这样才会给自己不断带来新的动力,拥有更丰厚的底蕴和基础,为自己的可持续发展铺平道路。

最后,把高尔基的名言送给大家,并与大家共勉:"走正直诚实的生活途径,定会有一个问心无愧的归宿。"这归宿,就是努力实现我们的教育理想。

【谨记】没有突破口,人的发展便会显得无比艰难。

第三节　让幸福来敲门

教育,是一个充满激情的事业。全书中我们提供的一个又一个计划,其主线可谓除了激情,还有你我的事业——用你我的行动为教育建构新秩序,一个与时俱进的新秩序。其实,前一小节中我们所谈的突破口,以及本小节所谈的新秩序构建,几乎如出一辙。

一个生命不息、激情满怀的教师,终究会是一个成就非凡之人。对于天下所有教师而言,激情的体现就在于有新的行动。打造无数计划的目的,就在于能让行动真的给教育带来点什么。事实证明,一个优秀的教师是一个心怀天下的教师,一个很有成就感的人,一个很幸福的人,一个纯粹的人,一个高尚的人。他的一切行动,都体现了对教育的执著和热爱,即通过自己的不懈努力,提升自己改变孩子,努力让自己与孩子一起过上一种幸福完整的教育生活。

让自我在教育中得到自由,得到解放,能根据自我的理解,构建起属于自我的教育新秩序。这是我们给予幸福的凭据,是毋庸置疑的。在笔者看来,教师的幸福一定要与收获对等,即使是一个平凡的教师,只要执行了计划,一定会因思考带来与众不同的行动,从而最终让事业与幸福同时来敲门。本小节,将再次回归我们研讨的起点,通过建立教育新秩序谈论教育的幸福,旨在让大家明白,尊重自我,放开手脚,找到属于自我的教育天空,明白计划给予生命存在的高度和亮度,让立世的姿态更有尊严,让我们更能顶天立地,活得伟岸并充实。

1. 建立教育新秩序

> 秩序顺了,一切都顺了;秩序乱了,一切都在乱。教育,依然如此。人的幸福,同样如此。
> ——题记

当今的教育改革如火如荼,在笔者看来,只有回归自然的教育秩序的调整,方能秩序井然。成就教育事业,需要我们拥有自我的教育行动,这种行动的底气,其实就是计划所致。教师队伍中,时刻有新的行动,真的不容易,往往很多传统的教育教学方法与思想,已经让我们在思维的点上,全然惯性,特别是世俗的东西,哪怕明知是错误的,也只能是服从。从笔者多年的研讨来看,感觉当下的教育改革,依旧是一个秩序的改革,当前存在着的一些混乱,其实就是秩序的没有理顺所致。

教育工作是平凡的,但依旧是出英雄的地方。时下,需要我们有大刀阔斧的勇气,也许最初只是细微的星星之火,但最终必将成为燎原之势。

原规则:蚕吐丝的时候,没有想到会吐出一条"丝绸之路"。

古往今来,只要我们翻翻教育的历史便可发现:那些创造了教育,书写了历史的教师,哪一个不是主张鲜明,行动独立而独特,且模范遵循秩序或者构建秩序的人? 魏书生的民主教育,李吉林的情境教育,邱学华的尝试教学法……哪一个不是从学生入手,从规律入手,构建一个个鲜活的教育新秩序。他们都是教师行业中的英雄豪杰,一个个英气冲天,指点着教育的走向,成为一个个教育名胜,装点着教师的百花园。

原来,是否建立新秩序而赋予成长愿景,是否拥有计划而给予无限激情,是我们能否为天下先的动力,是一个决定能否征服教育行动的关键因素。

【现象纪实】

秩序无所不在,无时不有。教育改革,本就是一次秩序的调整。只不过因为改革,让无数教师因为清楚改革的实质,从而变得更加的被动。

诸如,为什么成千上万的老师最终沦为平庸,一辈子只能做一个教书匠? 出人头地成为名师的却寥寥无几? 难道是他们心甘情愿做个教书匠? 难道是众多的老师不思进取、自甘堕落? 非也! 其实,更多的教师也有强烈的成功欲望,他们也有行动,只是没能梦想成真。其中的原因就在于没有找到真正带给教育的突破口。

是他们运气不如人,还是技不如人? 非也。一个根本的原因就在于,他们没有敢于打破旧教育,建立一个新教育秩序的行动。想想现实生活中的教师,有几人不是这样的呢?

当下的教育,依旧是一个需要英雄的时代。给教育一个真正适合的新秩序,深信我们最终也能像教育英雄们一样,取得成就,享受荣誉。只是因为无数人并没有从中享受到快乐与荣誉,所以英雄很少。时代时刻都在呼唤英雄,我们也不妨挺立潮头,尝试着做一位弄潮儿。"王侯将相,宁有种乎?"教育界需要杰出人才,当是同样的道理!

【经典案例】

新教育实验

1999 年,朱永新教授在常州湖塘桥中心小学讲学,提出了"新教育"的基本追求。

新教育实验始于 2000 年朱永新教授出版的《我的教育理想》一书中提出了"理想教育"的基本思想,朱永新对现行教育的批判、反思及对行动的渴望,引发了民间教育思想者的热情响应——通过网络,通过对话与碰撞,一种新教育思想逐渐成形。

2002 年 6 月 18 日,朱永新教授创办的"教育在线"(www.eduol.cn)网站开通,教育专家李镇西任总版主。这是"新教育"的专门网站,其实验功能得到了进一步加强。目前,在线论坛注册会员有 18 万多人,主题帖总数达 23 万之多,帖子总数 370 多万。大批教育专家、一线教师积极参与论坛上各种问题的对话和讨论,已经形成了一种"批判反思"、"同伴互助"和"专业引领"的良好氛围。

2002 年 8 月,新教育实验于江苏省昆山市玉峰实验学校启动,提出了核心理念、基本观点、基本原则,并规划设计了"六大行动"实验项目。诸如:营造书香校园、师生共写随笔、聆听窗外声音、培养卓越口才、构筑理想课堂、建设数码社区。通过几年的探索,新教育实验逐渐摸索出一条"专业阅读＋专业写作＋专业发展共同体"的教师专业发展模式。

新教育生活方式:晨诵、午读、暮省。在物质文明的飞速发展中,童年却充满了危机:电视文化、网络游戏、应试教育等童年的杀手，潜伏在这个世界的各个角落，随时准备着吞噬孩子们的闲暇、良知和身心健康。在设法把电视文化、网络游戏、应试教育从童年生活中清除的同时，我们还应该给予他们一种积极的生活方式，培养他们健全的心智，让他们能够从容地应对一切生活的诱惑与压力，平安地度过危机重重的童年。这种积极的生活方式就是"晨诵、午读、暮省"。

截至 2006 年年底，"新教育实验"在全国拥有 14 个实验区，有 430 所学校（其中包括小学 323 所，中学 86 所，幼儿园 19 所，大学及专科 2 所），21755 个班级，63423 名教师和 1061886 名学生参与了实验。

实验期间，人民教育出版社出版了《朱永新教育文集》（一套 10 本），出版了《新公民读本》、《中华经典诵读》等新教育课程教材；福建教育出版社出版了《新教育文库》"我的教育实验"系列、"我的教育故事"系列、"我的教育随笔"系列、华东师范大学出版了"名师课堂"系列等新教育丛书；数十位实验核心成员发表了上百种个人专著，如魏智渊的《冬去春又来》、《语文课》，干国祥的《破译教育的密码》……

新教育，悄悄地拉开了民间教育革命的帷幕，让老师和学生开始过一种幸福完整的教育生活。

【反思】

当下，教育改革的浪潮中涌现出无数英雄。朱永新，毋庸置疑是教育改革群中"最为出色的佼佼者"。学习着他们，我们应该思考的是，他们做了些什么才致使其成了教育的英雄？

什么是新教育实验？其实，只要深入教育改革的内核，或能跳出教育改革看教育，你便能看到，新教育实验就是一个完完全全的教育秩序的改革；是一个针对当下教育时弊，全面进行教育秩序调整的一个改革。纵横观察，中国当下，甚至世间近百年来的教育改革，真给教育带来些什么？可能回答依旧，教育秩序除了经历一次又一次调整，再没有更大的变化。关于秩序的调整，笔者认为：新秩序必将取代旧秩序，如同新教育实验，再造新航道。我们不能总是一个被动的参与者，更应该积极成为一个重要的构建者。只要冲破旧的牢笼，推开尘封的心窗，接纳新的能量，遵循教育规律，一步一个脚印地去实施行动计划。那么，教育的幸福也会悄然而至。

眼下，我们更应看清，新教育是一个针对当下教育时弊，全面进行教育秩序调整的一个改革。可能朱永新教授像蚕一样吐丝的时候，没有想到会吐出一条"丝绸之路"。新秩序必将颠覆这个旧世界，如同新教育实验，再造新航道。也许好多人会说，新秩序在哪里？新秩序何日到来？其实，新秩序无处不在，无时不在！你只要冲破旧的牢笼，推开你尘封的心窗，接纳新的能量，规范你的教育言行，遵循教育规律，不急功近利，一步一个脚印地去实施你的行动计划。那么，一切都会在你的意料中，教育的幸福也会悄然而至。

关于秩序构建与个人幸福间的关系，笔者一直以为，当看着自我建构的教育大厦时，你会情不自禁——这不就是莫大的幸福么？而心底一定在说，今生死而无憾。在笔者看来，秩序总在不断地变化着，新秩序总在更换着旧秩序。当我们不但能适应新秩序，并能参与制定新秩序的过程时，人生的价值便在这里体现。教育永远是发展中的事业。只要努力，便能从中有所收获。一切打破旧有的，建立新秩序的计划，只要努力执行，明天的一切都将变得幸福而美好。

当下，经济社会的迅猛发展，教育改革的纵深推进，教师成长步伐的加快，凸显了种种问题,需要我们重新思索来建立新秩序。平凡的人生,成就不平凡的事业,几乎都从构建教育新秩序开始。这是笔者于笔端的全部激情,用敢为天下先的勇气,构建适合今天教育的秩序。现实中,敢于构建大秩序者,近乎成就了教育大业;敢于构建小秩序者,只能成就教育小业。

笔端至此,可能无数的读者朋友更会质疑,现今围绕教育改革做了那么多事,那些是不是教育秩序的调整呢?其实,看问题真还不能只针对某一小点,必须将所有进步融入到整个大环境中,才会看到那只不过是秩序调整中的一个小动作。当然,有人更会指出秩序的调整,更多的只是一个量变,不是我们所言的质变。其实,只要我们真正融入教育大环境中观察,便会发现量变达到一定数量后,质变便会融入其中。

目前,在笔者看来,投入教育改革不需要质疑,需要的是行动,特别是执行使自我强有力的计划,全面武装自我的大脑,让自我思维更加发达,让自我的眼光更犀利,能洞穿教育的真谛,真正能找到突破口,而后真正给教育带来点什么,以不枉此生。

【建议】

教师的工作,真还不能只是单一的教书,于教书之外应有更多的事情去做。哪怕是改变学生的习惯,哪怕是为了一个教育的梦想而坚守,哪怕是为了一生的事业而拼搏,都是我们必须一以贯之的。为此,我们建议:

一是思想解放。秩序的调整,依然是一个思想解放的过程。现实教育生活中,依然存在着很多假象,诸如表面上看有一些已经是专业的教育研究者,他们有一些教育研究行动,并且取得了一些实质性的成果,但其骨子里依然表现出的是一种保守。这种保守,更多的体现于对传统的一些已经过时的秩序抱残守缺,对于一些新的值得探讨的东西给予否定或排斥。表面上这种坚守自居,真还不是一种思想解放的体现。

无思想的解放,就无教育真正的改革行动。在笔者看来,教育秩序最高的内核,便是教育文化的体现。一位教育者,是否拥有开放的头脑,很多时候在于他能否清晰把握当下时代对于教育的需求,而后用行动去建构起教育的栅栏——教育的新秩序。当然,教育新秩序里,无数新旧的碰撞,无数推陈出新,无数智慧的产品,都是教育思想解放后,教育文化的产物。值得说明的是,思想解放并不是想象的产物,需要依据我们全局所谈的计划执行作铺垫,才会真正让我们思想开化,从而大智大勇。

二是追求量变。关于量变,现实教育中的一些实实在在的行动。如大家敬仰的李镇西老师,他之所以成为中国教育改革的一面旗帜,靠的是什么?靠的是自己强烈的历史使命感,追求大教育、真教育,探究教育本质规律的决心和勇气。他不断追求个人的成长,每天坚持"五个一"工程:即每天上好一堂课,至少找一个学生谈心或书面交流,思考研究一个教育问题,读书不少于一万字,写一篇教育随笔。李老师在实施五个一工程中不断提高了自我修养,终于让自己成为教育改革的先行者,成为著名的教育专家。对于我们教师而言,可以说需要做的事太多,诸如课堂内外秩序的调整、班级的管理、教材的加减、课程的设置、留守儿童的关注、学生思想的引导等等。一位勇于探索的教师,往往会将自我的视野、行动与当下教育方略结合起来,展开系列的综合研讨活动——其实这些便是在量变上的追求。对于真心教育的教师而言,教改的过程中追求量变,这只是一个最初的行动。笔者真诚的建议,最好能与自我的系列计划联系起来,有针对性地开展行动,这样才会在有限的精力与时间内,快速涉足其内核。

三是追求质变。关于进取,是笔者给予质变的诠释。量变的基础上才会引起质变。诸如城市面积的扩张,如果没有第二产业高科技的转型、没有第三产业服务质量的提升,试问,改革能达到一个好的效果吗?教育行业中,量变到质变的过程,其实就是一个开拓到进取的过程。我们教育改革中,无数的先行者,他们就像前面小节中所提及的那样,通过一段时间的探讨,最终将自我的研讨定格在某一点上,也即是前面所谈的突破点。真正热爱教育,是用教育行动为教育带来应有的收获。就像城市建设一样,让以前的贫民区变成现今的繁华街区,由以前的小蜗居变成现今的大洋房等,教育改革需要的也是这样。通过我们的行动,促进师生的共同成长,让教育真正由低效变成高效,培养出的人才由低能变成综合型、开拓型、创造型。

当然,我们需要更加的理智,必须思考如何的运筹质变。教育的质变说穿了就是回归教育的本质,回归儿童的天性,让教育成为培养孩子未来适应社会的一种演练。如新教育实验,发现了某一突破点后,需要研究者全身心地投入其中。现在新教育实验区又有了大幅的扩张,更令人欣慰的是,改革促使无数教育行为发生变化,给教育带来了新的气象。

【谨记】投入教育,在无突破口时,便可从教育秩序着手。

2. 计划的"得到"与"得道"

> 让计划闪亮登场,让计划变成教育的现实,才是最幸福的举动。　　——题记

"得道多助",诸事如此。让计划因"得到"而"得道",从而最终实现人生计划,这是笔者于本书最后处,想与读者朋友交流的话题。抛开一些虚假的大话不言,指向"得到"与"得道"。既然世间生存状态本就如此,为何要绕开去谈呢?笔者索性希望所有朋友都能活脱脱地得到一切希望,给人生带来认定的幸福。

我们必须明白,任何计划都不可独立地执行,它总置身于特殊的环境之中。"得到"原来只是个人层面的"得到",而"得道"是无形的,它有许多人为的因素在里面,并最终影响着计划的执行。诸如,现实中很多有才能的老师总是抱怨"生不逢时,怀才不遇",其实一个最根本的原因就在于计划执行的"失道",脱离了环境与群体的支持。寻找执行计划的"道",真还应纳入我们的思考才行。

原规则:执行计划时"得道",幸福才会来敲门。

关于计划"得道"的认识,笔者在此通过人为与为人的两个概念的对比,让你能将世态变换看得更清。诸如,无数人都曾以教师和公务员作对比,得出教师不如公务员的结论。其实,对于这个问题,真还有追问的价值。在笔者看来,两者间最大的区别就在于,教师不会主动寻找执行计划的"道",始终把自己的计划置身于环境之外,输就输在人为上。全书通篇谈计划的执行,最后小节却谈人为因素,原因何在?在笔者看来,全书的结尾若再不将这各因素提及并阐释透彻,可能无数满怀激情的教师,会毫不犹豫地指责上了当。

执行计划要"得道",究竟是什么"道"?给予计划执行时寻找"道"的思考,几乎涉及印象行动的认识。让自我"得到"素养提升和人性修养,"得道"让自我获得更多的支持,降低外来因素对走向成功路途中的能量消耗,都是值得重视的。笔者非常希望的是,因"得道",给每一个有着理想的教师带来正力量,诸如,得到领导的支持。

【现象纪实】

我们谈论的"得道",几乎是很多教师的软肋,都不愿意过多地提及。不知大家发现没有,有时计划是人,人有时是计划,往往很多决定全在人的最终决定。真要思量其原因,便会发现,全在于是否"得道"所致。

让自己脱离"道",这几乎是当下无数教师的缩写。不知大家有没有这种体验,向往光明、公正,特别是在自我诉求不能通过有效途径解决的关头,便会产生受压迫的感觉(其实,笔者就有这样的感觉,真等醒悟后才发现,不给自己留下出路,这只能是书呆子的做法)。

敢问路在何方? 答案就是一个远离于计划之外的"道"。人总不能游离于社会求得生存,"得道"往往就是出路。现实是,有几位教师真正注意去寻找成功之"道"? 真正去寻找"道"的教师又有几人没有听到幸福敲门的声音?

作为教师,哪怕前面章节中勾画出了无数美好的蓝图,包括本章节,笔者提出的出色与幸福的对接,这些可谓是千千万万教师共同的理想,那么,出路在哪呢? 面对一些比较现实的问题,采取回避的方式,真还不是不理智的反映。

关于寻找成功之"道",能说是他人所致,能说是远离自我? 只能说这是一综合体。我们无数的教师都希望"得到",却缺乏对"得道"的思考,更缺乏有效的行动,从而最终阻碍了发展,或延缓了前行的速度,这原因全在于自我。

【经典案例】

王能智成功的那条"道"

2003年教师节,北京市要向全市推介一名模范特级教师。北京市十几万中小学教师,十几万大学教师,优秀教师、有成就的教授何其多? 但这次推选的人选都不在其中,这次推介的是北京教育学院石景山分院的地理研究员——王能智。

28岁大学刚毕业的王能智,因家庭出身不好被分配至北京市最偏远的乡村中学担任地理教学。20世纪70年代的乡村教学很少有人重视这样的副科教学,当时连一本教材都没有,王能智也是抱着混日子的想法去的。"没教材,自己编",这是当时校长王书方给他的第一句话。王能智真编出了《密云县地理》,由此开启了他研究地理的新起点。

他带着学生跑野外,跑大自然,让学生去琢磨家乡的地形地貌,去琢磨中西人文历史,去琢磨社会的可持续发展。"八宝山有哪八宝?""李四光在模式口找到了冰川擦痕,你们也试试找到点什么?""琢磨琢磨京城地下水问题。"课堂上点到为止,大量的时间花在跋山涉水上。他成了全国最早让地理课走出课堂的人。

王能智又是最早进行探究式教学的人,中学地理教材编排体系为"总—分—总",王能智讲解只讲一个总,其他的让学生自己解决,比如讲黄土高原,只给出一个问题"黄土高原怎么改造?"这对于专家来说都是一个挑战性的问题,但就是由此激发了学生探究的欲望。他们纷纷去看、去分析、去使用材料。由此提出了很多极有价值的方案,课本知识早已被他们理解得一清二楚。

王能智有今天的成就,其实就是找到了执行计划的"道"。初上讲台他受命于校长编写地理教材,他跑遍了密云县的山川河流、田野与森林,终于编辑出来一本让校长非常满意的教材。他被校长派到101地质队、科研所学习,于是有了更多的实践机会,可随心所欲将学生带到田间进行他的地理实践课,以至于后来王能智能从乡村中学回到北京市区任教,都源于校长和教育领导的大力推荐。

【反思】

王能智，一个普通的中学教师，一个普通的教研员。为何成为全北京市在教师节前推选出的学习楷模？王能智的成功，除了自身的努力外，我们不难看出，他得到人生中关键人物的帮助，这就是这节我们所要说的"道"。人的一生，能否获得成功，真可用案例中故事作答："努力去寻找道"。可能在这里，我们再次谈人为因素，更会引起一些喜欢说大话者的反对。可现实就是这样。计划本是我们的计划，我们必须学会转换角度的思考问题。我想当前最需要的就是，执行的计划能得到同行的认可，得到领导的支持，真能给教育带来变革，能由小我转向大我。而这些，真还不能凭空想象。事实也是如此。当你的计划属于领导不关心的话题，哪怕你的计划再完善，被搁置的可能性是非常大的。

其实，案例中的故事，无不启示着我们：应该怎么做，才能获得好的支持。执行计划的过程中，尤其需要让领导满意，从而把你的计划变成他的计划。当计划成为大家的共同所需，或更利于他人时，方才会变成支持者。

笔者在工作中，时常感受到"道"的魔力。研讨"得道"，其实是一个非常重要的话题，就像曾给教师朋友们作讲座时讲的那样，"不要只看到自我的发展而藐视他人，甚至得罪你的校长或教育同行"。其实，你的很多成长的机会是他人给予的，学做计划之前，真还有必要先学会做人和处事，后面的路才会更加的顺畅。

当然，在我们的工作与生活中，为对方留下好印象，还有很多好方法与点子，诸如：泰勒在《政治家》一书中写道："专心致志地听就是一种最安全而且最灵验的奉承形式。一个人能做出自己洗耳恭听的样子，他就具有了获得人们好感的才能。"特别是上级发表讲演，即使谈的都是一些陈词老调，也要倾耳凝听，时而给予表示共鸣或赞佩的应和，决不可有一丝不耐烦的神态。即便没有新意，也要努力从中听出新意来——这种人才最容易被赏识。不要总觉得有些领导水平低、无能，他们做上了领导，就说明肯定有些方面比我们强！总之，不管时间、不论场所，上级有所吩咐，一定要心悦诚服地以明快的声音和态度来应答。所谓创意型的部下，就是一个懂得掌握上级心理的人。

主动寻找成功之"道"，永远是智慧的举动。不要以为他人都很愚笨，最好能做更多人的朋友。如果你真的努力这样做，人们一定会看在眼里，一定会很明白你的意思，对你日渐产生好感。我们倡导执行计划提升自我，绝对不主张做人以自我为核心，想问题和做事情都从"我"字出发。以"我"为核心，哪怕能力提升至强大，只会与人疏远，甚至更会给自我带来危险。现如今，无数有能力而最终无作为的教师，多因太以"我"为核心，缺乏站在他人立场上进行思考的能力，从而寂寞无助孤立无援，最终导致失败。

【建议】

计划执行的过程中，领导的支持是必须给予认真思考的一环，因为它更多的时候已成为教师成就自我的"道"。离开领导的支持，教师的自我发展必将受到阻碍甚至挫败。在此，我们建议：

一是将个人计划融入教育计划。如今，教育改革如火如荼，教师要想取得成功，必须置身于教育发展的大计划中去。任何脱离教育计划的研究都是毫无意义的，也很难取得个人的成功。魏书生因为研究民主治班、自主管理，在班级管理中取得杰出成就；崔其升大力推行课改，让杜郎口一举绝处逢生，成为中国教育改革的一面旗帜；李镇西因为致力于尊重和爱心，让他在班级管理中独树一帜……同样做老师，众多成功者给我们的启示就是：做老师同样可以大有作为，关键对教育要有虔诚的信仰，要把自己的发展置身于教育大发展的前提之下，唯有这样，通过自己的努力才可能获得成功。

二是将个人计划纳入影响他人的重要计划。恕笔者直言，教师队伍中很多老师思想是很保守的，他们缺乏团队合作意识，嫉妒别人的丁点进步，更多老师喜欢"窝里斗"，仿佛大家都处在同一低级层次，相互就满足了。这是作为老师的最大悲哀。本来，教师是知识分子，思想应该很开明，但就是这种狭隘的思想限制了自己的发展。教师要想取得成就，要想计划得到有效执行就必须彻底地从速摒弃这种思想，把自己的计划变成影响他人的计划，成就别人的同时也成就自己。

我们不妨换个角度来思考问题："为什么不尝试去改变教育与自己的行为？为什么不去共同享受成长的过程？"把更多的人吸收到你的计划之中，让他们因为你的计划享受成功的体验。给别人一个好的出路，他人才会主动与你一块向前。学会思考并享受"大家好，才是真的好！"这不但要求我们变得更加积极，同时也会因自己的阳光心态感染同事，最终感染包括领导在内的所有的人。

三是让计划成为领导重视的计划。计划执行必须要靠自我的不懈努力——这个毋庸置疑，但我们真还不能忽视因为领导的重视给计划带来的影响。计划最基本的特性就是带有个人倾向性，如果计划能得到领导的认可与支持，计划执行过程就会顺利得多。可能领导会成为重要的他人，相反，领导漠视也会成为一股不可忽略的阻力。所以，领导的力量就像一团坚硬的石头，是将其做为垫脚石还是绊脚石，全在我们的态度和做法。

计划执行的过程中，缺少了领导的支持，几乎就像旺火燃烧时遇到了氧气限制一样。教师对领导的理解多不深刻，更多的是一种主观猜想。笔者几年离开教育的经历，跟在领导身边，亲历众多领导的决策，更是对领导作用感觉颇深。教师其实也是如此，计划执行的平台，多是领导因你留给他的好印象才给予的。为了计划的执行，笔者可能更会抛出一个偏激的观点，望君三思：没有不正确的领导，只有"不是"的下属。

眼下，特别是那些能力出众的教师，因不尊重领导而使自我成长招来致命一击的事例真还不少见。比如，在上级的眼里，如果自己的下属在公开场合使自己下不了台，丢了面子，那么这个下属肯定是对自己抱有敌意或成见，甚至有可能是有组织、有预谋的公开发难。其后果是领导要么给予以牙还牙的还击，通过行使权威来找回面子；要么便怀恨在心，以秋后算总账的方式找机会挟私报复。正如一位心理学家所说的那样："人们都喜欢喜欢他的人，人们都不喜欢不喜欢他的人。"所以，一个不会与领导相处的教师，成功的几率不是绝对没有就是几乎不大可能！

笔者对于领导的作用感受最深之处，更在于领导对下属平时行事的印象，往往左右着关键时刻的决定。也许无数教师因为长期与学生接触，没有太多的新计划，对于领导的重视并不在意。在这里，笔者再一次结合亲身体验指出，我们计划的执行，忽视领导的重视，只能是一种自欺欺人的体现，如果处理不当只能让我们摔得更惨，且不会在痛苦后总结出教训从而一次次的惨遭摔倒受挫。执行计划的过程中，我们必须思考如何才能从领导那里获得支持，并将其作为首先必须解决的问题。如果我们已经赢得了领导的支持，可以说是我们已经取得了一半的成功。

【谨记】内秀给予好的计划印象，因"得到"而"得道"，才可能走得更远，从而感受到教育所致的真幸福。

后记:因出色而感受到教师职业的幸福

一本书稿,一群经历人半年的努力,终于收工。此时无限感慨!写作快乐吗?只能说累并快乐!完成此书,无不感觉到累。累,全源于全书确立的主题所致。天下无数的教师因为平凡,一族群人的生存质量总浮现于我们的笔端,让我们倍受折磨。从事教师职业,从中享受到幸福,这是应有的权利。现实是,事实是,无数教师累且不快乐。我们在追根溯源中发现,出色教师感受职业幸福的比例远远大于普通教师。我们带着"盼天下教师出色,感受教师职业幸福"的目的,仿佛读者朋友们在眼前一样,有针对性地展开了这一次长谈。

我们深知,作为一个社会人,身处这个时代,身处教育行列,在发展过程中,我们也不可避免地感受到生存的压迫。但总得找到解决的办法啊!无论是工作、事业还是家庭,我们也曾苦恼,彷徨。但我们没有懈怠,没有灰心丧气,我们在不停地探索、思考、改变、进步。因此,我们最终找到了解决一些问题的办法,试探性地给出进入教师职场前面三个五年的建议,真希望读者朋友因此而强大,因此而幸福。

完成这一本书,没有一个团队的协同作战,精诚团结,《锁定十五年,做一名出色教师》不可能在短短的半年时间脱稿。教育原规则研究团队,2006 年成立,最初只有张朝全、代安荣与我三个人,能走到今天非常不容易。在此,非常感谢我们的团队总编——位体弱多病的"2011 感动重庆十大人物"获奖者张朝全老师,无论是学问和才华,无论是职业道德和人品等,都永远值得我和大家敬重。感谢团队顾问——代安荣老师,因为他的鼓励让我坚持了下来。在我们这个团队中,人人都是教育精英,个个几乎都有超强的、自身特有的、他人无法比拟的特长。我们这个团队,成员间最大特点是具有互补性。如杨风利(河南滑县人)深厚的学术造诣,杨宏杰(甘肃庆城县人)、贾红亚(河南濮阳县人)、肖克文(山东省邹城人)等强大的洞察力,他们的特长在初稿写作及后面的修改中,都得到了很好地发挥。

实实在在地说,书稿中的一些观点,更多源于主编的经历与长时间的积累,但最终成为文字性的东西,是团队中十多位成员近半年夜以继日劳作的成果。完成这本书稿,因为团队一贯有精品写作的要求,为此付出心血最多的还是团队的朋友们。在此书写作过程中,我们每一章节里的稿子,差不多都经历主编策划,交由团队成员初稿,再经由主编钟发全一修或重写,副主编张朝全二修或重写,副主编杨风利三修或重写才最终完成的。其间,杨宏杰参与二至六章中的部分一修,肖克文参与第一章、第六章部分一修,马张留参与第一章、第四章的第四修,贾红亚参与了第二、第三、第五章的第四修;杨宏杰、张金传参与了统稿后的通读。真可谓,巨大的工作量,苛刻的写作流程,要是没有团队成员们的坚强毅力,几乎就没有这一本书稿。

严格地说,本书每个章节中的每一内容已经不再专门属于某一个人了,它已是我们教育原规则研究团队集体智慧的结晶。因为,每一个章节的内容,都已经过团队中 3—5 人多次修改而最后完成的。在此,我们记下每一讲初稿写作的主要负责人:第一讲杨风利、钟发全,第二讲钟发全、肖克文、贾红亚,第三讲钟发全、贾红亚,第四讲钟发全、马张留,第五讲钟发全、彭小锋、贾红亚、张金传,第六讲杨宏杰、钟发全、杨风利。同时特别申明,在版权页中署名的每一个人,他们都曾参与了书稿中的某一部分内容的写作与修改,都拥有这本书的著作权,都拥有全书的署名权。

当然,能完成此书,还和众多朋友的帮助分不开,和众多编辑的支持分不开。在此,我向所有关心着我们这个团队的朋友们,向为此书稿出版与发行做出巨大贡献的北京时代盛佳文化传播有限公司表示最衷心的感谢!

郑 重 声 明

　　为保护广大读者的合法权益，打击盗版，本图书已加入全国质量监督防伪查询系统，采用了数码防伪技术，在每本书的封面均张贴了数码防伪标签，请广大读者刮开防伪标签涂层获取密码，并按以下方式辨别所购图书的真伪：

　　电话查询：4007072315（免通话费）

　　短信查询：把刮涂层获取的数码发送到13611233315（免短信费）

　　网站查询：www.707315.com

　　如密码不存在，发现盗版，可直接拨打15601249936进行举报，经核实后，给予举报者奖励，并承诺为举报者保密。